本书由珠海市社会科学界联合会资助出版

珠海社科学者文库

千字文学记

主编

杨建宏

社会科学文献出版社
SOCIAL SCIENCES ACADEMIC PRESS (CHINA)

《千字文学记》编委会

业　务　主　管　珠海市社会科学界联合会

统　　　　　筹　珠海市云水阁传统文化研究中心

编委员会成员名单　（以姓氏笔画为序）

王一婷　邹乐迪　杨建宏

吴炳钊　林志群　林　湘

贺久希

主　　　　　编　杨建宏

编　　　　　撰　王一婷　杨建宏　林　湘

校　　　　　对　林志群　邹乐迪

云水阁简介

　　珠海市云水阁传统文化研究中心，是珠海市社会科学界联合会业务主管的民办社科研究机构，曾成功承办 2018 年第十四届社科普及月"太古遗音"中华礼乐文化展、献给母亲的爱"华夏霓裳"古琴汉服文化展演、"华夏正音"古琴历史讲座、古琴文化展及汉服文化展演。承办 2019 年第十五届社科普及月中华礼乐文化之"古琴史　中华魂"古琴文化展览、"中华优秀传统文化选粹"展演、"虽残犹珍"瓷器"缝补"艺术展。成功承办 2020 年第十六届社科普及月"九州圆梦"中华优秀传统文化选粹展演、"众器之中琴德最优"世界非遗中华礼乐古琴文化展、承办 2021 年第十七届社科普及月"八音之统一脉相承"古琴非遗文化展、中华文化铸忠魂"杨新成烈士图文专题展"等。云水阁在古琴文化传承、社科读物编撰、中华礼乐文化研究与展演、弘扬中华优秀传统文化、传承红色基因等工作中业绩有成。2018 年，荣获"全国社科组织先进单位"荣誉称号。2021 年 1 月，云水阁成为珠海市首批社科普及基地"中华优秀传统文化体验馆"的举办者。2021 年 9 月被评为省级社科标准基地。

序

　　中国文化精神，有人认为是一种"道德的精神"。钱穆就认为中国历史和中国文化都是由道德精神所形成的，是中国人内心追求的一种"做人"的理想标准和一种"理想人格"。① 这种道德的精神不是生而有之的，而是通过后天的知识学习和文化教育培育起来的。进入 21 世纪，培育更多有这种道德精神和道德理想的人，已成为新时代国家和民族的需要。正如习近平总书记指出的，要"积极引导人们讲道德、尊道德、守道德，追求高尚的道德理想，不断夯实中国特色社会主义的思想道德基础"②。

　　幼童初受文化教育名为发蒙、启蒙、训蒙、养蒙、开蒙，为幼童开展破蒙启蒙之学我们称之为蒙学。中华蒙学将幼童的识字学理、立身进德、礼义廉耻、明是非、知善恶、辨美丑、讲道理作为蒙学教材的内容，既通俗化，又生活化，达成幼儿启蒙教育之识字、知识、德育之目的。我国古代各类蒙书近2000 种，种类之多、数量之大、内容之丰富，堪称世界之最。③ 这些古代蒙学教材，不仅是中华优秀传统文化的组成部分，而且是中华优秀传统文化传承的基础部分，它们在中国思想文化发展史上占有重要位置。学界认为中国之所以是世界上唯一保存至今的传统文明连续不中断的国家，一个最重要的原因就是历代蒙学塑造了整个民族优良的文化素质和道德修养，从而世世代代传承着中华文明的火种。④ 蒙学教材中流传最广者当为"三百千千弟子规"，即《三字经》《百家姓》《千字文》《千家诗》《弟子规》。其中的《千字文》以其齐备

---

① 钱穆：《中国历史精神》，九州出版社，2012，第 130 页。
② 《习近平谈治国理政》，外文出版社，2014，第 163 页。
③ 杨中启、任娜：《传统蒙学、蒙书与蒙教》，《中国德育》2020 年第 3 期，第 14～17 页。
④ 任晓菲、张杰、陈丹蕾、刘俞君：《中国古代蒙学典籍海外传播和影响研究》，《江苏大学学报》（社会科学版）2019 年第 1 期，第 64 页。

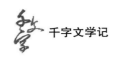

的教育、德育、美育理念，以其识字价值、知识价值、情感价值、实用价值、普及价值而为历代所重视，成为中华蒙学经典之一。

《千字文》问世 1400 多年来，受到官方和民间的广泛重视，是中国古人必读之启蒙课本。它也是日本、朝鲜半岛、泰国、越南、马来西亚、印度尼西亚、新加坡等汉字文化圈的汉学启蒙读物，还被翻译成英文、法文、拉丁文、意大利文等向海外传播。2011 年和 2015 年，《千字文》全文两次被选入中国传统文化教育中小学实验教材中。《千字文》作为中华优秀传统文化经典的地位和传播交流的价值显而易见。但在传播的过程中，因为时空和人事的迁移变化，本来不重复的《千字文》变成了有重复字的不足千字的《千字文》，这成了一个不是问题的问题。个中原因既有书写讹误的问题，也有避讳替换的问题，还有字的简化、通假等问题，因此历代《千字文》版本众多，各行其是，各释其义，较为纷乱。作为中华优秀传统文化的经典之作，对其进行考证校订，实有必要。

作为蒙学经典的《千字文》，在传统文化价值观上与社会主义核心价值观既存在契合，也存在差异。时代虽然变迁，但社会的伦理基础仍然是以孝悌为核心的价值观念。《千字文》中的重伦理亲情、内心向善、人格完善等价值理念与新时代价值观契合相通。当然也有因文化的时代性所造成的差异，比如传统蒙学存在的"家长专制与现代民主观念的冲突，社会等级与人人平等观念冲突，人身、情感依附与独立自主的观念冲突"①等，《千字文》中同样存在，有必要进行合理引导，辩证对待，以利于发挥《千字文》更大的价值。

《千字文学记》名为学记，实是训诂。注解古书为训，解释古语为诂。本书逐字解释，逐句释义，重分篇章，延伸典故，考订讹误，其实就是属于训诂的范围。今天训诂已经成为专门的学问——训诂学，它是研究训诂实践和理论的一门学科。训诂学与文字学、校勘学、古典文献学，与词汇学、音韵学、语法学、修辞学，与历史学、考古学、民族学等都有密切关系，做好一本古书的训诂，实属不易。云水阁人以 4 年时间，广泛搜集底本和旧注，精心选择，精心校对，细心勘校，合理分段，形成"集解"式的文本，并校定为不重复的实有千字的云水阁《千字文》本。文本中增加典章制度、延伸阅读等内容，

---

① 徐彩勤：《传统蒙学与社会核心价值观关系论析》，《甘肃理论学刊》2018 年第 1 期，第 36～37 页。

以增加对文词的理解，并增加了社会主义核心价值观内容和革命文化案例，与时代同行，可谓古树新花。正本方能清源。本书的出版，对于当今文化传统的承续和重建，或是一个有益的尝试。逐字逐句进行解释，有利于破除文化经典的阅读障碍，有利于重建今人对于文化典范的熏陶，也有利于我们进行礼仪文化的熏习。

本序原是约我的恩师赵铮先生写的，因恩师溘然离世而未就。赵铮先生师承舒怀先生治说文学，十余年从事《中华大典》之文字分典（独立编纂《说文释例部》《说文部首部》《文字改革部》），与他人合作编纂《文字起源部》《形体流变部》《玺印文字部》）的部分编纂工作。对于本书编撰如何查找库本、如何考据字词、如何安排体例等问题，赵铮先生在我汇报此项工作时给予了具体的提点和指导，并由此对整个编委会的编撰工作指明了正确的方向。在召开的首次编委会议上，本人遵师之意提出了编撰意见，并提供了国家哲学社会科学数据库关于《千字文》研究的文章供编委参考，要求做好文献综述。对于凡例、注释、考据、举例等应注意事项作了讲解，对于个别考证如"鸣凤在树"作了考证示例，此外，对本书进行了通览审阅，提出了增删意见。本书即将付梓，也算是对先师的一个告慰。

汉字是世界上独立起源、连续使用时间最长、形音义兼具的古老文字。汉字的起源问题比较复杂，有仓颉造字说、八卦说、起一成文说、结绳说、契刻说、图画说，等等。先师曾让我作一课题研究论证文字起源于政治，于此，文字起源又增一说，即"政治说"。文字的出现远远晚于语言，语言是人类社会发展到一定阶段的产物，没有语言，人类社会就无法组织起来。文字是人类社会语言发展到更高阶段的产物。结绳、契刻、图画等都只是语言信息表达的一种形式，它们刺激了文字的形成，但还不是文字。文字必须能够让人认识其表达的语意，有义；必须具有稳定的形体易于识别，有形；还要能被人读说出来，表音。形音义皆具且两个以上的多个文字能组成句子的才是真正意义上的文字。它只有被人规定、被强制认同才能三者皆具并正确表达语言，而能做到如此的一定是"政治"。部落的政治领袖、精神领袖、军事领袖等政治人物规定了部落使用文字的形音义，强制了文字的流通范围和语言的固定表达。从历史来看，战争的胜利或失败，导致掌握文字的人口或兴或衰或存或亡，也导致其创造的文字因之或兴或衰或存或亡。如战国文

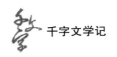

字统一于秦，西夏文字亡于元，蒙元创造的八思巴文字因元亡而亡等。文字因政治而致其兴衰存亡，故富国强兵、兴盛文化才是根本。超稳定结构的汉字为维护中国大一统的格局做出了决定性的贡献，为中华文化不间断传承和开拓创新做出了历史性的贡献，而历史上的各类蒙学教材为汉字文化的接续传承做出了基础性的贡献。

识字教材西周至春秋传有《史籀篇》，秦有《仓颉篇》《爰历篇》《博学篇》，汉有《急就篇》《凡将篇》《元尚篇》，汉魏有《劝学篇》《启蒙记》《小学篇》，南朝则有我们今天重新校勘的这本《千字文》。史湘萍认为，《千字文》与现代汉语 3500 个常用词可直接对应的汉字有 889 个，文中 88.9% 的字还是现代汉语常用字，剩余 111 个是非常用字，主要是反映古代名物的字，以及在现代汉语中成为黏着语素，被其他近义字所取代的字。① 陈黎明、张晗研究后认为，民大版《千字文》字种有 994 个，其中一级字表有 802 个，占 80.68%；常用字表有 878 个，占 88.33%；通用字表有 986 个，占 99.20%；新华字典有 992 个，占 99.80%。② 可见《千字文》作为识字教材仍然具有超越时空的稳定性和适用性。加之《千字文》语法结构简单，又以四字韵语的形式易于诵读，文采与知识兼备，仁、义、礼、智、信、忠、恕、勇、谦、俭等道德理念寓于通俗易懂朗朗上口的四字韵句中，作为现代蒙学教材和传统文化知识读本应当是非常合适的。

主编杨建宏女士的外祖父杨新成是革命烈士，她的母亲和舅舅受党组织安排被送入西北保小读书。作为红色革命者的后代，杨建宏女士从小就受到家国文化的教育，深明"节义廉退，颠沛匪亏"之理，潜心学习和传播中华优秀传统文化、红色革命文化。2018 年初发起成立珠海市云水阁传统文化研究中心，并组织中心研究员开展对《千字文》的研究工作，现呈于读者面前的便是这一研究成果。期待杨建宏女士今后有更多的研究成果问世。

是为序。

林 湘

2021 年 1 月 26 日

---

① 史湘萍：《〈千字文〉研究》，东北师范大学硕士学位论文，2012，第 16~46 页。
② 陈黎明、张晗：《古代蒙学主要教材用字初探》，《汉字文化》2012 年第 5 期，第 82 页。

前　言

　　荏苒流年，转瞬春秋。寸阴是竞，沐雨栉风。

　　有云水阁人于丁酉岁秋始，研《大学》、习《论语》、咏《千字文》、诵《诗经》等国学经典。是时，师友同堂，竭诚求学，为学日进。常叹中华优秀传统文化，博大精深，源远流长，我辈当传承之。

　　余读《千字文》，常掩卷敬叹。华夏上下千年之源流，九州纵横八方之恢宏，文采言辞，清丽庄明。寓意教义，广博深厚。天地宇宙，人文史哲，千字之内，无所不包。音韵和谐，朗朗上口。用以童蒙教育，历千载而不衰，岂无因乎？

　　云水阁人集体学习前，均同诵"我们信仰我们的文明，我们热爱我们的祖国，我们都有一颗中国心"。云水阁人决心做那些"为天地立心，为生民立命，为往圣继绝学，为万世开太平"的人的垫脚石。

　　为弘扬中华优秀传统文化，云水阁人以四年时间，搜罗国内外《千字文》研究资料，汲取最新研究成果，考察《千字文》版本与流变，考证《千字文》用字用韵用典，综合诸家之长处，提出新的分段理由，并据此厘定云水阁版《千字文》。个中艰辛，如人饮水，冷暖自知。

　　吾等末学，学问未精。虽殚精竭虑、呕心沥血，但文本定当存有不少瑕疵或不妥之处，尚请海内外诸方家指正，以俟它日重编修订。

　　是为序。

杨建宏（杨子）

二〇二〇年十月一日

编撰说明

一、《千字文学记》是在珠海市社会科学界联合会的支持、评审与指导之下，由珠海市云水阁传统文化研究中心编辑委员会主持编撰而成。

二、本学记的主体内容分两大部分。第一部分对《千字文》的"版本与流变""滥觞与特点""主旨与分段""用字、用韵、用典""流传及影响"进行探究；第二部分对《千字文》正文内容之逐字逐句予以注释与拓展延伸。

三、第一部分主要是基于"国家哲学社会科学学术期刊数据库"347篇相关文献、"中国知网"数据库33篇相关硕博士论文及多本参考书目的学习通读之上，进行高度归纳整理、分析提炼的文献综述。

四、第二部分兼有部分原创论述。如本书分段主张，段义之拟人化分析，考据重字部分，不可简化字之"馀、飙、遊"三字，用韵分析之闽语/粤语部分，用典之数量，教育旨趣分析，历代名家竞书《千字文》之表格等，皆为原创整理或原创主张。

五、注释体例安排。正文注释体例由"句义""字义""引经""典故""延伸"五部分组成。其中"句义""字义"为必要部分。另"引经""典故""延伸"三者为非必要部分，有则写，无则略。

六、古今注释对比。正文"字义"之注释以表格形式呈现，分"今注"与"古注"。"今注"参考《现代汉语词典》及结合语境而注。"古注"参考东汉许慎《说文解字》、清代段玉裁《说文解字注》、清代孙枝秀辑《千字文注》、清末民初佚名编《绘图增注千字文》等。

七、本学记参照钦定四库全书文渊阁本、文津阁本，及智永、欧阳询、赵孟頫等书法帖本，校订《千字文》原文。凡校订四十五字。

《千字文》全文

（云水阁校订版）

天地玄黄，宇宙洪荒。日月盈昃，辰宿列张。

寒来暑往，秋收冬藏。闰馀成岁，律吕调阳。

雲腾致雨，露结为霜。金生丽水，玉出崑冈。

剑号巨阙，珠称夜光。果珍李柰，菜重芥薑。

海鹹河淡，鳞潜羽翔。龙师火帝，鸟官人皇。

始制文字，乃服衣裳。推位让国，有虞陶唐。

吊民伐罪，周发殷汤。坐朝问道，垂拱平章。

爱育黎首，臣伏戎羌。遐迩壹体，率宾归王。

鸣凤在树，白驹食场。化被草木，赖及万方。

盖此身髮，四大五常。恭惟鞠养，岂敢毁伤。

女慕贞絜，男效才良。知过必改，得能莫忘。

罔谈彼短，靡恃己长。信使可覆，器欲难量。

墨悲丝染，诗赞羔羊。景行维贤，克念作圣。

德建名立，形端表正。空谷传声，虚堂习听。

祸因恶积，福缘善庆。尺璧非宝，寸阴是竞。

资父事君，曰严与敬。孝当竭力，忠则尽命。

临深履薄，夙兴温凊。似兰斯馨，如松之盛。

川流不息，渊澄取映。容止若思，言辞安定。

笃初诚美，慎终宜令。荣业所基，籍甚无竟。

学优登仕，摄职从政。存以甘棠，去而益咏。

乐殊贵贱，礼别尊卑。上和下睦，夫唱妇随。

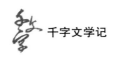

外受傅训，入奉母仪。诸姑伯叔，犹子比儿。
孔怀兄弟，同气连枝。交友投分，切磨箴规。
仁慈隐恻，造次弗离。节义廉退，颠沛匪亏。
性静情逸，心动神疲。守真志满，逐物意移。
坚持雅操，好爵自縻。都邑华夏，东西二京。
背邙面洛，浮渭据泾。宫殿盘郁，楼观飞惊。
图写禽兽，画彩仙灵。丙舍旁启，甲帐对楹。
肆筵设席，鼓瑟吹笙。升阶纳陛，弁转疑星。
右通广内，左达承明。既集坟典，亦聚群英。
杜稿钟隶，漆书壁经。府罗将相，路侠槐卿。
户封八县，家给千兵。高冠陪辇，驱毂振缨。
世禄侈富，车驾肥轻。策功茂实，勒碑刻铭。
磻溪伊尹，佐时阿衡。奄宅曲阜，微旦孰营。
桓公匡合，济弱扶倾。绮回汉惠，说感武丁。
俊乂密勿，多士寔宁。晋楚更霸，赵魏困横。
假途灭虢，践土会盟。何遵约法，韩弊烦刑。
起翦颇牧，用军最精。宣威沙漠，驰誉丹青。
九州禹迹，百郡秦并。岳宗恒岱，禅主云亭。
雁门紫塞，鸡田赤城。昆池碣石，钜野洞庭。
旷远绵邈，岩岫杳冥。治本于农，务兹稼穑。
俶载南亩，我艺黍稷。税熟贡新，劝赏黜陟。
孟轲敦素，史鱼秉直。庶几中庸，劳谦谨敕。
聆音察理，鉴貌辨色。贻厥嘉猷，勉其祗植。
省躬讥诫，宠增抗极。殆辱近耻，林皋幸即。
两疏见机，解组谁逼。索居闲处，沉默寂寥。
求古寻论，散虑逍遥。欣奏累遣，慼谢欢招。
渠荷的历，园莽抽条。枇杷晚翠，梧桐早凋。
陈根委翳，落叶飘飖。遊鹍独运，凌摩绛霄。
耽读玩市，寓目囊箱。易輶攸畏，属耳垣墙。
具膳餐饭，适口充肠。饱饫烹宰，饥厌糟糠。

亲戚故旧，老少异粮。妾御绩纺，侍巾帷房。

纨扇圆洁，银烛炜煌。昼眠夕寐，蓝笋象床。

弦歌酒宴，接杯举觞。矫手顿足，悦豫且康。

嫡后嗣续，祭祀蒸尝。稽颡再拜，悚惧恐惶。

笺牒简要，顾答审详。骸垢想浴，执热愿凉。

驴骡犊特，骇跃超骧。诛斩贼盗，捕获叛亡。

布射僚丸，嵇琴阮啸。恬笔伦纸，钧巧任钓。

释纷利俗，并皆佳妙。毛施淑姿，工颦妍笑。

年矢每催，曦晖朗曜。旋玑悬斡，晦魄环照。

指薪修祜，永绥吉劭。矩步引领，俯仰廊庙。

束带矜庄，徘徊瞻眺。孤陋寡闻，愚蒙等诮。

谓语助者，焉哉乎也。

目　录

第一部分　《千字文》浅释略考

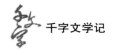
第二部分　《千字文》正文注释

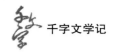

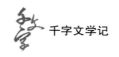

第一部分 《千字文》浅释略考

家喻户晓的蒙学经典《千字文》是由南北朝时期梁朝散骑侍郎、给事中周兴嗣一夜白头编撰而成的千字韵文。这位旷世奇才将一千个各异的汉字，编成一篇朗朗上口的缩微版中国小百科全书。不仅字不重复，合辙押韵，每四字间寓意深刻，且全篇主旨鲜明、结构分明、条理清晰，堪称绝妙文章。

妙之何在？浅可用以蒙学识千字，进可学以养正晓义理，细可究以珠玑考训诂，宏可观以古今通文史。千字之间，包罗万象。天地人文，治国修身。引经据典，文采斐然。字字珠玑，传诵千古。

谓之千古，其言凿凿，确无纤毫夸大。《千字文》自面世后，直至清末民初之前，在长达千余年期间，可谓在汉字文化圈、儒家文化圈内一直热度不减。

《千字文》自面世后，取代秦汉时期的《急就篇》《仓颉篇》等成为主流童蒙教材。此文一出，便流芳千年。

自智永禅师闭阁三十载而书《千字文》八百余卷散于民间后，历代书法名家掀起一番竞写《千字文》的浪潮。此浪一起，便席卷了千年。

中华民族是一个崇尚诗意的民族。《千字文》以一千个不同的字次韵成文，不仅行之成文，且言之有物，如此绝妙的"文字游戏"，令历代文人儒士都不禁跃跃欲试。有人进行续写，用原作中未出现的另外一千个不同的字来次韵成文，为《续千字文》；有人往下再续写，另用一千个不同的字次韵成文，为《三续千字文》。再者，有重编的、有增补的、有改写的，有六字的、有梵文的，有专以女训的、有专以祝寿的，有《三千字文》《五千字文》《八千字文》《万字文》……自唐宋至元明清，历代屡试不绝，版本纷呈。此诗兴一发，便也游戏了千年。

第一章　版本与流变

《千字文》历来有诸多版本。今日大众所熟知的以"天地玄黄，宇宙洪荒"开篇的《千字文》，为南北朝时期梁代周兴嗣所作。有人未经考究，由于只知晓此一版，便妄自揣测并诉诸文字，大意曰：以一千个不同的字编成文章，而且押韵，还言之有物，如此煞费苦心之作，千年之间再无第二人做得出来第二篇《千字文》，可见其难度之大。为学之人读至此处，当反问一句：这千年间真无第二人做出《千字文》吗？诸多古籍为证，我们可以确定地说，《千字文》不是"前无古人，后无来者"，而是"前有古人，后亦有来者"。且，不在少数。

一　隋以前《千字文》版本

日本存有一部李暹注本的《千字文》，序中提及三国时魏国钟繇编有一部《千字文》，只可惜在晋室南迁之时，被雨淋湿以致糜烂。王羲之重为编缮，但文理音韵皆不顺。梁武帝乃命周兴嗣重为次韵。可见，原有钟繇版本，后来王羲之也曾编次过一部《千字文》，只是不大成功。

梁陈时期，编次《千字文》的人更多。除周兴嗣外，萧子范和梁武帝也都作过千字文。《梁书·萧子范传》载录大司马南平王"爱文学士，子范偏被恩遇，尝曰：'此宗室奇才也。'使制《千字文》，其辞甚美，王命记室蔡薳注释之。自是府中文笔，皆使草之"。梁武帝所作，则名为《千字诗》，据《陈书·沈众传》："众好学，颇有文词，起家梁镇卫南平王法曹参军、太子舍人。是时，梁武帝制《千字诗》，众为之注解。"[1]

---

① 徐梓：《〈千字文〉的流传及其影响》，《中国典籍与文化》1998 年第 2 期。

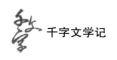

（一）钟繇《千字文》

三国时期书法家钟繇曾编有《千字文》一卷，内容不同于今日所流传版本，相传已毁于西晋的动乱之中。钟繇版《千字文》是目前为止我们所知闻的《千字文》最早的一个版本。

《王羲之行书临钟繇千字文》是一件传世有名的墨迹，传为王羲之作品，现收藏于北京故宫博物院。另有见于《清宫旧藏书画精选集》第八本著录的三卷相连本《王羲之书魏钟繇千字文》墨迹，现代有人指出其为宋《宣和书谱》著录并庋藏，由南宋理宗、元文宗、明宣宗，明云南王沐府，清乾隆、嘉庆帝先后鉴藏。王羲之《临钟繇千字文》最早见于《宣和书谱》卷十五草书三王羲之行书目，名为《书钟繇千文》①。此帖前款题有"魏太尉钟繇千字文右军将军王羲之奉敕书"，故得名。开篇云"二仪日月，云露严霜，夫贞妇絜，君圣臣良"，以"谓语助者，焉哉乎也"结尾。全文仅开篇和结尾几句可四字断读，其余则是字句相凑，无法通读。

（二）王羲之《千字文》

东晋时期书法家王羲之也曾重新编撰过一篇《千字文》，但文理音韵皆不佳。语言文字学家张志公在《传统语文教育初探》一文中，谈到《千字文》编著时言及："日本存有一种李逻（暹）注本《千字文》。其序称，原有钟繇撰《千字文》，晋末播迁，载书遇雨，几至糜烂，《千字文》亦在其中。于是命王羲之重为编缀缮写。但是文理、音韵不顺。至梁武帝，乃命周兴嗣重为次韵。"② 上野本、纂图本的李暹注《千字文》序文部分载道，晋末宋（中宗）元皇帝"敕遂令右将军王羲之缮写其文，用为教授，但文势不次，音韵不属，及其奖导，颇以为难，至梁武帝受命，令员外散骑侍郎周兴嗣推其理，为之次韵"。③

---

① 史湘萍：《〈千字文〉研究》，东北师范大学硕士学位论文，2012，第 12 页。
② 张志公：《传统语文教育初探》，上海教育出版社，1962。
③ 张娜丽（日本早稻田大学）：《〈敦煌本《六字千文》初探〉析疑——兼述〈千字文〉注本问题》，《敦煌研究》2001 年第 3 期。

（三）周兴嗣《千字文》

今熟知以"天地玄黄，宇宙洪荒"开篇的《千字文》，相传为梁代周兴嗣所作。周兴嗣撰《千字文》相关记录最早见于《梁书·周兴嗣传》："自是《铜表铭》《栅塘碣》《北伐檄》《次韵王羲之书千字》，并使兴嗣为文。每奏，高祖辄称善，加赐金帛。"①《隋书·经籍志》载"《千字文》一卷梁给事郎周兴嗣撰"。两唐书、《宋史·艺文志》并录之。《太平御览》卷六百零一曰："《梁书》曰：武帝取钟、王真迹，授周兴嗣，令选不重复者千字，韵而文之。"②

（四）萧子范《千字文》

据《梁书》记载，南北朝时期南齐高帝萧道成之孙，梁朝辞赋家萧子范，也著有《千字文》一卷。萧本《千字文》在《梁书》本传上虽有记载，但在《旧唐书·经籍志》后不再有著录，大约是亡佚了。③

（五）汉章帝《辰宿帖》与《千字文》

《辰宿帖》也称汉章帝习字帖，见于宋代《淳化阁帖》第一卷，现藏于故宫博物院的清宫旧藏"懋勤殿本"，为宋代刻石的拓本。墨纸，纵25.2厘米，横13.1厘米，书体"章草"。全文为："辰宿列张盈昃，海咸河淡鳞羽翔，龙师火帝，鸟官人皇，始制文字乃服衣，遐迩一体，罔谈彼短，无恃己长，尺璧非尚，寸阴是竞，孝当竭力，忠兴温若思，慎终宜令，学优登仕，摄职从政，都邑二京，背邙面洛，浮渭，既集坟典，亦。"④ 忽略释文的断句，与周兴嗣本《千字文》中多处相同或相近，故有人认为周本《千字文》实际是脱胎于此。

欧阳修在《集古录跋尾》中谈道：

---

① （唐）姚思廉撰：《梁书》卷四十九《周兴嗣传》，中华书局，1977，第698页。
② （宋）李昉、李穆、徐铉等编纂《太平御览·文部十七·著书上》，中华书局影印本，1960，第2706页。
③ 于必昌：《确认〈千字文〉作者》，《中华读书报》2001年3月7日，第8版。
④ （宋）王著编次《淳化阁帖释文》，丛书集成本，商务印书馆，民国26年，第1页。

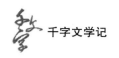

梁书言武帝得王羲之所书千字，命周兴嗣以韵次之。今官法帖有汉章帝所书百余字，其言有海鹹河淡之类，盖前世学书者多为此语，不独始于羲之也。①

元代李治在《敬斋古今黈》中质疑道：

梁周兴嗣千文，说者谓上得王羲之故书，皆断烂脱绝，前后倒复，不可读。令兴嗣次之，一夕书成，而发尽白。然今法帖汉章帝所书已有千字文中百余字，何哉？岂梁世所传得羲之故书已先书汉章帝之书乎？②

历来也多有人怀疑此帖可能并非汉章帝所书，但大多认为此帖时间早于《千字文》。明代赵宧（yí）光认为：

淳化阁辰宿帖章草书，古意犹存。即非章帝，亦汉晋良工也。③

王肯堂言：

不知阁帖之首，已有章草千文，虽未必是汉章帝书，亦可证千文不始于梁人矣。④

二　唐宋时期《千字文》的续作及改编

据已知文献，对周本《千字文》的改编最早始于唐代。此后自唐至清，对《千字文》进行增补、续作、改写、重撰及仿照体例撰文者，大有人在。

---

① （宋）欧阳修：《集古录跋尾》卷4，《历代碑志丛书》第1册，江苏古籍出版社，1998，第49页。
② （元）李治：《敬斋古今黈》卷6，影印文渊阁四库全书版，台湾商务印书馆，1986，第362页。
③ （明）赵宧光：《寒山帚谈》附录，影印文渊阁四库全书版，台湾商务印书馆，1986，第333页。
④ 王肯堂：《郁冈斋墨妙附录王肯堂帖跋·钟繇千字文跋》。容庚编《丛帖目》，中华书局，1980，第295页。

增补者，如《六字千文》《万字文》；续作者，如《续千字文》《三续千字文》；重撰者，如《天宝应道千字文》；改写者，如《增寿千字文》；仿照体例者，如《闺训千字文》《梵语千字文》等。另有日语、朝鲜语、英语、德语等诸多译本。

（一）周逖［tì］《天宝应道千字文》

唐朝进士周逖曾撰《千字文》，以"天宝应道"开篇，故而又名《天宝应道千字文》。周逖此文，属"重撰本"之一例。无一字替换而字句皆重组，唯"枇杷"二字未拆。见于《封氏见闻记》卷十记载：

> 进士周逖，改次千字文，更撰《天宝应道千字文》。将进之，请颁行天下。先呈宰执，右相陈公迎问之曰："有添换乎？"逖曰："翻破旧文，一无添换"。又问"翻破尽乎？"对曰："尽。"右相曰："枇杷二字，如何翻破？"逖曰："唯此两字依旧。"右相曰："若如此，还是未尽。"逖逡巡不能对。[1]

此外，欧阳修于《与刘侍读》中言及："承示《千文》，甚佳。多感多感！或云此是李靖字，唐人集为《千文》。"（《文忠集》卷一百四十八）可见除了周逖，唐代改编、续作《千字文》还有人在。

（二）敦煌本《六字千文》

敦煌遗书《六字千文》属"增补本"之一例。此卷在《千字文》的原作基础上每句增加二字，如"天地二仪玄黄，宇宙六合洪荒。日月满亏盈昃，阴阳辰宿列张。四时寒来暑往，五谷秋收冬藏"等。敦煌遗书载两件残卷，无传世版本。

据统计，《六字千文》在原作基础上新增人名 34 处，如伏羲、黄帝、尧舜、太昊、少昊、曹植、周公等。具体如"百郡秦皇吞并""董永孝当竭力"

---

[1] （唐）封演撰《封氏见闻记》卷 10 "惭悚"条，丛书集成本，商务印书馆，民国 25 年，第 137 页。

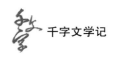

"墨子悲感丝染""苏秦摄职从政"等。《六字千文》在忠于原作的基础上，每句新增二字，紧附原义，读来用典更浅显易解。①

（三）义净《梵语千字文》

《梵语千字文》又名《梵唐千字文》，收录于《大藏经》第五十四卷《事汇部》下。祖本为日本东京东洋文库②藏本。作者为唐三藏法师义净③。也有不同意见：

> 敬光在再版④序中言："千文一书，题曰义净撰。识者非无疑，盖依全真唐梵文字而制之，托名净师者也。"又言"然有益于初学既已不少，伪也真也，何亦须言？"

> 义净作《梵语千字文》"为欲向西国人，作学语样"，故"梵语下题汉字，其无字者，以音正之"，所用字"并是当途要字"，以求"但学得此则余语皆通"，"若兼悉昙章读梵本，一两年间即堪翻译矣。"⑤

其内容涉及天文、政事、伦理、修身、文学、军事、农事、佛法等。因是僧人所作，佛法内容约占全书的三分之一。如"严仪像殿，写勘佛经，佛法处，僧念罪轻"等。

（四）宋代《续千文》与《三续千字文》

宋代续作《千字文》者有多版。侍其玮所作《续千文》⑥，以"浑沌开辟，乾坤刚柔。震兑巽坎，角亢奎娄"开篇，以"撰述舜乖，惭作芜菲"作结。黄庭坚曾作序褒颂之："甚有功，当与《凡将》《急就》并行也。"（《舅氏〈续千字文〉序》《丹阳集》卷八）

---

① 详可参考邰惠莉《敦煌本〈六字千文〉初探》，《敦煌研究》1997 年第 1 期。
② 东洋文库，日本最大的亚洲研究图书馆。
③ 与鸠摩罗什、真谛、玄奘等共称四大译经家。
④ 《梵语千字文》共两版：一版只有意译无音译，再版有音译。
⑤ 《梵语千字文》序。〔日〕高楠顺次郎、渡边海旭编辑《大正新修大藏经》第 54 卷《事汇部下》，东京大正一切经刊会，1934，第 1190 页。
⑥ 见《钦定四库全书》子部、艺术类、书画之属，卷一百七十。

侍其玮（复姓侍其，名玮，字良器）《续千文》于《郡斋读书志》中载录有一卷。《四库全书总目提要》云：

> 宋侍其良器撰。良器里贯未详。官左朝散大夫，知池州军事。是编皆掇周兴嗣《千字文》所遗之字，仍仿其体制，编为四言韵语，词采亦颇可观。其孙尝刻石浯溪。后有乾道乙酉乡贡进士谢褒《跋》。①

元仁宗延祐二年（1315），时年六十二岁的赵孟頫以行楷书写了此本《续千字文》。现藏于故宫博物院。

南宋葛刚正作《三续千字文》，又称《重续千字文》②，以"太朴肇判，胚浑已萌"始，以"序识卷末，聊示悠久"结。

据光绪丁酉四月武进盛宣怀③的《跋》可知，《千字文》中用过的字，《续千文》中不再用；《千字文》和《续千文》中用过的字，《三续千字文》中也不再用。

宋代《续千文》不止此一两版。另有续作，如刘绍佑版。宋朝人欧阳守道在《刘绍佑〈千文〉跋》中提及，"吾州名进士刘君绍佑，续兴嗣文，其数如之，而文义非兴嗣所及矣"。"兴嗣之文，已用者不再用。"④

（五）宋人胡寅《叙古千字文》⑤

朱熹赞《叙古千文》："叙事立言，昭陈法式，实有《春秋》经世之志。至于发明道统开示德门，又于卒章深致意焉。新学小童朝夕诵之而讽其义，亦足以养正于蒙矣。"⑥ 此本共 1168 字，所选字较周本《千字文》复杂。如"太和絪缊，二仪肇分""箫韶凤凰，焜耀典坟""汤聘莘亩，伊尹戮力""邠岐积累，文谟浸赫""嬴秦讫赦，惆怅卜年"等。

① 《四库全书总目提要》卷43《小学类存目一》，海南出版社，1999，第241页。
② 《四库全书》子部收录有宋葛刚正《续千字文》。
③ 盛宣怀，江苏武进人，清末官商。
④ 徐梓：《〈千字文〉的续作及其改编》，《中国典籍与文化》1998年第3期。
⑤ 有《粤雅堂丛书》本，附姚福注《致堂先生叙古千字集解》为清抄本。《宋志》载《注叙古千字文》一卷，已佚。《千顷堂书目》载明解延年《叙古千文集解》一卷，已佚。
⑥ 《打马图经叙古千文》，《粤雅堂丛书》第七集，清咸丰三年（1853）南海伍氏刊本，第373~374页。

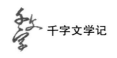

（六）未识之本：东绝固版、宋智达版、丁觇版

成书于 889～897 年的《日本见在书目》，除了著录有周兴嗣的《千字文》以及萧子云的注之外，还著录有三部《千字文》：东绝固①《千字文》、宋智达《千字文》、丁觇［chān］《千字文》，伯希和②称之为"皆为世人未识之本"③。这几种《千字文》既不见传本，又不见于其他著录。

三 明清时期《千字文》的续作及改编

明清时期，续作及改写版本就更多了。"明以来重次《千字文》者多矣，各竞妍巧，小道有可观焉。"（《冷庐杂识续编·冷庐臆言》）

清罗以智《重次千字文汇编》录有二十一篇，陆以湉所作之跋亦是《千字文》体例。张海鹏《借月山房汇钞》第四集《千字文萃》收录七篇。本章从众多重次《千字文》中选取数篇，以窥一斑。

（一）明朝《广易千文》

明朝的周履靖编有《初广千文》《二广千文》《三广千文》《四广千文》，统名《广易千文》。收录在他所辑的《夷门广牍》之中。《广易千文》注明"嘉禾梅墟周履靖著"，但其中的《二广千文》，实即宋葛刚正的《重续千字文》，《三广千文》实即宋侍其玮的《续千文》。《初广千文》以"洪荒之始，杳乎邈焉。阴阳机幹，皇分地天"开头，以"大哉孔子，富哉周公。意充典坟，心玩中庸。习此往迹，千字文终"结束，颇为通畅可读。《四广千文》反之，极为晦涩难读。

（二）清康熙冯嗣京《增寿千字文》

此改写本于清代鲍钤《亚谷丛书》中载有一卷。康熙时人冯嗣京认为周

---

① 徐梓文中写作"东绝固"，另有一说为"东驼固"，王晓平提出其为"陈道固"的讹误（参考王晓平《上野本〈注千字文〉与敦煌本〈注千字文〉》，《敦煌研究》2007 年第 3 期）。
② 保罗·伯希和（Paul Pelliot，1878～1945 年），法国汉学家。
③ 伯希和撰，冯承钧译《千字文考》，《图书馆学季刊》1932 年第 6 卷第 1 期。

本《千字文》重一"洁"字，且安章布局没有逻辑次序，徐渭、卓珂等本有新意但亦有瑕疵，"壬寅秋入都，见馆阁诸公诗文宏丽，预为来年称祝，不揣鄙陋，妄欲抒词。遂将千字内除一洁字，增一寿字，凑集成篇，题曰增寿千字文"①。

（三）清朝《重次千字文汇编》收录廿一篇千字文

清中期的罗以智，历经30年的搜集，得21篇，编成《重次千字文汇编》一书刊行。其好友陆以湉为之作跋。此跋文本身就是一篇《千字文》，以"惟周兴嗣，凤号多闻"开篇，以"后有作者，宜详审焉"作结。《重次千字文汇编》所收录或提及的《千字文》至少含如下12篇。

（1）明朝徐渭重次《千字文》

（2）明朝卓珂重次《千字大人颂》②

（3）明末吕章成《野述》③

（4）康熙时人王锡的《圣德颂千文》④

（5）乾隆时人彭元瑞《御制全韵诗恭跋》⑤

（6）乾隆时人刘凤诰⑥《阿云严馆师八襄千文》⑦

（7）道光时人王宝行《励学篇千文》⑧

（8）魏古愚《女训千文》

（9）杨世英《太上皇帝纪元周甲授受礼成恭颂千文》⑨

---

① （清）谢启昆：《小学考》卷十四，清光绪十五年上海鸿文书局石印本，第8页。

② 陆以湉跋文前小序中提及明朝徐渭及卓珂重次《千字文》之作，但称其"并称于世，惜未得见"。有人说徐渭的《千字文》见于《徐文长集》。

③ 以"大明洪武，受命配天"开篇，以"臣吕章成，顿首敬书"作结。顾炎武曾为此篇作序（见《亭林文集》卷二）。

④ 开篇语为"奉天承运，皇帝有真。尊荣安富，文武圣神"。

⑤ 文中有语"丹笔露垂，墨床星映。平上去人，自初而竟"。

⑥ 乾隆年间曾被封为太子少保。乾隆誉之为"江西大器"。

⑦ 文中有语"云严相公，国之元老。龙飞首岁，登朝最早。再历丙辰，嘉庆建号。绮甲周八，年高德邵"。

⑧ 篇末"顾笔悬裁，对纸勒策。道光四年，闰月五日"。

⑨ 以"圣人御宇，甲子一周。福洪万祀，业驾千秋"开篇。文中有语"丙辰上日，嘉庆元年。嗣皇即位，帝命沛宜。初登大宝，祇受薪传。基承夙夜，离照当天"。

（10）杨世英《武业县志跋千文》①

（11）杨世英《严慈八十双寿征诗启千文》

（12）陆以湉《冷庐臆意》

道光二十九年，陆以湉为吏部选补为杭州府教授，六月到任后写下此篇。开篇即为"道光甲辰，后历五年。时当夏暑，武林服官。学舍廖落，幸离俗缘。谨随老母，宅于斯焉"。篇末语："草莽微臣，匡济匪才。宰邑楚地，既徘且徊。息机改图，养亲良佳。续次千文，以写厥怀。"

（四）清朝《千字文萃》收录七种千字文

清朝嘉庆年间的学者张海鹏辑录《千字文萃》，共收录周本重编《千字文》七卷：吴省兰《恭庆皇上七旬万寿千字文》、彭元瑞《恭跋御制全韵诗千字文》、王锡《毛西河传赞千字文》、黄祖颛（zhuān）三篇（《别本千字文》《续千字文》《再续千字文》）、明朝人陈夔（kuí）《别本千字文》。

（五）其他可考版本：《正字千文》《闺训千字文》等

明人翟九思《正字千文》、汪义成《同文千字文》、清人朱崇忠《千字文》、清人龚璁《续千字文》（收录于《黎照庐丛书》），江澜《千字再集》（收录于《江南通志书目》），项溶《集千字文》（收录于《亚谷丛书》），沈箔《增广千字文》（光绪二十七年沈守经堂刻本）、俞樾《集千字文诗》（《曲园杂纂》卷四十八），清代何桂珍《训蒙千字文》②《闺训千字文》③《女千字

---

① 开篇"县称武义，盖自李唐。近连金郡，南达永常"，结语"嘉庆甲子，简版初成。谁陪执笔，邑人世英"。

② 又称《何文贞公千字文》，有道光原刊本及多种复刊本。此本讲述"先圣先贤先儒千古之学术心源"，以"善人心裨世教"。刊本附有注解及注音。如开篇"凡此生初，浑然一善。所学攸殊，智愚各舛"，注解为"人生之初，性本皆善，自所学多歧而智者过之愚者不及，因之各舛于道。盖习相远则失其所以为性也"。

③ 作者佚名。《冷庐杂识》卷八《重次千字文汇编跋》载"魏古愚标有女训千文"，与《闺训千字文》内容大致相同，只有个别字句的更改，二者或为一书。现在所见版本为光绪年间吴兆桂作序、甄锡岭书写的刊印本。上海锦章书局将之与《绘图改良女儿经》合刊印行。（清）吴兆桂《闺训千字文》（序）开篇云："凡为女子，大理须明。温柔典雅，四德三从"，为全文主旨。

文》《养正千字文》，清嘉庆龚璁①《续千字文》② 等。版本之多，不胜枚举。详可参见《〈千字文〉的续作及其改编》（徐梓著，刊于《中国典籍与文化》1998 年 3 期）。

（六）增补本：《六千字文》《万字文》等

"增补本"即是在《千字文》的基础上，进行字数的扩充，形成《二千字文》《三千字文》《六千字文》《万字文》等系列。这类文章在清末盛极一时，但私塾中很少采用，因为此类文章只是字的比类罗列，有韵而无义。字之罗列以天文、地理、伦理、器具、动植物和食物等类别而序。上海文盛书局刊行的《六千字文》《万字文》均为注释绘图版，页面格式为上图下文，附注释注音。

柴萼《梵天庐丛录》记载有《三千字文》《五千字文》《万字文》。常镜海在介绍《五千字文》时也言："《五千字文》一书，著者姓氏年代均不详，此外尚有《六千字文》《七千字文》《八千字文》《九千字文》等，内容大同小异，因字数而命名者也。"③

---

① 龚璁，字玉亭，遵义人。嘉庆丁丑进士，官山东知县。
② 《藜照庐丛书》载一卷。此版是民国 24 年（1935）木活字排印本等。
③ 常镜海：《中国私塾蒙童所用课本之研究》，《新东方》1940 年第 1 卷。

第二章　滥觞与特点

一　周作《千字文》滥觞

周兴嗣（469～537），字思纂，生活在南朝萧梁时期，梁武帝时，官拜员外散骑侍郎①，才学盖世，撰有《休平赋》《皇德记》《铜表铭》《檄魏文》等专著百余卷，文集十卷传世，流芳最久远者为《千字文》。

《钦定四库全书·集部·全梁文卷五十八》载："兴嗣字思纂，陈郡项人。世居姑熟，齐建武中举秀才，除桂阳郡丞。梁受禅，为安成王国侍郎，擢员外散骑侍郎，迁给事中，除临川郡丞，复为给事中，有《千字文》一卷，《集》十卷。"

《千字文》全名为《次韵王羲之书千字》，梁周兴嗣编撰。行文押韵，故说"次韵"。"次"即编排次序，"韵"即按照韵部编排。本文作于梁武帝大同年间，即公元535～543年，距今已逾1400年。相传此文为梁武帝萧衍命周兴嗣取王羲之碑拓一千个不重复的字，编为韵文而成，是为诸帝子编写的一部识字读本。全文为四字诗，凡250句，对仗工整，条理清晰，文采斐然。

梁武帝命其作《千字文》的原因，后人多认为是作为教诸王习字的范本。最早提出这一说法的是唐代张怀瓘的《书断》：

> 《千字文》梁周兴嗣编次，而有王右军者，人皆不能晓。其始乃梁武

---

① "员外散骑侍郎"是汉朝设的官职，属闲散之职。南北朝时期与两汉时隔不久，仍然沿用汉的制度。员外是正常编员以外加设的职位，因皇帝旨意在正常编制外特设之职。散骑为皇帝侍从。侍郎是官阶的一种。

教诸王书，令殷铁石于大王书中，拓一千字不重者，每字片纸，杂碎无序。武帝召兴嗣，谓曰："卿有才思，为我韵之。"兴嗣一夕编缀进上，鬓发皆白，而赏赐甚厚。①

之后的《刘宾客嘉话录》《太平广记》等均原文录之。另有唐代《徐氏法书记》同样记载：

> 梁大同中，武帝敕周兴嗣撰《千字文》，使殷铁石模次王羲之之迹，以赐八王。②

张岱的《夜航船·文学部》中有另一则材料：

> 梁散骑员外周兴嗣犯事在狱，梁王命以千字成文，即释之。一夕文成，须鬓皆白。③

此处描述了周作《千字文》的另一缘起。周兴嗣原已锒铛入狱，梁武帝命其作《千字文》，文成则恩释之。周兴嗣仅以一个晚上的时间就完成了这篇杰作。和伍子胥过昭关一样，一夜之间，鬓发皆白。

此文一经问世，世受赞誉。

明代文学家王世贞称其为"绝妙文章"，清代褚人获赞其"局于有限之字而能条理贯穿，毫无舛错，如舞霓裳于寸木，抽长绪于乱丝"。

刘宏毅誉其为"我国最优秀的一篇训蒙教材，用一千个汉字勾划出一部完整的中国文化史的基本轮廓，代表了中国传统教育启蒙阶段的最高水平"④。

南怀瑾推崇《千字文》："我们老祖宗几千年的中国文化快要断根了，命若悬丝，国家民族文化的生命像一根丝一样吊住，很脆弱很危险了。要怎么培

---

① 《书断》已散佚，这一条保存在《尚书故实》中。参见（唐）李绰《尚书故实》，影印文渊阁四库全书本，台湾商务印书馆，1986，第479页。
② （唐）张彦远辑《法书要录》，上海书画出版社，1986，第90页。
③ （明）张岱撰《夜航船》，刘耀林校注，浙江古籍出版社，1987，第348页。
④ 刘宏毅：《千字文讲记》，海南出版社，2007，第3页。

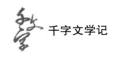

养它，把它重新接起来？承先启后，继往开来。这是现在青年同学们的责任，因为我们老了，寄望在你们身上。……像《三字经》《千字文》《幼学琼林》这几本，有些大学教授都讲不通的，你内容读懂了，能够讲通了，做中国文化的教授足足有余。"①

二　历代竞书《千字文》现象

历代书法名家竞书，是《千字文》流传的主要途径之一。王羲之、智永、孙过庭、欧阳询、张旭、怀素、赵佶、赵孟頫、文徵明等书法名家均有《千字文》墨迹留存，这些作品成为后人临习的法帖。

文徵明年轻时每天要书写十本《千字文》，以此为"日课"，可见书法家们对《千字文》的喜好非同一般。

"1964 年 12 月 10 日，毛泽东要看各家书写的各种字体的《千字文》字帖。我们很快为他收集了 30 余种，行草隶篆，无所不有，而以草书为主，包括自东晋以下各代大书法家王羲之、智永、怀素、欧阳询、张旭、米芾、宋徽宗、宋高宗、赵孟頫、康熙等，直到近人于右任的作品。"（逄先知：《毛泽东和他的秘书田家英》）由此可见历代名家书写《千字文》之多。

唐代的褚遂良、裴行俭、孙过庭、李阳冰、高闲、辩才和尚（智永禅师的弟子）等，宋代的王著、李建中、王升等，元代的鲜于枢、揭傒斯、赵雍、吴叡、俞和、边武等，明代的沈度、程南云、张弼、祝允明、徐霖、陈淳、王宠、文彭、徐渭、董其昌、张瑞图、苏眉阳等，清代的方亨咸、刘墉、张裕钊、张謇、郑孝胥等以及近现代的章太炎、于右任、沈尹默、黄宾虹、启功等，也都写过《千字文》②。

（一）王羲之（东晋）

王羲之行楷书千字文一卷，现藏于故宫博物院。此卷流传极广，自宋元以来一直被认为是王羲之真迹。米芾在《宝章待访录》中称此帖"楮纸书写，

---

① 南怀瑾：《廿一世纪初的前言后语》，东方出版社，2013，第 42 页。
② 参见张希广《〈千字文〉与历代书法家》，《文史知识》1983 年第 7 期。

笔力圆熟"。① 清代高士奇曾收藏此帖，在题跋中说："晋王右军临钟太傅千字真迹至宝"，更是在《江村书画目》中称赞其为"神品，不可多得"。

1981 年，故宫博物院邀请启功、徐邦达等对其鉴定，以为唐宋人所作。其中字迹两种：或摘自王羲之墨迹和智永的《千字文》，方式为双钩填墨、临写；或是自造。尽管此帖是伪作，但其历史和书法价值之高，依旧为历代收藏家所重视。

（二）智永（陈隋）

北宋《宣和书谱》载有智永草书《千字文》七帖、真草《千字文》七帖、小字《千字文》一帖。历代书评赞誉甚高。《旧唐书·柳公权传》云："永禅师真草《千字文》得家法。"米芾《海岳名言》云："秀润圆劲，八面具备。"清代何绍基云："笔笔从空中落，从空中住，虽屋漏痕，犹不足以喻之。"② 苏轼云："永禅师书，骨气深稳，体兼众妙，精能之至，返造疏淡。"

传世真草千字文共两本，一本藏于日本小川简斋家。王国维《东山杂记》言："日本小川简斋藏智永真草千字文墨迹，盖当时所书八百本之一。"另一本为北宋薛嗣昌据长安崔氏所藏真迹刻于石碑③。《金石萃编》载："文凡八石，皆横，广二尺四寸，高八寸，每石二十七行，行十二字，正书、草书各一行，额题智永千文四字。"④

后人临本甚多。《书画记》载宋高宗临智永千字文一卷，"是为草书，书在绢上，气色如新。书法圆健，风神藻丽，为高宗绝妙之书"。⑤ 《职思堂法帖》第四册载宋蔡襄临智永真草千字文一卷，有美叔、化光、文若、李玮、宋濂观款。⑥ 元代揭傒斯临智永真草千文，现藏于上海博物馆。明王思任临智永草书千字文一卷，现藏于浙江省博物馆。

---

① 王肯堂："米元章书家申韩，岂妄许可者，亦称此帖笔力圆熟，定为右军书，临池之工，得不矜重奉为模范耶？"《郁冈斋墨妙附录王肯堂钟繇千字文跋》，容庚编《丛帖目》，中华书局，1980，第 295 页。
② 《跋牛雪樵丈藏智永千文宋拓本》。（清）何绍基：《东洲草堂文钞》卷 9，清同治六年长沙无园刻本，第 9 页。
③ 原刻石已佚，现保存于陕西西安碑林者为翻刻，称为"关中本"或"陕西本"。
④ （清）王昶：《金石萃编》卷 4，《历代碑志丛书》，江苏古籍出版社，1998，第 681 页。
⑤ （清）吴其贞：《书画记》，上海人民美术出版社，1963，第 183 页。
⑥ 容庚编《丛帖目》，中华书局，1980，第 372 页。

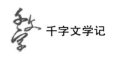

（三）欧阳询（唐）

行书千字文一卷，纸本，纵 25 厘米，横 304.8 厘米，现藏于辽宁省博物馆。另《戏鸿堂法帖》卷四载欧阳询千字文一卷，有金应桂、董其昌跋，为木刻版。《历代千字文墨宝》载有欧阳询楷书千字文一卷，题"贞观十五年"，时欧阳询八十五岁。草书千字文一卷，已残缺，仅六百余字。

（四）褚遂良（唐）

《历代千字文墨宝》载褚遂良真草千字文一卷，作于永徽四年（653），时褚五十八岁，为燕国公于志宁书。《清河书画舫》称此卷"瘦劲绝伦，楷书真笔上上"，"如千丈云锦而丝理秩然"。①

（五）孙过庭（唐）

草书千字文第五本一卷，纸本，纵 25.7 厘米，横 82.5 厘米，现藏于辽宁省博物馆。②《宣和书谱》载草书《千文》一帖。宋王诜称其笔势遒劲，较智永所作奔放，"兴合之作，当不减王家父子"。

（六）张旭（唐）

《历代千字文墨宝》载张旭草书千字文残卷一卷，为拓本，宋代时刻石于西安碑林中，石横刻。《绛帖·历代名臣法帖第九》载张旭千字文残字一卷，曾宏父云"九卷增入张旭千字文四十五字"③。

（七）怀素（唐）

现传两卷：大草千字文和小草千字文。大草千字文见于《群玉堂帖》卷四，现为美国安思源收藏。此本为墨拓纸本，明成化六年（1470）西安知府将之摹刻于西安碑林，世称"西安本"。小草千字文为台湾林氏兰千山馆收

---

① 孙宝文编《历代千字文墨宝》第 1 册，吉林美术出版社，1991，第 685 页。
② 傅熹年认为是宋元间人书。刘认为孙书伪，但王诜跋为真。中国古代书画鉴定组编《中国古代书画目录》第 8 册，文物出版社，1993，第 1 页。
③ 容庚编《丛帖目》，中华书局，1980，第 62 页。

藏，现存于台北故宫博物院。此帖作于贞元十五年（799），为绢本，落款为"贞元十五年六月十七日于零陵时六十有三"，故称为"贞元本"。

（八）高闲（唐）

草书千字文一卷，纸本，纵 30.8 厘米，横 331.3 厘米，现藏于上海博物馆。高闲世称"高闲上人"，善草书，师承张旭、怀素，韩愈《送高闲上人序》称"今闲之于草书，有旭之心哉！"①

（九）李阳冰（唐）

《历代千字文墨宝》载有李阳冰篆书千字文一卷，约书于上元二年（761），陈栖云"其字画起止处，皆露锋锷……盖其用笔有力，且直下不欹，故锋常在画中"。《宣和书谱》亦载。

（十）徐铉（宋）

《宣和书谱》载篆书《千文》两帖，言"后人跋其书者，以谓笔实而字画劲，亦似其文章。至于篆籀，气质高古，几于阳冰并驱争先"。

（十一）李建中（宋）

《书画记》载李西台（李建中，人称李西台）小行书千字文一卷，"纸墨如新。书法精俊，结构茂密，工夫天然，三者皆备，有殊于常。为西台超妙入神第一书法"②。

（十二）赵佶（宋）

草书千字文一卷，云龙笺本，作于宣和四年（1122），现藏于辽宁省博物馆。与上海博物馆所藏草书团扇为赵佶草书孤本。另有楷书千字文一卷，纸本，作于崇宁三年（1104），现藏于上海博物馆。

---

① 华东师范大学古籍整理研究室选编校点《历代书法论文选》，上海书画出版社，1979，第292页。
② （清）吴其贞：《书画记》，上海人民美术出版社，1963，第557页。

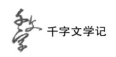

（十三）赵孟頫（元）

《历代千字文墨宝》载有赵孟頫六体千字文一卷，作于延祐七年（1320），有大篆、小篆、隶书、章草、楷书、今草六体。《敬一堂帖》第九册载赵孟頫四体千字文一卷，有张雨、唐棣跋。

赵孟頫存世千文较多，故宫博物院藏有三卷：行书千字文一卷，绢本；草书千字文一卷，纸本；行书续千字文一卷（内容为侍其玮《续千字文》），纸本，作于延祐二年（1315）。上海博物馆藏有两卷：草书千字文一卷，纸本，作于至元二十三年；真草千字文一卷，纸本。

（十四）吴叡（元）

篆书千字文一卷①，纵 17.7 厘米，横 240.6 厘米，现藏于上海博物馆。刘基《覆瓿集》云："叡少好学，工翰墨，尤精篆隶"，李日华《六研斋笔记》评价其小篆"匀净遒逸"。

（十五）俞和（元）

篆隶千字文一册，纸本，纵 21 厘米，横 913.9 厘米，作于至正二十四年（1364），现藏于台湾故宫博物院。册上有清内府鉴藏印九方、河南商丘陈氏收藏之印多方。

（十六）祝允明（明）

小楷千字文（十二开）一册，纸本，作于成化二十二年（1486），现藏于天津市艺术博物馆。故宫博物院收藏其楷书临米、赵千字文、清净经（五开）一册，纸本，作于嘉靖四年（1525）。另，《历代千字文墨宝》载祝允明草书千字文一卷，现藏于吉林省博物馆。上海博物馆所藏草书千字文，纸本，一卷，作于正德五年（1510）。

---

① 与《离骚》合为一卷。

（十七）文徵明（明）

《历代千字文墨宝》载有文徵明四体千字文一卷。七年始完成。浙江省博物馆藏有祝允明、文徵明合书四体千字文一卷。此外，故宫博物院藏两卷：草书千字文一卷，行书千字文一卷。苏州博物馆收藏两册：行草千字文各一册。①天津市艺术博物馆收藏行书千字文一卷。湖南省博物馆现藏草书千字文一册。

王世贞赞文徵明四体曰："千文四体，楷法绝精工，有黄庭遗教笔意，行体苍润，可称玉版圣教；隶亦妙得受禅三昧，篆书斤斤阳冰门风，而皆有小法，尤可宝也。"（《弇州四部稿·文部下》）

（十八）王宠（明）

故宫博物院藏行书千字文一卷；上海博物馆藏行书千字文一卷。《历代千字文墨宝》载行书千字文一卷、小楷千字文一卷②。《四有斋书论》云："衡山（文徵明号衡山）之后，书法当以王雅宜（王宠号雅宜）为第一，盖其书本于大令，兼人品高旷，故神韵超逸，迥出诸人上。"

（十九）董其昌（明）

楷书千字文一册，现藏于山西省博物馆。另南京博物院藏正草千字文一册。清张照有楷书千字文一卷，临董其昌书。

（二十）陆士仁（明）

真草篆隶四体千字文一卷，纸本，纵 27.2 厘米，横 231 厘米，作于万历四十四年（1616），现藏于故宫博物院。

（二十一）顾苓（明末清初）

隶书千字文一卷，纸本，现藏于辽宁省博物馆。《清仪阁题跋》载："云美善隶书八分，斩筋截铁，极有古法。"

---

① 刘九庵存疑，傅熹年认为是伪作。中国古代书画鉴定组编《中国古代书画目录》第 5 册，文物出版社，1988，第 2 页。
② 孙宝文编《历代千字文墨宝》第 1 册，吉林美术出版社，1991，第 688 页。

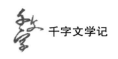

（二十二）方亨咸（清）

《历代千字文墨宝》载行书千字文一卷，绢本，纵 19.7 厘米，横 380 厘米，现藏于台北故宫博物院。另，中国文物商店总店藏行书千字文一卷；故宫博物院收藏行书千字文（十二开）一册。

（二十三）王澍（清）

《历代千字文墨宝》载有王澍隶书千字文一卷，作于雍正四年（1726）。另，首都博物馆藏其真草千字文一卷。

此外，日本江户时代的卷菱湖、市和米庵，明治时代的日下部鸣鹤、小野鹅堂、村田海等都有《千字文》书法传世。

表1　历代名家竞书《千字文》梳理

年代	作者
隋朝	智永和尚（楷书、草书）
唐朝	欧阳询（行书、楷书、草书）、褚遂良（楷书、草书）、裴行俭（草书）、孙过庭（草书）、张旭（草书）、怀素（大草、小草）、高闲（草书）、李阳冰（篆书）
宋朝	徐铉（篆书）、王著（草书）、李建中（行书）、米芾（小楷、行书）、王升（草书）、宋徽宗赵佶（楷书、草书）、宋高宗赵构（行书、楷书）
元朝	鲜于枢（行草）、赵孟頫（大篆、小篆、隶书、草书、小楷）、揭傒斯（楷书、草书）、赵雍（章草）、吴叡（篆书）、俞和（篆隶）、边武（行草）
明朝	沈度（楷书）、程南云（行草）、张弼（草书）、祝允明（楷书、草书）、徐霖（草书、楷书、篆书）、文徵明（小楷、行书、隶书、篆书、草书）、陈淳（草书）、王宠（行书、小楷）、文彭（草书、小楷）、徐渭（草书、行楷）、董其昌（小楷、行书、草书）、张瑞图（草书）、苏眉阳（草书）、陆士仁（真草篆隶四体）、顾苓（隶书）
清朝	方亨咸（行书）、王澍（隶书、真书、草书）、刘墉（草书）、张裕钊（楷书）、张謇（行书）、郑孝胥（楷书）、张道浚（楷书）
近现代	章太炎（篆书）、于右任（草书）、黄宾虹（草书）、沈尹默（草书）、启功（楷书、行书、草书）

三　不同于其他训蒙读物的鲜明特点

《千字文》通篇首尾连贯，音韵谐美，既是一篇四言长诗，也是一部袖珍百科知识全书。主旨清晰，章句文理一脉相承，层层推进，辞藻优美，含义颇丰。此外，《千字文》还具备以下几个鲜明特点。

（一）流传之久

我国历代皆有其当时普及的"字书"（初学识字者的课本）。秦时有李斯的《仓颉篇》、赵高的《爰历篇》；汉时有司马相如的《凡将篇》、史游的《急就篇》。自梁代《千字文》日渐流传开来，取而代之，至清末民初，使用时间长达千余年。其流传之久，国内鲜有其他经典可与之比拟。宋代始有《三字经》《百家姓》《千家诗》。清代始有《弟子规》。诸多童蒙读物中，《千字文》流传时间最久。

（二）传播之广

《千字文》的流传过程中，出现了蜀、闽、粤所刻的各种地方版本①，它不仅普及国内各城乡，且于早前就被译成满、藏等少数民族和多种国家的文字，并传于朝鲜、日本及欧美各国，成为许多民族、国家初学汉文的课本。

（三）经典之博

《千字文》中几乎是句句引经，字字用典，包括《易经》《汉书》《庄子》《论语》等。"经史子集"四大部类悉皆涵盖②。

（四）临摹之范

唯独《千字文》有这一特点。周本面世之后，隋唐及后世多以之为书法范本。前文已究，不做赘述。

---

① 王璐：《敦煌写本〈千字文〉考辨》，《唐都学刊》2005 年第 2 期。
② 详见后文"用典"篇章。

第三章　主旨与分段

一　主题架构

　　《千字文》以"修身、齐家、治国、平天下"的儒家思想系统为主题架构，以中华文化古今典故及自然、历史、社会等百科知识为躯干血肉，以通晓义理、涵德养正、正己化人、治平天下为灵魂核心，终极教育旨趣。

二　教育旨趣

（一）教以识字

　　《千字文》是普遍被用以为教育儿童启蒙识字的一个重要读物①。明末清初杰出的思想家顾炎武说："盖小学之书，自古有之。李斯以下，号为《三苍》，而《急就篇》最行于世。……读者苦《三苍》② 之难，便《千文》之易，于是至今为小学家恒用之书。"③ 章太炎曾说《三字经》与《千字文》比较，有两个不足，即"字有重复、辞无藻采"④。《千字文》在文采上独领蒙学

---

① 我国早期启蒙识字读物有：秦代出现的《仓颉篇》《爰历篇》，汉代司马相如的《凡将篇》、贾鲂的《滂喜篇》、蔡邕的《劝学篇》，史游的《急就篇》，三国时代的《埤苍》《广苍》《始学篇》等。

② 三苍，同"三仓"，书籍名，为秦李斯《仓颉》七章、赵高《爰历》六章、胡毋敬《博学》三书的合称。汉代时将《仓颉》《爰历》《博学》三书合一，统称为《苍颉篇》，亦称为"三苍"。（清）顾炎武《吕氏千字文序》："盖小学之书，自古有之。李斯以下，号为《三苍》。"

③ （清）顾炎武：《顾炎武文选》，苏州大学出版社，2001，第67页（顾炎武：《吕氏千字文序》）。

④ （清）章太炎：《章太炎全集》第七本，上海人民出版社，2014，第405页。

读物风骚，堪称训蒙长诗。

《康熙字典》涵括 5 万多字，而中国常用文字约 2000 字，次常用字约 4000 字。《千字文》作为童蒙读物，囊括千字之音义形，更是承载丰富的中国文化内涵，可谓字字珠玑。

（二）教以义理

《千字文》虽为童蒙读物，每一句内容所寄托的道理和意义却颇为深广。《千字文》通篇涉及天文、地理、哲学、伦理、农业、历史、政治、修养等多方面知识，而主旨不离至善之道，不离"仁义礼智信"五常，不离"孝悌忠信礼义廉耻"八德，不离"圣贤之道"。

如"恭惟鞠养，岂敢毁伤""夙兴温凊""孝当竭力"讲孝亲；"资父事君，曰严与敬"讲忠孝；"仁慈隐恻，造次弗离"讲仁爱；"孔怀兄弟，同气连枝"讲友悌；"上下和睦，夫唱妇随"讲夫妇人伦；"临深履薄"言恭谨；"孤陋寡闻"言谦卑；"寸阴是竞"言惜时；"祸因恶积，福缘善庆"讲祸福无门、唯人自召；"性静情逸，心动神疲"讲修身养性、宁静致远；"容止若思，言辞安定"教人气定神闲、言行有仪；"德建名立、行端表正"教人德行端正、不务虚名；"俯仰廊庙，束带矜庄"教人身心端庄；"节义廉退，颠沛匪亏"教人再落魄也不能丢了气节、正义、廉洁、谦让的美德；"守真志满，逐物意移"谓坚守质朴本真的心性，莫为物欲所奴役；"信使可复，气欲难量"乃严于律己重信义、宽以待人拓心量；"省躬讥诫，宠增抗极"谓智者自省，处逆境而不恼，处顺境而不贪，正如《弟子规》中所说"闻过怒，闻誉乐，损友来，益友却""闻誉恐，闻过欣，直谅士，渐相亲"；"景行维贤，克念作圣"：德行正大光明，才能成为贤人；克制私欲杂念，才能成为圣人。

　　《千字文》多处体现伦理道德思想以及儒释道的人生价值观、重视个人道德修养及圣贤的道德规范。我们要善于从中国经典古籍中寻找智慧的答案，获取力量，善于汲取古代先贤的智慧以增强自己的修身意识，不断提高自己的精神修养境界，逐步完善自己的高尚人格精神。

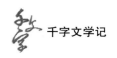

三　几种分段主张

关于《千字文》的分段，目前学界尚无统一说法，其分判因人而异。前人分段观点列举如下。

（一）明代娄芳《千字文释义》主张划分为二十段

明代娄芳《千字文释义》对《千字文》文段的划分遵循了字句含义的逻辑联系，然分段过于琐碎。

"天地玄黄"至"鳞潜羽翔"，言"天地之间宇宙之内日星雨露寒暑岁律与其物之所产者"；

"龙师火帝"至"赖及万方"，言"帝王之盛德大功见于当时者"；

"盖此身髮"至"福缘善庆"，言"人当检身以修德，则天必佑之，有福无祸也"；

"尺璧非宝"至"去而益咏"，言"人当爱惜光阴以力学乎，孝亲忠君之道，学成而仕则亦当留遗爱于民，如召伯之在南国也"；

"乐殊贵贱"至"好爵自縻"，言"学者当致谨于贵贱尊卑伦理之间，而修身有道则天爵修人爵至焉"；

"都邑华夏"至"勒碑刻铭"，言"两京之中山水宫室燕享藏书之盛而及其立署分封优待功臣之事者"；

"磻溪伊尹"至"岩岫杳冥"，言"历举前代王者霸者君臣武将法士建立事功之殊及其名山大川之尤著于天下者"；

"治本于农"至"劝赏黜陟"，言"务农重谷之事"；

"孟轲敦素"至"勉其祇植"，言"学者当如古人植立气节而尽其修己观人垂世之法也"；

"省躬讥诫"至"感谢欢招"，言"大臣当省身知止避位全名之事"；

"渠荷的历"至"凌摩绛霄"，言"四时花木鱼鸟之类"；

"耽读玩市"至"老少异粮"，言"人当笃学慎言节饮食之事"；

"妾御绩纺"至"执热愿凉"，言"君子当正妾妇之道，慎饮食之节，崇祀先之孝而于处人治己之间务求其善也"；

"驴骡犊特，骇跃超骧"，言"驴骡犊特奔走之状"；

"诛斩贼盗，捕获叛亡"，言"诛讨叛贼之事"；

"布射僚丸"至"工颦妍笑"，言"人有技能之长姿容之美者"；

"年矢每催"至"晦魄环照"，言"岁月天象之事"；

"指薪修祜，永绥吉劭"，言"积善获福之事"；

"矩步引领"至"徘徊瞻眺"，言"大臣在朝周旋进止之荣"。

以上共划分为十九段。最后"孤陋寡闻，愚蒙等诮。谓语助者，焉哉乎也"未被归入段落，如若算作一小段落，则计作二十小段。

（二）清代汪啸尹及孙谦益注《千字文释义》主张划分为四章

汪啸尹及孙谦益注《千字文释义》根据文意将之划分为四大部分，分别为天地人之道、君子修身之道、王者之事、君子治家处事之道。

"天地玄黄，宇宙洪荒"至"化被草木，赖及万方"为第一章。此章言天地人之道，为千字文之发端。

"盖此身髮，四大五常"至"坚持雅操，好爵自縻"为第二章。此章言君子修身之道。唯修其五常，则不毁伤其身，因推类而举君臣、父子、兄弟、夫妇、朋友之伦，为五常所属；终则指仁、义、礼、智、信之五德，而勉人固守之也。

"都邑华夏，东西二京"至"旷远绵邈，岩岫杳冥"为第三章。此章言王天下者，其京都之大、宫阙之壮、典籍之盛、英才之众、土地之广如此。

"治本于农，务兹稼穑"至"孤陋寡闻，愚蒙等诮"为第四章。此章言君子穷而在下，唯尽其处身治家之道，盖与上章对待言之。

（三）刘宏毅主张划分为五部分

刘宏毅对《千字文》的划分主张几与清代汪啸尹及孙谦益注《千字文释义》一致。唯一不同的是，刘宏毅将最后"孤陋寡闻，愚蒙等诮。谓语助者，焉哉乎也"视为自谦之词，认为其不应该归入大段。

第一部分：从"天地玄黄"至"赖及万方"。讲述天文地理、气象物候、人类社会的出现和中国最早的政治制度。

第二部分：从"盖此身髮"到"好爵自縻"。讲述如何做人。

第三部分：从"都邑华夏"至"岩岫杳冥"。讲述与上层建筑，即与国

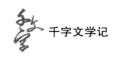

家、政权、政治、政令等有关的内容。

第四部分：从"治本于农"至"徘徊瞻眺"。描述了温馨的人情和恬淡的田园生活，赞美了那些甘于寂寞、默默奉献且不为名利所羁绊的人们。读来不禁使人对"结庐在人境"的朴素的人间生活憧憬之至，同时珍惜人生、热爱生活之心油然生起，对我们喧嚣的心性很有抚慰与镇定作用。

最后四句，"孤陋寡闻，愚蒙等诮。谓语助者，焉哉乎也"。为自谦之词，用以作结，不主张列入大段落。在此计入第五部分。

（四）白双法主张划分为三大层次

白双法[①]认为，通篇《千字文》一气呵成，断八字一句，共 125 句，通篇就是说了三个字"天、地、人"。宜划分为三大层次。

第一层分两部分：

第一部分："天地。""天地玄黄"至"鳞潜羽翔"。

第二部分："人。""龙师火帝"至"焉哉乎也"。

第二层，将第二部分"人"，细分为"古""今"两段。

第一部分："古。""龙师火帝"至"赖及万方"。

第二部分："今。""盖此身髪"至"焉哉乎也"。

第三层，将第二部分"今"，细分为"修身""治国""安民"三段。

第一部分："修身。""盖此身髪"至"好爵自縻"。

第二部分："治国。""都邑华夏"至"岩岫杳冥"。

第三部分："安民。""治本于农"至"焉哉乎也"。

（五）另有学者主张划分为九部分

有学者主张从音韵学的研究角度出发进行综合考量，以韵脚为分段依据，将《千字文》全文分为下列八个部分。

第一部分：从"天地玄黄"至"诗赞羔羊"。讲述"天地人"。

第二部分：从"景行维贤"至"去而益咏"。讲述"君臣""父子"两伦。

第三部分：从"乐殊贵贱"至"好爵自縻"。讲述"夫妇""兄弟""朋

---

① 白双法，太原师范学院汉字研究所所长（现已退休）。

友"三伦。

第四部分：从"都邑华夏"至"岩岫杳冥"。讲述"治国平天下"。

第五部分：从"治本于农"至"解组谁逼"。讲述"以农立国、农为治本"。

第六部分：从"索居闲处"至"凌摩绛霄"。讲述"行藏有据"。

第七部分：从"耽读玩市"至"捕获判亡"。讲述"齐家有道"。

第八部分：从"布射僚丸"至"愚蒙等诮"。讲述"结劝修学"。

余八字，"谓语助者，焉哉乎也"因韵脚不同，单独成一句，不主张列入段落。在此计入第九部分。

四　本书分段主张

基于前人的研究结论，本书综合借鉴前人观点，兼取众长。提出一种新的分段方式，仅供参考，辅之以教学及研习通篇义理。孰是孰非，无有定论。多种划分，各有千秋。

（一）关于断句

采用白双法先生之见，断八字为一句。通篇 125 句。

（二）分段依据

兼采其他学者之见，以韵脚为分段依据之一。此是其一。其二则是对文意及其逻辑关系的理解与分析。详见后文阐述。

（三）分段主张

综合借鉴前人对文义之判，结合己见，统归为四个部分。

第一部分：总论三才。"天地玄黄"至"诗赞羔羊"。

第二部分：修身齐家。"景行维贤"至"好爵自縻"。

第三部分：治平天下。"都邑华夏"至"解组谁逼"。

第四部分：安居乐道。"索居闲处"至"焉哉乎也"。

（四）异节转韵

从韵脚上思量，以诗文创作的思维揣测：在一篇四言长诗当中，若非一韵

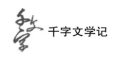

到底，那么不同章节之间，往往有明显的换韵。

在古汉语当中，字形、字音、字义三者密不可分。尤其字音与字义之间的微妙关系，往往被人忽略。例如，"溪""河""海"的发音，其开口程度与该字所表达意象的大小，有直观的正比递进关系。通俗来说，就是小的发音往往用以代表小的意思，大的发音用以表达大的意思。再如，"仑"的繁字体"侖"，上半部分表"集合"之意，下半部分为"册"，即古人用竹简写字，之后用绳子按次序把这些竹简编起来，如此一卷卷被有次序整理好的册子，就成为"侖"。由于竹简是卷起来的，所以它的发音，舌头也是卷起来的，发音听起来也是"圆"的。所以，以"侖"来发音的，往往也和圆形及次序有关。如，"伦理"是人与人的秩序；"论文"有严密逻辑；"轮""沦漪"（涟漪），皆与圆有关。

故此，本书的分段主张，以文句转韵为分判依据之一。

第一部分用的是 ang 韵，如"黄""荒""张""藏""阳"……一直到"良""忘""长""羊"，属于阳部。

第二部分，从"景行维贤"开始，有明显换韵。在现代发音读来，前半部分主要押的是 ing 韵，如"听""庆""竟""敬""命"，另有少数"eng""ong"韵，在上古韵中也同属于耕部/阳部，如"咏"字，在《广韵》中是"梗"摄"庚"韵①；后半部分押的是 i 韵，如"仪""离""疲""移""糜"等，属支部/职部。

第三部分，从"都邑华夏"开始，又从支部/职部转为耕部/阳部，主要押 ing 韵；后半部分押 e 韵（入声）。如"色""直""即""逼"等，虽在现代汉语发音当中不押韵，若试用粤语读之，则押韵。"平上去入"，现代国语发音当中已遗失的入声，在粤语、闽语（包括相近的潮汕话）、客家话、吴语等方言语系中尚有保留。如第二部分有"竟、政、咏"三字不押韵，但若用粤语或揭阳话试读之，则三字押韵。可见，周兴嗣次韵此文时，这些韵脚在中古音的发音中可能本是押韵的。

第四部分，从"索居闲处"开始，主要用的是 ao 韵，属于药部/宵部。②

---

① 施维：《浅谈〈千字文〉的押韵》，《现代语文（语言研究）》2013 年第 9 期。
② 具体参见辛志凤《蒙学教材〈千字文〉的用韵与用典》，《齐齐哈尔大学学报》（哲学社会科学版）2006 年第 4 期。

（五）段落大意

第一部分：总论三才。

宏观总论"天、地、人"三才，言天地人之道，为《千字文》之发端。讲述天文地理、气象物候、人类社会的上古之史以及为人之初的基本事理。

第二部分：修身齐家。

主要讲述"君子修身"及"纲常五伦"。欲治国者必先齐其家，欲齐家者必先修其身。"壹是皆以修身为本"。讲述人的安身立命之本，应如何做人、如何处理好人与人的关系，包括"君臣""父子""夫妇""兄弟""朋友"五伦。

第三部分：治平天下。

讲述治国平天下诸事。包括以农立国、农为治本，以及国家、政治、文臣、武将、功名、江山气象等有关内容。

第四部分，安居乐道。

讲述闲适的田园生活、朴实的人间生活以及清静归真的心境。前文道尽了天地事、人间事、治国事、天下事……最后一部分从一切"超脱"了出来。天下既已治平，人民一派安居。一切纷繁，回归平静与朴实。承接上文"两疏见机，解组谁逼"，告老还乡，归隐田园，返璞归真，安居乐道。既是"归隐清静"，也是思想境界的提升与总结。

最后两句，之所以归入大段，是因为考虑到，若按照刘宏毅之见，将其解为自谦之词，自谦识礼亦可归入修德之范畴。自始至终，不离修德。"安居乐道"，回归性德。若按照一些学者之见，最后一部分主要讲"劝学"，"谓语助者，焉哉乎也"为语气虚词而已，无实意，不主张将其列入"劝学"部分。然，"之乎者也已焉哉，用得文章好秀才"，又何妨视为劝学以作结？若以"谓语助者，焉哉乎也"作为"安居乐道"段落之结，也颇有"道味"。说了半天，说了什么呢？我什么也没说，"焉哉乎也"而已。左右各解，皆不妨将其归零为整、纳入大段。

（六）环环相扣，堪拟一生

细加琢磨，通篇读来，就像经历了一个人的一生。第一部分，初生。第二

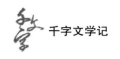

部分，幼年至于壮年。第三部分，中年。第四部分，晚年。

第一部分"总论三才"：先讲述"未生之时"，天地起源，寰宇万象，自然规律，本自存在。到"人文始作之时"，古圣先贤，三皇五帝，人类开始进入文明时代，开始穿衣、写字，开始坐朝问道，有统治、有制度。再往后，"人初生之时"，身之初是"四大五常"，心之初是"性本善"。身心皆不敢毁伤之。身不敢毁伤，孝之始也。心不敢染污，护天性也。正如"墨悲丝染""诗赞羔羊"。那么，本性之善为何？几句话做了高度概括："恭惟鞠养，岂敢毁伤。女慕贞絜，男效才良"，前则心存恭敬、后则行为世范；"知过必改，得能莫忘"，前则独善其身、后则兼济天下。"罔谈彼短，靡恃己长"前则不道人短、后则不炫己长；"信使可覆，器欲难量"，前则严于律己、后则宽以待人。无论何人、何时、何地，这几句话都是"为人不可忘失的性德之本"。

第二部分：生下之后，便是成长。这一部分，可比拟一个人从小学到大学的学习内容，直至成家立业。自幼先立志，"景行惟贤、克念作圣"，一生以成圣成贤、"德建名立"为目标。有了正确的志向和方向，就开始具体学习。自幼学习仪态、言行："行端表正""言辞安定"；自幼读书明理，"祸因恶积，福缘善庆"；年少不复返，当惜时精进，"寸阴是竞"；学有所成之后，就要"学优登仕"，考取功名；立身处世，以忠孝为本，在家要"孝当竭力"，在外要"忠则尽命"，无论内外都要"资父事君，曰严与敬"；时时处处谨言慎行，"临深履薄"；成家之后，家中各方面关系都要以和为贵，要"上和下睦，夫唱妇随"，要"孔怀兄弟，同气连枝"；在外交朋友也要有智慧，"交友投分，切磨箴规"；成长过程，难免运有起落，一旦落魄之时，也要坚守"节义廉退、颠沛匪亏"，无论顺逆境界，都要"守真志满""坚持雅操"。

第三部分：可拟作到了壮年、中年。少时学有所成，成家立业，既有忠孝之基、齐家之能，也经历了逆境的磨炼与提升。到了壮年、中年，地位提升了，格局更大了。念念皆是天下局势、忧国忧民。或可成为"磻溪伊尹，佐时阿衡"的人物，辅助贤君，造福苍生；或政事有功，可"户封八县""世禄侈富"。

第四部分：可拟作到了晚年。告老还乡，归隐田园，安居乐道，返璞归真，过闲适的生活。享清福，"索居闲处，沉默寂寥"。伴古书，"求古寻论，散虑逍遥"。赏美景，"渠荷的历，园莽抽条"。时而玩墨，"恬笔伦纸"，时而抚琴，"嵇琴阮啸"，时而酣畅，"接杯举觞"，时而歌舞，"矫手顿足"。该吃饭时就好好吃饭，"适口充肠"；该睡觉时就好好睡觉，"昼眠夕寐"；该玩乐时也热热闹闹，"弦歌酒宴"。如此安享晚年，确实身心愉悦，"悦豫且康"。"年矢每催"，岁月催人老。还好，"嫡后嗣续"，江山代有才人出。望子孙后代皆能"指薪修祜"，修善积德，一生才能"永绥吉劭"。

　　文末所结，暗含朴实的人生哲理。在行为上，要"指薪修祜，永绥吉劭"。行善积德，感召吉祥。在存心上，把意旨归于"恭谦"二字。生活虽回归闲适清静，存心却依旧丝毫匪敢散漫。"束带矜庄""悚惧恐惶""俯仰廊庙"等文句，可谓恭敬谨慎而光明豁达之态；"孤陋寡闻""愚蒙等诮"等文句，谓谦卑之态。一言以蔽之，《千字文》字字珠玑、包罗万象，末了，结以"心恭谦，行良善"。

第四章　用字、用韵、用典

一　考据《千字文》重字

《千字文》最大的亮点无疑为：由一千个不同的字组成，没有一字重复，且合辙押韵、引经据典、主旨鲜明、结构分明、文采斐然、文意深广。然而，《千字文》当真没有一字重复？众人对此多持不同意见。有人提出，《千字文》虽名为千字，实际上不重复者仅999字，或998字、994字，甚至990字……众说纷纭，莫衷一是。

翻阅现代社会所流传的《千字文》读本，在诸多简体字版本中，初学者也往往不难发现重复字并提出质疑："戚谢欢招"与"亲戚故旧"不是重复了"戚"字吗？"周发商汤"与"盖此身发"不是重复"发"了吗？另有："云腾致雨"与"禅主云亭"、"剑号巨阙"与"巨野洞庭"、"女慕贞洁"与"纨扇圆洁"、"玉出昆冈"与"昆池碣石"、"百郡秦并"与"并皆佳妙"……

审慎起见，我们能否负责任地说："《千字文》是由一千个不重复的字组成的。"这句话能否成为一个定论，对《千字文》之正名、之定性，意义至关重要。故而，本书特此将争议字罗列如下，并逐一查究、求古寻论，抛砖引玉，以资参考①。

---

① 章节"考《千字文》重字"及"《千字文》中不可简化的字"所用图片说明：
（1）甲骨文字义阐述及字形演变图引自象形字典官方网站，http：//www.vividict.com（电子稿《象形字典》于2011年通过国家版权局的版权认定）。
（2）书法截图均拍摄自：
胡紫桂主编《隋智永真草千字文》，湖南美术出版社，2015。
《历代碑帖法书选》编辑组编《唐欧阳询书千字文》，文物出版社，2003。
墨点字帖编《赵孟頫行书集》，湖北美术出版社，2015。
中华书局编辑部编《宋徽宗瘦金书千字文》，中华书局，2015。

（一）"云腾致雨"与"禅主云亭"

前者为"雲"，后者为"云"。"云"为"雲"的初文，小篆增雨为"雲"，以表云之本义，而"云"则借为语词，以致"雲"和"云"成为二字。

胡安顺《说文部首段注疏义》① 中"雲"字集解：徐灏《说文注笺》："云"借为语词，故小篆增雨；黄天树《部首与甲骨文 》（续二）：甲骨文作𠫤，隶作"云"。"云"为"雲"的初文，加雨为形符，乃后起字；董莲池《部首新证》：后借给云说之"云"，才追加雨旁，造为"雲"以表本义。

另，陈汉平《屠龙绝绪》② 载：又"云"字后世增繁从雨作"雲"。

从高明、涂白奎《古文字类编》"雲"字条下可见"雲"字最早出现于战国时期。所以，"云腾致雨"，当为"雲"。

"云"的字形演变

"禅主云亭"，《汉语大词典》"云"字条下有"云亭"：是云云、亭亭二山的并称。古代帝王封禅处。这里的"云"特指泰山下的小山，在山东省泰山市东南，为山名。南朝梁简文帝《和武帝宴诗》之一：车书今已共，愿奏云亭仪。隋薛道衡《隋高祖颂》：坛场望幸，云亭虚位。《管子·封禅》：昔无怀氏封泰山，禅云云。尹知章注：云云山在梁父东。所以，"禅主云亭"，当为"云"。

（二）"玉出昆冈"与"昆池碣石"

前者为"崑"／"崐"，后者为"昆"。《说文解字》："昆，同也。从日，从比。"《说文解字》："崑，崑崙，山名。从山，昆声。《汉书》扬雄文通用昆

---

① 胡安顺：《说文部首段注疏义》，中华中局，2018，第 618 页。
② 陈汉平：《屠龙绝绪》，黑龙江教育出版社，1989，第 285 页。

| 智永真草千字文 | 欧阳询书千字文 | 赵孟頫书千字文 | 宋徽宗书千字文 |

俞。"所以，"玉出昆冈"的"昆"在这里特指山名，原本应为"崑/崐"，有别于"昆"。同样是古作二字、今为一形的情况。

"昆"与"崑"的字形演变

| 智永真草千字文 | 欧阳询书千字文 | 赵孟頫书千字文 | 宋徽宗书千字文 |

（三）"剑号巨阙"与"巨野洞庭"

前者为"巨"，后者为"钜"。钜是古代的钢。"钜野"是古湖泽名，在今山东省钜野县北五里，"元末黄河决堤，曾被侵夺，改道后已干涸"①。

《史记·孔子世家》："鲁哀公十四年春，狩大野。"（南北朝）裴骃集解引（汉）服虔曰："大野，薮名，鲁田圃之常处，盖今钜野是也。"（明）何景明《大梁吟送李进士》："大梁擅豪华，钜野生龙蛇。"今日山东"钜野县"已简化为"巨野县"。

"巨"字初造之义与器具有关，金文  = 工（工，器具）+ 彐（又，用手抓）+ 大（大，人，工匠），表示"工匠手持器具"。《说文解字》："规巨也。从工，象手持之。"后来"巨"引申为"巨大"之义，为了区分两者，另造一字"矩"以表其本意。如"莫"字本为会意字，画的是日落于草丛之中的形象，本意为"傍晚日落"，后来"莫"被假借为"不要"之义，在"莫"字底部加一偏旁部首为"暮"字，用以表其本义。

"巨"的字形演变

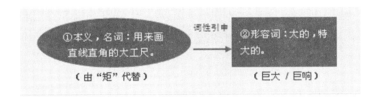

"巨"和"矩"的流变关系

---

① 唐松波：《〈千字文〉和〈百家姓〉中不能简化的字》，《汉字文化》1997 年第 2 期。

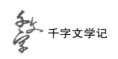

智永真草千字文　　　欧阳询书千字文　　　赵孟頫书千字文　　　宋徽宗书千字文

（四）"周发殷汤"与"盖此身发"

前者为周武王姬发之名，读第一声。后者为"头发"的"发"，读第四声。在未简化汉字之前，两者的繁体字是区分得非常清楚的，"发财"的"发"写作"發"，"头发"的"发"写作"髮"。"髮"字造字之初是一个形声字，其形符"髟"表示毛发。所以，"髮"与"發"两个汉字的字形演变历程是独立的，两者字形和字义完全不同，历来在使用当中不可混用。换言之，它们原本是两个不同的字，只不过在汉字简化之后，将"發"和"髮"合并简化成为"发"。所以在有些读本里（如绍南文化编订的《孝弟三百千》中的《千字文》），为了区分"發"和"髮"，特意将"盖此身发"写为"盖此身髮"。

（五）"女慕贞洁"与"纨扇圆洁"

前者为"絜"，后者为"潔"。汉字简化后合并为"洁"。

篆文中的"潔"为：𣶒 = 𣲙（水）+ 𥄾（絜，切除杂丝），表示除去污渍。与"净"不同的是，"净"较为温和，"洁"力度更猛烈。繁体字"潔"中含有"刀"这一构件，"絜"意为用刀"切除"杂丝。为什么是"女慕贞絜"，

智永真草千字文　欧阳询书千字文　赵孟頫书千字文　宋徽宗书千字文

"髮"与"發"的字形演变

而不用"净"或"清"？因为"絜"/"潔"字意当中含有"用刀切除"之义，一刀两断，力度猛烈，"贞絜"不仅仅是强调"干净"，更蕴含了如壮士断腕般的气节和决心。

"洁"的字形演变

　　"潔/洁"与"絜"的不同之处：前者与水有关，表"以水洁物"，更倾向于形容外相上的洁净。而后者，"絜"字读作 xié 时，含衡量之意，引申为"规则"，如"絜矩之度"；读作 jié 时，为"洁"的异体字。多用以形容一个人的内在品质。如汉语词语"倩絜（jié）"，意为高尚纯洁。再如《史记·汲

智永真草千字文

赵孟頫书千字文

宋徽宗书千字文

郑列传》："然好学，游侠，任气节，内行脩絜，好直谏。"① （宋）苏洵《上皇帝书》："臣闻古者之制，爵禄必皆孝悌忠信，脩絜博习，闻于乡党，而达于朝廷以得之。"综上，"女慕贞洁"原字应为"女慕贞絜"，不同于"纨扇圆洁"的"洁/絜"。

（六）"笃初诚美"与"鸡田赤诚"

讹传错字。后者应为"鸡田赤城"，"赤城"为一地名。

智永真草千字文　　欧阳询书千字文　　赵孟頫书千字文　　宋徽宗书千字文

---

① （东汉）司马迁：《史记》，中华书局，2009。

（七）"荣业所基"与"荣功茂实"

"荣功茂实"，今日流通版本多作"策功茂实"。包括宋徽宗所书千字文、清代孙枝秀所辑《千字文集注》以及今日广为流通的《千字文》诸多版本当中，皆为"策功茂实"。"策功"① 即"策勋"之意。经查《四库全书》亦收录为"策功茂实"，然而，在《智永真草千字文》《欧阳询小楷千字文》《赵孟頫行书千字文》中写作"荣功茂实"。

若取"策功茂实"，则此处无须考重字。若取"荣功茂实"，则下图可佐，"荣业所基"与"荣功茂实"，前者为"榮"，后者为"荣"。古为二字，今作一形。"榮"为"荣"的繁体，视作一字。后衍生两种写法，字义区别待考。《尔雅》："榮，桐木。"②《说文解字》："榮，桐木也。一曰屋栭之两头起者为榮。"③ 清代段玉裁注："檐之两头轩起为榮。故引伸凡扬起为榮。"④《尔雅》："木谓之华，草谓之榮，不榮而实者谓之秀，榮而不实者谓之英。"⑤

智永真草千字文　　欧阳询书千字文　　赵孟頫书千字文　　宋徽宗书千字文

---

① 《新唐书·苏定方传》："高宗临轩，定方戎服奉贺鲁，以献策功拜左骁卫大将军、邢国公。"
② 《尔雅》，中华书局，2017，第 319 页。
③ （东汉）许慎：《说文解字》，中华书局，2013，第 113 页。
④ （清）段玉裁：《说文解字注》，上海古籍出版社，2006，第 247 页。
⑤ 《尔雅》，中华书局，2015，第 297 页。

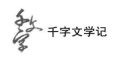

（八）"节义廉退"与"俊义密勿"

讹传错字。后者为"俊义密勿"。

智永真草千字文　　欧阳询书千字文　　赵孟頫书千字文　　宋徽宗书千字文

"古代百人之英为义，千人之英为俊。"① "俊义"就是我们今天所称的人才，百里挑一叫作"义"，千里挑一的就是"俊"。《尚书》中有"俊义在官"的话。可见这里应为"俊义"无疑。

（九）"宫殿盘郁"与"盘溪伊尹"

讹传错字。后者应为"磻溪伊尹"，"磻溪"是水名，在陕西宝鸡东南，姜太公于此垂钓遇周文王。不是重庆的"盘溪"，也不是盘旋的溪流，而是固定的专有名词。

（十）"策功茂实"与"多士实宁"

后者为"多士寔宁"。"寔"字，现代简化字将其等同于"实"，但两字并不完全相同。"实"的繁体字是会意字，其形表"货物充实于房屋下"之意，引申为财物粮食充足、富有，引申为真实、确实。此地"寔"为通假字，通"是"。段玉裁《说文解字注》："寔，正也。然则正与是互训，寔与是音义皆同。"②

---

① 白双法：《〈千字文〉字句解》，光明日报出版社，2014，第78页。
② 段玉裁：《说文解字注》，上海古籍出版社，1998，第339页。

　智永真草千字文　　　欧阳询书千字文　　　赵孟頫书千字文　　　宋徽宗书千字文

　智永真草千字文　　　欧阳询书千字文　　　赵孟頫书千字文　　　宋徽宗书千字文

（十一）"百郡秦并"与"并皆佳妙"

　　经查究，古时两字分立，现在共用一体。前者为"并"，后者为"並"（或作"竝"）。如图所示，"并"字造字本义为"两人齐步平行"，表动作。"並"／"竝"字造字本义为"两人站在一起"，表静态并列。在使用中的区别："并"更强调空间上的变化，多作动词使用，如"合并""兼并""并吞"。"並"／"竝"通常作副词或连词，倾向于表达并列、等同，强调时间上

的同时性，如"並列""並肩""並且"。换言之，在周兴嗣所处的历史时代，"並"与"并"确实是两个不同的字。

智永真草千字文　　欧阳询书千字文　　赵孟頫书千字文　　宋徽宗书千字文

后世使用时，因二字在造字之初字义有相近之处，历代文献中二字混用的情况也渐多，直至汉字简化时，直接合并简化为一"并"字。

（十二）"戚谢欢招"与"亲戚故旧"

前者为"慽"，后者为"戚"。古作二字，今为一形。"慽"，《说文解字》："慽，忧也。从心，从戚。今字作慽。"① 《康熙字典》释："《说文》忧也。班固《幽通赋》雍造怨而先赏兮，丁繇惠而被戮。栗取弔于逌吉兮，王膺庆于所慽。又通作戚。《诗·小雅》自贻伊戚。《左传》作慽。"相关词汇有：慽貌（忧伤的面色）、慽恨（又忧又恨）、慽忧（忧伤）。"慽"在古文中表"亲戚"时，为通假字，通"戚"，如"寮朋亲慽，莫不失声"（《小黄门谯敏碑》）。综上，"戚谢欢招"中的"戚"为忧伤之意，与心绪有关，当为"慽"；后者"亲戚故旧"，当为"戚"。

考后结论：千字无有重复。

---

① （东汉）许慎：《说文解字》，中华书局，2013。

智永真草千字文　　　欧阳询书千字文　　　赵孟頫书千字文　　　宋徽宗书千字文

二　《千字文》中不可简化的字

历代书法家留下的字帖为《千字文》写法提供了依据。有些字经简化，不影响文义，也不妨碍《千字文》"千字不重复"的特征，但有些字因其特性不可简化。① 列举如下（部分文例已在上一篇章"考重字"中提及，在此仅作罗列，不做展开复述）。

（一）"闰馀成岁"

严格意义上，"馀"不宜简化为"余"。古作二字，今作一体。历代书法家不写"余"而写"馀"，自有其理。"余"甲骨文造字本义为一种单柱简陋茅屋，用以摆放闲置杂物。后引申为自谦词，自谦为闲杂之辈，"余"多用作指代"我"。而"馀"加上"食"字旁，表吃剩之食，引申出"剩余"之意。"闰馀"在此处表"剩余"之意，用"馀"而不用"余"。

（二）"雲腾致雨"

"雲"不宜简化为"云"。

---

① 本节内容中"薑""鹹""幾""壹"四字的阐述参考自唐松波《〈千字文〉和〈百家姓〉中不能简化的字》，《汉字文化》1997 年第 2 期。

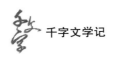

自左至右：智永/欧阳询/赵孟頫/宋徽宗书千字文

（三）"玉出崑（崐）冈"

"崑/崐"不可简化为"昆"。

（四）"菜重芥薑"

严格意义上，"薑"不宜简化为"姜"。"姜"原为部落名，也是古老的姓氏。姜水是渭水支流之一。而表草本植物之义时，一向写作"薑"。

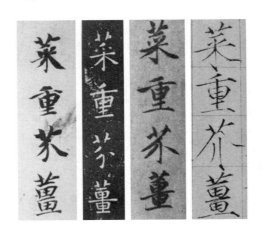

自左至右：智永/欧阳询/赵孟頫/宋徽宗书千字文

（五）"海鹹河淡"

严格意义上，"鹹"不宜简化为"咸"。"咸"在古文里意义相当于"皆""都"，如"四海咸宁"。表味道时应写"鹹"。

自左至右：智永/欧阳询/赵孟頫/宋徽宗书千字文

（六）"遐迩壹体"

严格意义上，"壹"不宜简化为"一"。"壹"字有统一、整体之细微含义，而非作为数码使用。核查法帖，历代书法家都用"壹"字，并非爱繁好古，而是懂得这种细微含义的缘故。

（七）"盖此身髮"

"髮"不宜简化为"发"。

（八）"女慕贞絜"

"絜"不宜简化为"洁"。

（九）"多士寔宁"

"寔"不宜简化为"实"。

自左至右：智永/欧阳询/赵孟頫/宋徽宗书千字文

（十）"钜野洞庭"

"钜"不宜简化为"巨"。

（十一）"庶幾中庸"

严格意义上，"幾"不宜简化为"几"。"几"和"幾"在古代不通用。"几"表用具，如"茶几"。"几"字只有一个读音。"幾"有两个读音：读阴平声时原本表示物体的边缘，引申为"几乎"；读上声时表示数量不止一，或问数量，如"幾何"。

（十二）"感谢欢招"

"慼"不宜简化为"戚"。

（十三）"落叶飘飖"

严格意义上，不宜改写作今日的习惯用语"飘摇"。"摇"和"飖"是两个不同的汉字，因其形旁不同，字义亦有显著区分。"摇"本义为以手摇之。"落叶飘飖"显然不是以手摇动，而是因风吹而"飖"动。

自左至右：智永/欧阳询/赵孟頫/宋徽宗书千字文

自左至右：智永/欧阳询/赵孟頫/宋徽宗书千字文

（十四）遊鵾独运

今多见写作"游"。二者在今日为异体字，古作二字。在传统用法上，一般"游泳""上游"等与水有关的含义，用"游"，其他的情况用另一个"遊"字，多代表"遊行"。如《赵孟頫行书集》[①] 第20页及第57页分别出

---

① 墨点字帖编《赵孟頫行书集》，湖北美术出版社，2015，第20、57页。

现两个不同的"游"字。《千字文》"遊鹍独运"为"遊",《秋兴赋》"游氛朝兴"为"游"。

1956 年公布简化字,将"遊"与"游"二字进行合并,将本来意义明确的"遊"的意义全部加到"游"上。经查,智永、赵孟頫、欧阳询、宋徽宗、文徵明等书法帖本皆写作"遊"。此处"鹍"为鸟类,非"鲲",不是水中"游",而是在空中"遨遊"。故考作"遊"。

智永/欧阳询/宋徽宗书千字文　　　　赵孟頫书"遊"与"游"

(十五)"並皆佳妙"

"並"不宜简化为"并"。

三　《千字文》用韵情况

《千字文》用韵采用隔句押韵,使用了换韵形式。《千字文》创作于南朝梁,属汉魏六朝诗。汉魏六朝诗有四言诗、五言诗、六言诗、七言诗。四言诗一般是隔句为韵,也就是说偶句的末一字用韵①。

周本《千字文》的普通话用韵情况详见下表(以使用频次排序)②:

---

① 后文详作字句解时采用八字一句,此处为方便说明用韵特点,尚且以四字一句。

② 史湘萍:《〈千字文〉研究》,东北师范大学硕士学位论文,2012,第 45 页。

韵母	韵脚
ang	荒、张、藏、阳、霜、岗、光、姜、翔、皇、裳、唐、汤、章、羌、王、场、方、常、伤、良、忘、长、量、羊、箱、墙、肠、糠、粮、房、煌、床、觞、康、尝、惶、详、凉、骧、亡
ing	听、庆、竞、敬、命、清、映、定、令、竟、京、泾、惊、灵、楹、星、明、英、经、卿、兵、缨、轻、铭、营、倾、丁、宁、刑、精、青、并、亭、庭、冥
i、ei、ui	卑、枝、规、离、亏、随、仪、疲、移、縻、稷、陟、直、敕、植、极、即、逼
ao	寥、遥、招、条、凋、飘、霄、啸、钓、妙、笑、曜、照、劭、庙、眺、诮
eng	圣、正、盛、政、笙、衡、横、盟、城
er、e	儿、稿、色、也
ong	咏

用韵集中，含 ang、eng、ing、i、ui、ao、e 等，以 ang、ing、i、ao 四者为主。包括两个单音韵母 e、i，两个复韵母 ao、ui，三个鼻韵母 ang、eng、ing。以发音特点来说，包括开口呼 ang、eng、ao、e，齐齿呼 i、ing，合口呼 ui。押韵韵母涉及了五个基本元音字母中的四个 a、e、i、u。作为蒙学教材，这些韵脚的发音有利于儿童学习。

从整体来看，《千字文》采用了换韵，且换四次韵。若设四字为一句，其中第 1～50 句和第 197～228 句用的是 ang 韵，属于阳部；第 51～80 句和第 103～162 句用的是 ing 韵，上古韵中属于耕部/阳部；第 81～102 句和第 163～182 句用的是 i 韵，属支部/职部；第 183～196 句和第 229～249 句用的是 ao 韵，属于药部/宵部；第 250 句为虚词，不入韵。①

此外我们发现，除了这四个主要韵脚之外，还有一些其他韵脚交叉出现，比如在 ing 韵为主的段落中穿插有一些 eng 韵。"依照一般的看法，汉魏诗的用韵是比较宽的。我们可以用合韵的眼光来了解汉魏时代的宽韵。"②

需要指出的是，文中有部分用现在普通话读起来不押韵的字，以宋真宗时期所编撰的《广韵》入手探究，可以发现部分不押韵内容在中古音当中是押韵的。比如从"乐殊贵贱，礼别尊卑"到"坚持雅操，好爵自縻"这段，韵脚"卑、随、仪、儿、枝、规、离、亏、疲、移、縻"用普通话读来并不押

---

① 具体参见辛志凤《蒙学教材〈千字文〉的用韵与用典》，《齐齐哈尔大学学报》（哲学社会科学版）2006 年第 4 期。

② 王力主编《古代汉语》，中华书局，1999，第 1517 页。

韵，如"儿"与"枝"；但从中古音去看，这些字都是止摄支母字①，读来应是押韵的。中古声在闽语、粤语、客家话、吴语等方言中有一定程度的保留。如"儿""枝""移"三字，在普通话中各有其韵，但用潮汕话或粤语读之，则三字押韵。又如"色""直""即""逼"等，虽在现代汉语发音当中不押韵，若试用粤语读之，则押韵。再如，上表中被孤立出来的一个"咏"字，在《广韵》中是"梗"摄"庚"韵②。换言之，在"笃初诚美，慎终宜令。荣业所基，籍甚无竟。学优登仕，摄职从政。存以甘棠，去而益咏"这段文句中，用普通话读来"竟、政、咏"三字是不押韵的，但如果用粤语或揭阳话试读之，则三字押韵。

四 《千字文》用典情况

文中所引书目及次数以及所涉及的人名、地名和典故具体统计如下③。

全文共引书 22 种 69 次。分别为：《诗经》18 次④、《尚书》12 次、《礼记》7 次、《论语》6 次、《左传》5 次、《汉书》4 次、《易经》3 次、《史记》3 次、《后汉书》2 次、《管子》2 次、《楚辞》2 次、《淮南子》2 次、《荀子》2 次、《韩非子》1 次、《史记正义》1 次、《越绝书》1 次、《新论》1 次、《墨子》1 次、《孟子》1 次、《老子》1 次、《孝经》1 次、《战国策》1 次。

文中直接提到的人名 36 个，分别为：尧、舜、姬发（周武王）、成汤、墨子、杜度、钟繇、姜太公、伊尹、周公旦、齐桓公、绮里季、汉惠帝、傅说、武丁、萧何、韩非子、白起、王翦、廉颇、李牧、大禹、孟轲、史鱼、疏广、疏受、吕布、宜辽、嵇康、阮籍、蒙恬、蔡伦、马钧、任公子、毛嫱、西施。

文中直接提到的地名 19 个，分别为：丽水、昆仑山、长安、洛阳、磻溪、古奄国、曲阜、践土、衡山、泰山、云云山、亭亭山、雁门关、鸡田、赤城山、昆明池、碣石山、钜野、洞庭湖。

---

① 施维：《浅谈〈千字文〉的押韵》，《现代语文（语言研究）》2013 年第 9 期。
② 施维：《浅谈〈千字文〉的押韵》，《现代语文（语言研究）》2013 年第 9 期。
③ 参考谭书旺《汉字启蒙教育的典范——〈千字文〉的史料价值与现代可用性评述》，《辽宁师专学报》（社会科学版）2000 年第 1 期（总 7 期）。
④ 详可参见辛志凤《〈千字文〉对〈诗经〉的承袭》，《经学与文学》2011 年第 8 期。

文中使用典故至少 24 个，分别为：龙师、火帝、鸟官、始制文字、乃服衣裳、推位让国、有虞陶唐、吊民伐罪、周发殷汤、墨悲丝染、夙兴温清、甘棠、壁经、绮回汉惠、说感武丁、晋楚更霸、赵魏困横、假途灭虢、践土会盟、何遵约法、九州禹迹、禅主云亭、两疏见机、耽读玩市。简述如下。

（一）龙师

太古时代伏羲氏以龙命名百官，故称"龙师"。

（二）火帝

一说是燧人氏，因发明钻木取火而称火帝。一说是神农氏，以火命名百官而称炎帝/火帝。

（三）鸟官

少昊氏，太古五帝之一。少昊氏以鸟命名百官，故称"鸟官"。

（四）始制文字　乃服衣裳

仓颉造字、嫘祖始蚕、胡曹作衣之典故。

（五）推位让国　有虞陶唐

尧帝之封地在陶和唐，故称"陶唐"。尧禅让于舜、舜禅让于禹。

（六）吊民伐罪　周发殷汤

夏桀无道，商汤伐之。商纣王无道，周武王伐之。

（七）墨悲丝染

墨子见白丝染色无法复原而悲泣。

（八）夙兴温清

东汉黄香九岁，为父"冬则温，夏则清"的典故。冬日以身暖被窝后再请父亲上床休息，夏日扇凉席子后再请父亲休息。

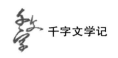

（九）甘棠

周文王之子周召伯，勤政爱民。有一次曾在一棵甘棠树下歇息。百姓为怀念之，不忍伐树，并作《诗经·召南·甘棠》一诗以传咏。

（十）壁经

典出《汉书》卷三十艺文志。指汉代发现于孔子宅壁中藏书。

（十一）绮回汉惠

汉惠帝做太子时，靠"商山四皓"才幸免废黜。"绮"即"绮里季"，指代"商山四皓"。另有东园公、夏黄公、角里先生。四位都是德高望重的老人家，隐居商洛山。因年迈而皓首白头，故称"皓"。

（十二）说感武丁

见于《史记·殷本纪》。傅说原是傅岩做版筑的奴隶，殷高宗武丁梦见了他，便画像访求，找到以后，举以为相。

（十三）晋楚更霸

公元前 632 年，晋楚于城濮大战，楚败，晋文公当上了霸主。公元前 597 年，楚庄王攻郑国，晋派兵救郑，于邲地大战。晋败，楚庄王遂成为称雄中原的霸主。

（十四）赵魏困横

战国时，苏秦说六国联合拒秦，史称"合纵"。张仪主张拆散合纵，使六国一个个服从秦国，称为"连横"。"连横"实施后，秦国首先打击赵、魏，因为赵、魏距离秦国最近，所以说"赵魏困横"。

（十五）假途灭虢

见于《左传·僖公五年》。晋献公向虞国借道去消灭虢国。宫之奇规劝，虞虢唇齿相依，如果虢国被灭，虞国会陷入唇亡齿寒之境地。虞侯不听劝谏，晋国在灭掉虢国之后，也灭掉了虞国。

（十六）践土会盟

僖公二十八年（公元前632）晋文公率兵打败楚国，周襄王亲自到践土慰劳晋军。晋文公在践土召集诸侯会盟，成为五霸的第二位。

（十七）何遵约法

刘邦废秦苛法，约法三章，甚得民心。汉朝建立后，萧何负责制定法律。因三章不足以御奸，萧何遵照从简之约，取宜于时者，制定汉律九章。

（十八）九州禹迹

大禹治水，安定九州。帝喾高辛氏始建九州，舜帝时增至十二州。大禹治水以后仍确定为九州（兖冀青徐杨荆豫梁雍），并铸九鼎，以永定九州。

（十九）禅主云亭

多位远古帝王曾于泰山举行封禅大典，具体地点在泰山南麓的云云山和亭亭山，合称"云亭"（今日在山东省的云亭山遗址原为亭亭山，东临云云山）。

（二十）两疏见机

疏广、疏受叔侄二人，为汉宣帝时期的太子太傅、太子少傅，位高显赫。在位五年即归隐，告老还乡，将皇家所赐黄金散赠乡里。

（二十一）耽读玩市

东汉学者王充，闹市之中仍能潜心读书，丝毫不为外界所扰。

此外还有很多间接涉及的典故未统计入内。加上间接涉及的内容，有人认为《千字文》共用了 62 个典故[1]。实可谓麻雀虽小，五脏俱全，千字之文，缩影海量，令人叹为观止。

---

[1]　辛志凤：《蒙学教材〈千字文〉的用韵与用典》，《齐齐哈尔大学学报》（哲学社会科学版）2006 年第 4 期。

第五章　流传及影响

　　启功先生曾写过一篇《说〈千字文〉》，收入《启功丛稿·论文卷》中。先生说《千字文》"名头之大，应用之广，在成千累万的古文、古书中，能够胜过它的，大约是很少很少的"①。

一　隋唐五代时的流传情况

　　陈隋时期智永禅师是王羲之第五子徽之的后人，为王羲之七世孙。周作《千字文》自面世，广为流传，在这一过程中，智永禅师对其做出了极大的贡献。智永禅师几乎将毕生精力放在弘扬、传承先祖之书上。智永禅师临书三十年，得《千字文》八百余本，遍施浙东各寺。

　　《尚书故实》载："右军孙智永禅师，自临八百本散与人间，江南诸寺各留一本。"唐朝人何延之也说智永禅师"克嗣良裘，精勤此艺。居永欣寺阁上，临书所退笔头，置之大竹簏，簏受一石余，而五簏皆满。凡三十年于阁上，临得真草《千文》八百余本，浙江东诸寺，各施一本。今有存者，犹直钱数万"（《全唐文》卷三百一）。宋人吴坰《五总志》也印证了这一说法："智永禅师居长安西明寺，自七十至八十岁，写真草《千文》八百本。每毕，人争取之。"经此传播，《千字文》由王室下降到民间，得以广泛流传。②

　　以下三则材料充分反映了《千字文》在唐五代时期的流传情况。

---

① 启功：《说〈千字文〉》，《文物》1988 年第 7 期。
② 史湘萍：《〈千字文〉研究》，东北师范大学硕士学位论文，2012 年 5 月，第 14 页。

敦煌石室中发现数量众多的《千字文》写本。如，斯坦因所劫敦煌文献中《千字文》10 种，伯希和所劫的《千字文》写本多达 21 种。

《唐摭言》载顾蒙在唐代宗广德二年（764）因淮浙荒乱而到广州，"困于旅食，以至书《千字文》授于聋俗，以换斗筲之资"。①

顾蒙书法仿欧阳询，为一时之杰。然广州无人知，不得不靠卖《千字文》为生，以"授于聋俗"。

《唐语林》卷六中记载，"有西蜀官妓薛涛者，辩慧知诗。尝有黎州刺史（原注：失姓名）作《千字文》令，带禽鱼鸟兽，乃曰有虞陶唐。坐客忍笑不罚。至薛涛云：佐时阿衡。其人谓语中无鱼鸟，请罚。薛笑曰：衡字尚有小鱼子，使君有虞陶唐，都无一鱼。宾客大笑"。由此可见《千字文》早已广为流行、深入人心。②

此外，唐五代时期《千字文》曾在敦煌吐鲁番地区广为流传，因为敦煌吐鲁番文书中有大量《千字文》写卷及残片。敦煌文献中的《千字文》写本有 140 余件之多③。前人已认定的吐鲁番文书《千字文》写卷至少 61 件：国内藏 34 件、日本藏 25 件、德国藏 1 件、英国藏 1 件④。

二　对外流传及影响

《千字文》作为中国古代蒙学典籍承载着深厚的中华优秀传统文化，在世界各地得到了广泛传播，对中华文明传播产生了一定影响。在 2019 年一项对韩国大学生的问卷调查和采访中发现，51 名受访学生当中有 45 名知道《千字文》，比例高达 88%（见图 5-1）⑤。

从调查结果可以看到，韩国学生中较大比例知道中国四大名著及中国蒙学经典"三百千"，而对于《庄子》《孟子》《中庸》《礼记》等，知之甚少。

---

① （五代）王定保撰、阳羡生标点《唐摭言》卷 10，上海古籍出版社，1978，第 118 页。
② 徐梓：《〈千字文〉的流传及其影响》，《中国典籍与文化》1998 年第 2 期。
③ 参见张涌泉主编《敦煌经部文献合集》第 8 册，中华书局，2008，第 3890~3996 页。
④ 张新朋：《吐鲁番出土〈千字文〉残片考》，《文献》2009 年第 4 期。
⑤ 转引自刘俞君、任晓霏《中国古代蒙学典籍的海外传播及其影响——〈千字文〉在韩国》，《文教资料》2019 年第 7 期。

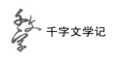

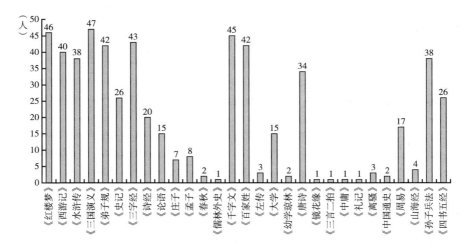

图5-1 对"知道哪些中国古代文学典籍（除了填写不知道以外）"
问题的选项人数

（一）对汉字文化圈的影响

有语言学家言："'汉字文化圈'包括汉族的各方言区，中国一些少数民族地区，邻国越南、朝鲜和日本，以及后来移居'南洋'和美洲等地的华侨社区。"①

《千字文》的对外影响主要体现在对日本和朝鲜等地的教育上。据史书记载，早在西晋武帝太康六年（285），《千字文》就已经传入日本。在朝鲜亦是作为基础教材并对社会生活产生影响。

在9世纪末日本藤原佐世所撰的《日本国见在书目录》的小学类中有如下载录：《千字文》一卷（周兴嗣次韵撰）、《千字文》一卷（李暹注）、《千字文》一卷（梁国子祭酒萧子云注）、《千字文》一卷（东驼固撰）、《千字文》一卷（宋智达撰）、《千字文》一卷（丁觇注）。其中"东驼固"或正为"陈道固"。②

①　周有光：《周有光语文论集》第2卷，上海文化出版社，2002。
②　王晓平：《上野本〈注千字文〉与敦煌本〈注千字文〉》，《敦煌研究》2007年第3期。

另有《汉蕃对音千字文》断简现藏于巴黎国立图书馆。上海东亚考究会于 1926 年发行的《汉蕃对音千字文残卷》是由日本人羽田亨编撰的。此卷的存在说明《千字文》很早便远传国外。①

7 世纪末到 8 世纪初奈良时代日本正仓院保留抄写《千字文李暹注》字句的木简。平城宫木简中也有出自《千字文》的内容。文屋是日本平安时代（875）的国立教育机关，那里的学子们每天朗读《千字文》，1007 年源为宪编著《世俗谚文》里面谈道：

文屋一带的麻雀啼叫的也是《千字文》里的秋收冬藏。

中世纪以后，日本贵族、武家，各地的藩校、乡校、私塾，上层庶民家庭，也还在广泛使用《千字文》作为教材。14 世纪日本民间出现了名为"寺子屋"的寺院，收七岁左右的庶民子弟入寺学习，是具有初等教育意义的学校。在语文教学方面急用先学，先学习假名，然后学汉字，主要的教材就是《千字文》。②

此外，从 1910 年到 1943 年朝鲜发行了十余种《千字文》注解本。例如朝鲜中文教科书《图像注解千字文》，由朝鲜汉阳人赵庆勤注解并手书，大正六年（1917）在京城③出版发行。该书是由当时朝鲜总督府警务总监部认可的适于儿童使用的朝鲜中文教科书。④

（二）19世纪30年代集中问世的欧译本

19 世纪初首批来华的新教传教士们认为，唯有学好当地的语言，才能用中文撰写宗教书籍，以便传道。

最先翻译《千字文》的是修德（Samuel Kidd，1799 - 1843）。修德是伦敦传教会派往南洋的牧师，于 1828 ~ 1830 年末担任英华书院（The Anglo-Chinese College）院长。英华书院在 1831 年的《报告书》（A Report of the Anglo—Chinese College，with An Appendix，From January，1830，to June，1831，Malacca：

---

① 王晓平：《亚洲汉文学史中的〈千字文〉》，《中国比较文学》2006 年第 2 期。
② 转引自刘海燕《〈千字文〉在日本汉语教学历史上的教材价值》，《日本问题研究》2016 年第 2 期。
③ 京城即今韩国首尔，旧称汉阳。
④ 杨晓黎：《朝鲜中文教科书〈图像注解千字文〉的功能定位及其启示》，《世界汉语教学》2006 年第 4 期。

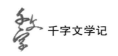

Printed at the Mission-press. 1831）附录中收录了《千字文》及其英译——The Thousand-Character Classic，并石版刻印了《千字文》原文①。这是世界上最早的《千字文》欧译本，第一次向欧洲人具体介绍了东亚最主要的蒙学教材。

第二个译本是伦敦会传教士麦都思（Walter Henry Medhurst, 1796 – 1857）的逐字英译本，即麦都思在 1835 年编译出版的《朝鲜伟国字汇》（Translation of A Comparative Vocabulary of the Chinese, Corean, and Japanesl Languages）中的附录 The Thousand Character Classic, In Chinese and Corean。该译本以朝鲜版的《石峰千字文》为蓝本②。

第三个译本是 1835 年 9 月美部会传教士裨治文（E. C. Bridgman, 1801 – 1861）在其所办刊物《中国丛报》第 4 卷第 5 期上发表的 Tseen-tsze-wan, or the Thousand Character Classic，裨治文认为，《千字文》的主要内容就是"人"及其"义务"。③

第四个译本是霍扶迈（J. Hofman, 1805 – 1878）的德译本。译者并非传教士，他是德国的日本学家西博尔德（Siebold, PhilippFranzyon, 1796 – 1866）的助手。1833 年 12 月，西博尔德用石版复刻了朝鲜的木版本《千字文》原文。后来，西博尔德委托霍扶迈将其译成德文。④

三　对文学领域的影响

《千字文》因脍炙人口而深入文学作品。如唐宋时期：《太平广记》卷二百五十二有"千字文语乞社"一条，录自唐朝人侯白的《启颜录》，其中用《千字文》语多达 46 句。如"唐立本善画，后拜右相，而姜恪以战功为左相，时人有'左相宣威沙漠，右相驰誉丹青'之嘲"。又如卷二百五十七："眼能日月盈，为有陈根委。不别似兰斯，都由雁门紫。"以《千字文》作歇后语。

---

①　Alexander W. Memoriais of Protestant Missionaries to the Chinese. Taibei：CH'Eng-Wen Publishing Company，1967.

②　郑光：《朝鲜伟国字汇》，弘文阁，1978。

③　陈辉：《汉字文化圈缘何相当于儒教文化圈——基于 19 世纪 30 年代西士对中朝日〈千字文〉之译介》，《浙江大学学报》2006 年第 3 期。

④　尾崎贤治译《日本：第 5 卷》，东京：雄松堂书店，1978。

明清时期，小说、戏曲中《千字文》用语非常普遍。例如《牡丹亭》第十七出《道观》中，石道姑以《千字文》语自道出身的一段话，其中引录《千字文》语多达 118 句、472 字，几近《千字文》一半的篇幅。① 钱钟书曾细究明清小说、戏曲中引录《千字文》的情况。

四　对日常应用的影响

（一）用以排序

影视剧中有时将客栈房号称为"天字号"。这个"天字号"实际上就是取自《千字文》开篇首字，这是古代民间生活中普遍使用《千字文》字序以编次的一个体现。

由于《千字文》"字无重复，且众人习熟，易于检览"，所以"今之科场、号舍、文卷及民间质库、计簿，皆以其字编次为识"②。

编次时，往往会剔除"不祥字""名讳"等。如《冷庐杂识》卷七中记载了雍正元年（1723）礼部公布的《千字文》字号，除去不祥字如"荒、吊、伐、罪、毁、伤……"等七十五字，除去亚圣孟子的名讳，再除去四、六、九等重复号数，可用字近九百字。

早在元代，已有以《千字文》编次的记载。《元史》记载，驿站所传文书皆要用绢袋封记，上置牌子记号，若是边关紧急公事，必须以匣子封锁，"已上牌匣俱系营造小尺，上以千字文为号"③。

明代，武官的诰敕和文官的续诰顺序亦是用《千字文》④。

清代，小至文书排序、钱物支遣的记录、税租杂役的对簿，大至科举考场的号房、土地的经界划分、海防的安排等，皆以之为序⑤。

---

① 参考徐梓《〈千字文〉的流传及其影响》，《中国典籍与文化》1998 年第 2 期。
② 陆以湉：《冷庐杂识》卷七。
③ 见《元史·兵志四》。
④ 见《明史·职官志三》。
⑤ 《高宗实录》卷一千三百三十五，记载皇帝回复汪如洋等奏请科举排列号房言："各省考试文场东西坐号，向例以千字文编排，相沿已久""千字文内字面甚多，尽足敷用。"

常见以《千字文》编次藏书，如：

（1）明代文渊阁藏书以之编次。自"天"字至"往"字，凡20字。

（2）明代赵琦美的脉望馆藏书以之编次。自"天"至"调"字，31字。

（3）清代学者鲍廷博所辑《知不足斋丛书》的卷册编号，采用《千字文》的字序，从"天地玄黄，宇宙洪荒"开始，依次编排。

（4）佛藏。如《崇宁藏》《毗卢藏》《圆觉藏》等。另有国外印行的佛藏，如《高丽藏》、《天海藏》及《弘教藏》等，亦用《千字文》字序编次。①

（5）道藏。如明朝人白云霁所编的《道藏目录》，编次始自"天"字号，终至"英"字号。《大明续道藏经目录》续用这一字序，从"杜"到"缨"字。正续目录，共512字之多。俞樾《隐书》虽只有一卷（见《曲园杂纂》第四十九），但也"以《千字文》为次"。从"日"至"体"字。

《千字文》排序作用在当代依然可见：

（1）《北京图书馆藏敦煌遗书简目》用《千字文》编号。其中从"地"字到"位"字，每字百号，而"天""玄""火"三字空缺。

（2）甘肃省民勤县柳林湖垦区，按水系灌溉，划为五渠，共编村名133个，取《千字文》字序为次，各村取一字为号，于开垦地上出现133个地名："天字号""地字号"……依此类推②。

（3）天津市河北区西北部街道名称，从海河东路向东、中山路以北依次是：地纬路、元纬路、金纬路、宇纬路、宙纬路、日纬路、月纬路、辰纬路、宿纬路、律纬路和吕纬路，中山路以南则是：翔纬路、金纬路、冈纬路、昆纬路。这是取自《千字文》开篇"天地玄黄，宇宙洪荒。日月盈昃，辰宿列张""律吕调阳""金生丽水，玉出崑冈""海鹹河淡，鳞潜羽翔"等句。相传1902年，袁世凯在天津创建了"河北新区"，在直隶总督衙门与火车北站之间修建了现今的中山路，又有十余条交叉纬路，以《千字文》命名。时过境迁，这些幸存下来的老街道成为见证兴衰的记忆。

（二）据以赏罚

《千字文》作为赏赐流行于社会上层，至少始于宋代。《玉壶清话》卷一

---

① 参见任继愈《关于影印汉文大藏经的设想》，《文献》1982年第13辑。

② 王璐：《敦煌写本〈千字文〉考辨》，《唐都学刊》2005年第2期。

曾记载宋太宗赐草书千字文给李昉、宋琪、徐铉三学士。《三山志》卷三十三记载咸平六年（1003）皇帝赏赐淮安乾元寺的物品中有：草书千字文、八分体千字文两卷。《武林旧事》卷七描绘的淳熙三年（1176）天申圣节中，孝宗赵眘献给太上皇高宗的即是真草《千字文》。直至清代，依然有皇帝赐大臣《千字文》的记录，《圣祖仁皇帝实录》卷二百一十载："丙戌赐大学士张玉书御书千字文。"

另外，臣子们也将《千字文》作为晋升或免罪的资本。最早的记录便是在张岱《夜航船》中周兴嗣凭借《千字文》脱罪。

文献中相关记录颇多。如，宗望因《千字文》特转资州刺史：

> （宋仁宗）皇祐二年正月十七日，左羽林大将军宗望上虞世南笔法《千字文》，特转资州刺史。（《宋会要辑稿·帝系四·宗室杂一》）。

孙景璠因《千字文》脱罪并得官国子书学博士：

> 孙景璠者，本杭州水军，篆千字文为五十余体以献，上善之，诏取去黥文，隶御书院。宰相宋琪请授以官秩，上曰："爵禄非所惜也。顾此人面痕尚在，岂称冠带乎？"琪固言之，乃授国子书学博士。（《咸淳临安志》卷八十九）

孙潼期以《千字文》晋升：

> 周文襄公在吴，有部民负黄帕，直入厅事。公异而问之。曰某孙潼也，楷书《千字文》一本，进呈朝廷，乞公引拔。（明都穆《都公谭纂》卷下）①

---

① （明）都穆撰、陆采编次《都公谭纂》卷下，丛书集成本，上海商务印书馆，民国26年，第53页。

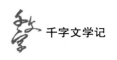

五　对蒙学教育的影响

唐代《朝野佥载》载：

> 并州人毛俊诞一男，四岁，则天召入内试字。千字文皆能暗书，赐衣裳放还。①

可知《千字文》在唐代已普遍流行，且已作为孩童的启蒙识字课本。如天宝五年（746）李良《荐蒙求表》中言："近代周兴嗣撰《千字文》，亦颁行天下。"② 可见其普及程度是被"颁行天下"。

宋以降，《千字文》一直为家弦户诵、天下皆然的童蒙经典，热度有增无减。《项氏家说》载："古人教童子多用韵语，如今《蒙求》《千字文》《太公家教》《三字训》之类，欲其易记也。"③

陆游《老学庵笔记》言其舅"年八十五六，极康宁。自言少时因读《千字文》有所悟，谓'心动神疲'四字也，平生遇事未尝动心，故老而不衰"。④

清代唐鉴为何桂珍新编《训蒙千字文》序中言："如周氏《千字文》者，不过《凡将》、《急就》之末流，一时习俗之所好而已，是亦文字之至小者矣。然而俗习好之，则将家弦户诵，所为灌溉乎童幼者，几乎天下皆然。"顾炎武亦言《千字文》"不独以文传，而又以其巧传。后之读者苦《三苍》之难，而便《千文》之易，于是至今为小学家恒用之书"。⑤

打油诗"学童三五并排坐，天地玄黄喊一年"，恰是其真实写照。

---

① （唐）张鷟撰，赵守俨点校《朝野佥载》卷5，中华书局，1979，第110页。
② （清）杨守敬撰，张雷校点《日本访书志》卷11，辽宁教育出版社，2003，第180页。
③ （宋）项安世：《项氏家说》卷7"用韵语"条，丛书集成本，上海商务印书馆，民国24年，第83页。
④ （宋）陆游撰《老学庵笔记》，中华书局，1979，第50页。
⑤ （清）顾炎武：《吕氏千字文序》，《亭林文集》卷2，中华书局，1959，第40页。

第六章　结语

今日，读《千字文》的人少了。《千字文》陈隋面世，至唐即颁行天下，承传上千年。千年间，其传承和发展是充满活力的。活跃于文才之手，现以琳琅别本；活跃于邻邦海外，传以汉语学本；活跃于私塾之上，化作琅琅书声；活跃于笔墨之下，传作习字法帖；活跃于朝堂之上，各以领赏免罚；活跃于百姓之间，用以编次字号……

它一直是活跃的。直至清末民初，一朝冷落，被新式教科书所取代。识字第一课变成"上、大、人、孔、乙、己"，后来鲁迅写小说，将"孔乙己"作为人名。辛亥革命后，课本也改革了，第一课变为"人、手、足、刀、尺"。有何特殊含义？并无。仅为了教以识字。《千字文》的教学思路完全不同。明代著名理学家吕坤曾说："初入社会八岁以下者，先读《三字经》以习见闻，读《百家姓》以便日用，读《千字文》以明义理。"① 不光识字，更要明理。所以古人不说"读《千字文》以识千字"，而说"读《千字文》以明义理"。

其事理，明明白白摆在字句中，各四字间，各个清晰；其义理，则不是读一遍即可浑然通达的。有些义理没有在表面上说满，而是寄于现象，或历史、或人物、或辞藻之中。浅有浅的读法，深有深的解法。会琢磨的人，也许每读一遍都能有新的收获，乃至悟处。一篇《千字文》，真正读透了，也就领略透了古人的高明之处，也领略透了古文的魅力所在。这是嚼白话文如何也嚼不来的味道。

若单从识字功能来看，将它与《汉字频度统计速成识读优选表》② 中频度从高到低排列的前两千字进行比较，发现《千字文》中已有 249 字不在常用

---

①　吕雯慧：《浅析〈三〉〈百〉〈千〉的编写特点》，《中国教师》2005 年第 10 期。

②　贝贵琴、张学涛汇编《汉字频度统计速成识读优选表》，北京电子工业出版社，1988。

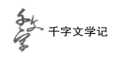

汉字范畴中。换言之，《千字文》中 24.9% 的汉字已不是今天的常用汉字了。即便如此，其中仍有 75.1% 的常用汉字存在，又蕴含丰富的历史文化知识，所以《千字文》在今日对于汉字启蒙和传统文化教育而言仍是不可多得的一份宝贵史料。

再者，从史料的角度来看，《千字文》保留了当时的汉字使用情况、用韵情况、人们的宇宙自然观和人生观等许多宝贵的资料，对于我们今天研究汉语汉字发展史、教育史、思想史，都有很高的利用价值。对于今天的汉字识字教学也有很大的启发。

《最后一课》中韩麦尔先生言："亡了国当了奴隶的人民，只要牢牢记住他们的语言，就好像拿着一把打开监狱大门的钥匙。"曾长年效力于普鲁士政府的语言学家洪堡特（Wilhelm von Humboldt，1767 – 1835）就说过："民族的语言即民族的精神，民族的精神即民族的语言。"①

我国的著名作家余光中先生也曾说过，中华文化像一个很大的圆心，圆的半径就是中文，半径有多长，文化就能够走多远。

四大文明古国在历史长河中只有一位幸存者，她的名字叫作中国。虽然几千年来，其内忧外患从未断绝，但只要汉字还在，那些传下来的智慧经典就会被打开而非尘封，古圣先贤的教诲和民族的精神就会真正流淌在子孙的血脉里，几千年的文明传承就会得以绵远流长的传承。一篇《千字文》，在千字间高度概括中华文化的轮廓，它担负着的，是薪火相传的使命。

> 千字之文，包罗万象；固本培之，拯危继绝。
> 陈隋智永，书八百本；亘代圣功，蒙以养正。
> 总论三才，谓天地人；孝悌忠信，道循五伦。
> 治平天下，俯仰乾坤；左琴右书，返璞归真。
> 引经据典，寓教修身；守恭抱谦，量即福本。
> 薪火犹继，惠及子孙；古为今用，妙义是尊。

---

① 〔德〕威廉·冯·洪堡特：《论人类语言结构的差异及其对人类精神发展的影响》，姚小平译，商务印书馆，1999。

第二部分 《千字文》正文注释

第一段　总论三才

第一句　天地玄黄　宇宙洪荒

【句义】开天辟地，宇宙诞生。天是黑色的，地是黄色的。古往今来，宇宙辽阔无垠；开辟之初，世间混沌洪荒。

【字义】①

字	今注	古注
天	天空	颠也。至高无上。
地	陆地、土地	元气初分，轻清阳为天，重浊阴为地。万物所陈列也。
玄	黑色、深奥	幽远也。黑而有赤色者为玄。
黄	黄色	地之色也。
宇	上下四方的空间	四方上下谓之宇。(《淮南子》)
宙	古往今来的时间	往古来今谓之宙。(《淮南子》)
洪	宏大	洪、大也。(段玉裁《说文解字注》)
荒	荒芜	芜也。

---

① 本书"字义"部分的参考书目：(1) "今注"之解：参考《现代汉语词典（第 5 版）》(中国社会科学院语言研究所词典编辑室编，商务印书馆，2005)；(2) "古注"之解：没有特殊注明的，皆参考《说文解字》〔(汉) 许慎撰，(宋) 徐铉校定，中华书局，2013〕；(3) 结合参考：敦煌本《注千字文》(S. 5471, P. 3973 残卷)，录文出自旅日学者张娜丽《敦煌本〈注千字文〉注解》，敦煌学辑刊 2002 年第 1 期；清末民初《绘图增注千字文》；(清) 孙枝秀：《千字文注》，辑于清康熙二十四年 (1685)，藏书于哈佛大学燕京学社图书馆，1953 年 1 月 17 日；(4) 简化注释：清代段玉裁《说文解字注》简称"段注"；清朝孙枝秀《千字文注》简称"孙注"。清末民初《绘图增注千字文》简称"绘注"。

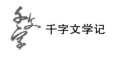

【引经】

1. 玄黄：天地的颜色。

"玄者，天之色；黄者，地之色"①。引自《易经·坤卦·文言》："夫玄黄者，天地之杂也，天玄而地黄。"②《汉书·扬雄传上》："灵祇既乡，五位时叙，絪缊玄黄，将绍厥后。"颜师古注："玄黄，天地色也。"③

2. 宇宙：时空的总和。

出自《淮南子》："往古来今谓之宙，四方上下谓之宇。"④

3. 洪荒："天地开辟之初"⑤。

出自西汉扬雄⑥《太玄经》："洪荒之世"。

【典故】盘古开天辟地⑦

盘古开天辟地的记载，最早见于三国时期吴国徐著《三五历纪》。传说远古之时，宇宙混沌，天地未分。盘古生于其间，一万八千年后，一朝醒来，劈开混沌。轻而清者升为天，重而浊者降为地。盘古顶天立地，用身体撑于其间。天日高一丈，地日厚一丈，盘古也随之越长越高。这样又经过了一万八千年。最后，盘古的气息化作风云；声音化作雷霆；双眼变成了太阳和月亮；血液化作江河；肌肤变成土地；毛发化作草木；齿骨化作金石；汗水化作雨露……

---

① （清）孙枝秀：《千字文注》，辑于清康熙二十四年（1685），藏书于哈佛大学燕京学社图书馆，1953年1月17日，第1页。

② 《易经》，北京联合出版公司，2015，第157页。

③ （汉）班固：《汉书》，中华书局，2007，第863页。

④ 何宁：《淮南子集释》，中华书局，1998，第798页。

⑤ （清）孙枝秀：《千字文注》，清康熙二十四年（1685），第1页。

⑥ 刘禹锡《陋室铭》中"南阳诸葛庐，西蜀子云亭"的"子云"，就是扬雄，字子云。

⑦ （南朝梁）任昉：《述异记》，《文津阁四库全书》，子部小说家类，第1051本，《述异记》，国家图书馆藏，商务印书馆影印，第587~588页。"天地浑沌如鸡子，盘古生其中。万八千岁，天地开辟，阳清为天，阴浊为地。盘古在其中，一日九变，神于天，圣于地。天日高一丈，地日厚一丈，盘古日长一丈，如此万八千岁。天数极高，地数极深，盘古极长。后乃有三皇。""首生盘古，垂死化身。气成风云，声为雷霆。左眼为日，右眼为月。四肢五体为四极五岳。血液为江河，筋脉为地里。肌肤为田土，发髭为星辰。皮毛为草木，齿骨为金石，精髓为珠玉，汗流为雨泽……"

【延伸】

（一）说文解字："天"

"天"，甲骨文 𝄐，金文 𝄐。在"大"字上增加指事符号来代表"大"以上的空间。"大"，"大象人形"①。本意指人，甲骨文 𝄐。"天"的造字本义：人的头顶／人之上的无边苍穹。后引申为"至高无上，从一、大"②。表"第一大"事物、至高无上的真理，是为"天道"。

（二）说文解字："地"

"地"一籀文 𝄐 由𝄐（山）、𝄐（水）、土（土）组成。篆文 𝄐 由土、𝄐（即"它"，蛇）组成。造字结构延伸启示：大地不是人类专有的大地，而是人类与所有动植物共同的生存场所。人与动物、植物、大自然在"地"上是一个"生命共同体"。

（三）"天地"之衍生义

形而上谓之道，形而下谓之器。"天地"在古汉语中有另一层含义：形而上为天，形而下为地。天道高深，玄深难测，所以叫"天玄"。"地黄"也有两重意思：一者，黄河是中国的母亲河。水黄、土黄，农作物黍、稷皆黄，故说地黄。二者，在色谱分析上，玄是冷色，黄是暖色。暖则生。大地生养哺育万物，中国人尊称为"大地母亲"。

第二句　日月盈昃　辰宿列张

【句义】日出日落，月圆月缺，周而复始。无数星辰布满在空中。

---

① （东汉）许慎：《说文解字》，中华书局，2013，第212页。
② （东汉）许慎：《说文解字》，中华书局，2013，第1页。

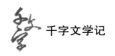

【字义】

字	今注	古注〔（清）孙枝秀《千字文注》〕
日	太阳	日，阳精。
月	月亮	月，阴精。
盈	充满	盈者，月光满也。
昃	太阳偏西	昃者，日西斜也。
辰	日、月、星的统称	辰者，日月所会之次。 分周天为十二宫。
宿	星的集合体，如"星宿"	宿者，日所躔之星也。 凡二十有八焉。
列	排列	列，陈也。
张	铺排	张，布也。

【引经】

列张：排列、分布。

出自《淮南子》："天设日月，列星辰，调阴阳，张四时。"①

【延伸】

（一）说文解字："盈昃"

"盈"，甲骨文 ，为 （两人）、 （益，"溢"），两人进浴缸后，水满溢出②。"盈"，即"满"。这里指月圆。"厂"甲骨文 像陡崖，籀文"仄" 即 （悬崖）、 （矢，侧着头的人），人在狭窄峭壁边上，侧身歪脖、小心翼翼而行。"仄"表斜，"日"加"仄"表"日斜"。

（二）"星""宿"之别

单星体为"星"，两颗及以上为"宿"。"宿"甲骨文 为 与 （席子），表人在席子上睡。有的甲骨文 再加 （"宀"，房屋），强调在室内

---

① （西汉）刘安：《淮南子》卷二十，第6册，中华书局，2009，第1页。

② "盈"字甲骨文有多种形态，仅列举其一。

睡。"宿舍"之"宿"即本意。引申出另外两个读音,一读作"朽",如"一宿",表一夜。一读作"秀",即"星宿"之意。如同人居有定所,星也居有其所,运行各有其位。漫天星辰有规律、有秩序地排列与运行,形成"星宿"。古人观天而知时辰。行文写诗,信手拈来。苏轼《前赤壁赋》"少焉,月出于东山之上,徘徊于斗牛之间"。斗牛即北方玄武两宿,月运行至斗牛之间,表时值中夜。

(三)"星期"与星的关系

中国将日称为太阳,月称为太阴,加之金木水火土五个行星,称作七曜,或七政。日语当中,从"星期一"到"星期天",又称为日曜日、月曜日、火曜日、水曜日、金曜日等,即此七星。

(四)中国传统天文学

据月之盈亏以计时,即太阴历,称阴历。夏商周三代各自有历法,现在所用为夏历,即夏朝的太阴历。隋唐时期天文学鼎盛,将天体的恒星分为"三垣",太微垣、紫微垣、天市垣。再按东西南北把星域分成四方。每方七组星宿,即二十八宿。"东青龙、西白虎、南朱雀、北玄武"的说法,就是把二十八宿连起来后,状似这四种动物。如东方七宿"角亢氐房心尾箕",连线后形似苍龙。

第三句 寒来暑往 秋收冬藏

【句义】四季变换,冷热交替,循环往复。春生夏长,秋收冬藏。
【字义】

字	今注	古注(孙注)
寒	冷/寒冬	冬之气寒,夏之气暑。 易云,寒来则暑往,暑往则寒来,言四时相代也。
来	来到	
暑	热/暑夏	
往	去往	

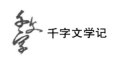

续表

字	今注	古注(孙注)
秋	秋季	万物生于春,长于夏,收于秋,藏于冬。
收	收获、收割	言秋冬,而春夏在其中矣。
冬	冬季	
藏	储藏	

【引经】

1. 寒来暑往

《易经》:"寒来则暑往,暑往则寒来,寒暑相推,而岁成焉。"①

2. 秋收冬藏:为"春生夏长,秋收冬藏"之省略句。

《黄帝内经》原文较长,摘录如下:"春三月,此谓发陈。……养生之道也;夏三月,此谓蕃秀。……养长之道也;秋三月,此谓容平。……养收之道也;冬三月,此谓闭藏。……养藏之道也。"② 西汉·司马迁《史记·太史公自序》:"夫春生夏长,秋收冬藏,此天道之大经也。"③《荀子》:"春耕夏耘,秋收冬藏,四者不失时。"④

【延伸】

(一)说文解字:"暑"

"者"甲骨文🐛,🔥像木柴着火、火星喷溅,🔥为火,本意"煮"。"暑"篆文🔥即 ▢(日) + 🔥(者,煮),本义:天气灼热如煮。"燠"乃热之始,"暑"乃热之极;"凉"乃冷之始,"寒"乃冷之极。

(二)务农治国,道法天时

治农为本,必须究天象、法自然。中国历代有司天监,有"天官",专门

---

① 陈德述:《周易正本解》,巴蜀书社,2012,第 311 页。

② 田代华整理《黄帝内经》,人民卫生出版社,2005,第 3 页。

③ (东汉)司马迁:《史记》,中华书局,2009,第 759 页。

④《荀子》,中华书局,2015,第 128 页。

观测天文气象的变化，以此作为行政施治的根据。中国古代天文学之发达的程度，"在明朝以前，一直是领先于世界的"①。

第四句　闰馀成岁　律吕调阳

【句义】阳历与月律不对等，积累数年的闰馀并成一个月，放在闰年里；古人用六律六吕来调节阴阳。

【字义】

字	今注	古注
闰	阳历四年一闰 农历三年一闰，五年两闰，十九年七闰	馀分之月，五岁再闰，告朔之礼，天子居宗庙，闰月居门中 （王在门内举行祭奠仪式。平时室内，闰月特殊）
馀	剩下	饶也。
成	成为	就也。
岁	年	十二月为一岁。（孙注）
律	我国古代把乐音分为六律和六吕，合为十二律	春夏得阳气，秋冬得阴气，又恐其有差错，于是用律管候之。（孙注）
吕		是律吕者，所以调和阴阳……阴阳各六，六阳管为律，六阴管为吕。（孙注）
调	调整、调节	和合曰调。（孙注）
阳	阳气	阴阳。（孙注）

【引经】闰馀成岁

语出《尚书·尧典》："以闰月定四时成岁。"②

【典故】伶伦作律制乐③

伶伦是黄帝时期的乐官，是发明律吕据以制乐的始祖。《吕氏春秋·古

---

① 刘宏毅：《千字文讲记》，海南出版社，2007，第17页。
② 《尚书》，中华书局，2012，第2页。
③ 班固《汉书·律历志》："黄帝使伶伦自大夏之西，昆仑之阴，取竹之解谷生，其窍厚均者，断两节间而吹之，以为黄钟之宫。制十二筩以听凤之鸣。其雄鸣为六，雌鸣亦六。比黄钟之宫，而皆可以生之，是为律本。至治之世，天地之气合以生风；天地之风气正，十二律定。"参见（东汉）班固《汉书》，中华书局，2011，第111页。

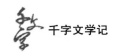

乐》记载，黄帝命伶伦制乐律，伶伦来到昆仑山北面的嶰溪谷，岩石嵯峨，幽谷深邃。伶伦在嶰溪谷取竹，制十二律管。拟凤凰之声，"雄鸣为六"，即六阳律，亦即黄钟、太簇、姑洗、蕤宾、夷则、无射。"雌鸣亦六"，即六阴吕，亦即大吕、夹钟、仲吕、林钟、南吕、应钟。《古乐》篇还记载了伶伦制乐的传说。① 后人用"伶"表达与音乐相关的称谓，如先秦以来的乐官被称为"伶官"②，"乐人"被称为"优伶"。

【延伸】

（一）"年""岁"之别

"岁"本意岁星，即木星。《说文解字》："岁，木星也。越历二十八宿，宣遍阴阳，十二月一次。"③ 木星运行的轨迹叫太岁④。岁星纪年是我国另一种天文历法。木星 12 年绕天一周，每年行 30 度，为一岁次。以之记事，记为：岁在某某。太阳历纪"年"，自正月初一至来年正月初一，为自然年。岁星历记"岁"，从今年某一节气到明年同一节气的一段时间，为回归年。

（二）十九年七闰

以月律，一年 354 天；以阳历，365 天；中间差了 11 天，称为"闰馀"。每三年则多 33 天，此月称闰月。三年一闰，天数有余；五年两闰，天数不够。后来人们发现平均十九年闰七次的规律。

---

① 参见吕不韦《吕氏春秋》，上海古籍出版社，2014，第 102～103 页。第五卷、仲夏纪中原文："昔黄帝令伶伦作为律。伶伦自大夏之西，乃之阮隃之阴，取竹于嶰溪之谷，以生空窍厚均者，断两节间，其长三寸九分，而吹之，以为黄钟之宫，吹曰含少。次制十二筒，以之阮隃之下，听凤凰之鸣，以别十二律。其雄鸣为六，雌鸣亦六，以比黄钟之宫，适合。黄钟之宫皆可生之。故曰：黄钟之宫，律吕之本。黄帝又令伶伦与荣将铸十二钟，以和五音。"
② 伶官即乐官。源自《诗·邶风·简兮序》："卫之贤者，仕于伶官。"郑玄笺："伶官，乐官也。伶氏世掌乐而善焉，故后世多号乐官为伶官。"参见程俊英、蒋见元：《诗经注析》，中华书局，2017，第 79 页。
③ （东汉）许慎：《说文解字》，中华书局，2013，第 32 页。
④ 《尔雅·释天》："太岁在甲曰阏逢，在乙曰旃蒙，在丙曰柔兆，在丁曰强圉，在戊曰著雍，在己曰屠维，在庚曰上章，在辛曰重光，在壬曰玄黓，在癸曰昭阳。太岁在寅曰摄提格，在卯曰单阏，在辰曰执徐，在巳曰大荒落，在午曰敦牂，在未曰协洽，在申曰涒滩，在酉曰作噩，在戌曰阉茂，在亥曰大渊献，在子曰困敦，在丑曰赤奋。"参见《尔雅》，中华书局，2017，第 172～173 页。

（三）十九之数，阴阳交汇

《庄子·养生主》云："今臣之刀十九年矣"①；《庄子·德充符》云："吾与夫子游十九年矣"②；《红楼梦》最后一回，贾政见宝玉出家，说道："岂知宝玉是下凡历劫的，竟哄了老太太十九年！"③ 这些文句中都提到 19 年，当知此数并非随意造设。因每隔 19 的倍数年，是一个阴阳交汇的年度。《周髀算经》："阴阳之数，日月之法，十九岁为一章。"④ 十九年置七闰的历法，使得十九年阴阳历同步回归。

（四）中国早有阳历

中国的天文历法，历来是太阴和太阳合参，以太阴记月，太阳记年。中国早有太阳历，宋朝沈括《梦溪笔谈》中有详细论述⑤，但未正式颁布使用，因太阳历与月律（月亮的节奏、节律）不符。

（五）律吕之数

十二律代表十二个月，分阴阳两组，六律为阳律，六吕为阴律。六律对应奇数月；六吕对应偶数月。十二律又对应十二个节气。十二根律吕管，最长九寸，最短为四寸六分。竹管中空，灌满葭莩（用苇子膜烧成的灰）。十二根律吕管，依序列好，管口齐平，下方长短不一，斜切插至土中。外筑室三重，密不透风，以候地气。冬至一阳生。阳气一生，第一根九寸长的管子，里面的葭莩灰被地气吹出，同时发出声音，其调即黄钟。黄钟定调相当于现代音乐的 C 调。"吹葭六管动飞灰"（杜甫诗《小至》），此诗句所指便是"律吕调阳"。⑥

---

① 参见《庄子》，中华书局，2010，第 45～46 页。
② 参见《庄子》，中华书局，2010，第 81 页。
③ （清）曹雪芹：《红楼梦》第 120 回，人民文学出版社，2013，第 1592 页。
④ 程贞一、闻人军译注《周髀算经译注》，上海古籍出版社，2012，第 144～149 页。
⑤ （北宋）沈括：《梦溪笔谈》，中华书局，2014，第 95、99、106、107 页。
⑥ 孙枝秀《千字文注》："《汉书律历志》云：候气之法。为室三重。户闭。涂衅必周。密布缇缦室中。以木为案。每律各一。内卑外高。从其方位。加律其上。以葭莩灰。抑其内端。案历而候之。气至者灰去。若此。则节令不爽，而阴阳之气和矣。是律吕者。"见（清）孙枝秀《千字文注》，辑于清康熙二十四年（1685），第 3 页。

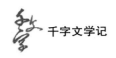

此外，律吕管的长度是以何规律测算出来的呢？依据的是古代乐律学"三分损益法"及"五度相生法"的理论。在弦乐器中，弦音与弦长之间的规律亦符合之。明其原理后，笔者在古琴的音律上得到验证。

第五句　雲腾致雨　露结为霜

【句义】雲气上升遇冷就形成了雨，夜里露水遇冷就凝结成霜。

【字义】

字	今注	古注	
雲	在空中由水珠、冰晶凝聚成的物体	山川气也。	阳气则蒸而为雲雨。（孙注）
腾	升到空中	使之至也。（孙注）	
致	招致、引起	送诣也。	
雨	雲降的水	水从雲下也。	
露	露水	露水、白露、甘露。（绘注）	阴气则凝而为露霜。（孙注）
结	凝结	缔也。	
为	成为	母猴也……假借为作为之字。凡有所变化曰为。（段注）	
霜	水汽凝结成的白色冰晶	白露凝戾为霜。（段注）	

【引经】露结为霜

《易经·坤卦》："履霜坚冰至，阴始凝也。"①

【延伸】

（一）说文解字：雲、雨

"云"，繁体字"雲"，本字"云"，甲骨文 𠄌、金文 𠄌、篆文 𠄌，造字本义：动词，龙卷风气团在天空旋转着移动。为了区别于动词"云"，甲骨文 𠄌 加"雨"𠕒 另造名词"雲"代替，强调其带来降雨的天象特征。

---

① 崔钟雷：《周易》，哈尔滨出版社，2011，第12页。

"雨"，甲骨文 在"水帘" 之上加代表"上天"的指事符号一，表示天空降水。甲骨文另有 、、 等多种形态，皆同天降雨之意。

（二）汉武帝承露盘[①]

自古以来，"露"被视为帝皇施仁政、德泽万民的征兆。汉武帝作承露盘以承甘露，服食以求延年。为此，汉武帝在柏梁宫建造了一座高达二十丈的铜质承露盘。可惜这座承露盘最后竟毁于火灾。

《资治通鉴》卷二十："春（指汉武帝元鼎二年，即前 115 年）起柏梁台，作承露盘，高二十丈，大七围，以铜为之，上有仙人掌，以承露，和玉屑饮之，云可以长生。宫室之修，自此日盛。"[②]

（三）履霜坚冰至

《易经·坤卦》："履霜坚冰至，阴始凝也。"脚踏霜，当预知坚冰将至。谓见因，而思果。

第六句　金生丽水　玉出崑冈

【句义】黄金产自金沙江底，玉石出自昆仑山岗。

【字义】

字	今注	古注
金	黄金	五色金也。黄为之长。
生	生产、产生	进也。象艸（cǎo）木生出土上。
丽	云南丽江又称"金沙江"	丽水，在今云南丽江府，一名金沙江。（孙注）
水		
玉	玉石	玉石、金玉、汉玉。（绘注）

---

① 《三国演义》第一百零五回提到了"承露盘"，马钧回奏魏主曹睿："汉朝二十四帝，惟武帝享国最久，寿算极高，盖因服天上日精月华之气也：尝于长安宫中，建柏梁台；台上立一铜人，手捧一盘，名曰承露盘，接三更北斗所降沆瀣之水，其名曰天浆，又曰甘露。取此水用美玉为屑，调和服之，可以返老还童。"

② 李善注引《三辅故事》曰："武帝作铜露盘，承天露，和玉屑饮之，欲以求仙。"

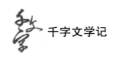

字	今注	古注
出	出产	生出。（绘注）
崑	崑仑山	崑崙山也，在今西番。（孙注）
冈	较低平的山脊	尔雅云，山脊曰冈。（孙注）

【延伸】

（一）君子如玉，玉有几德？

玉有五德，以比君子。出自《说文解字》："玉，石之美者，有五德，润泽以温，仁之方也；䚡理自外，可以知中，义之方也；其声舒扬，専以远闻，智之方也；不挠而折，勇之方也；锐廉而不忮，洁之方也。"[1]

玉有九德，以比君子。《管子·水地》："夫玉之所贵者，九德出焉。夫玉温润以泽，仁也。邻以理者，知（智）也。坚而不蹙，义也。廉而不刿，行也。鲜而不垢，洁也。折而不挠，勇也。瑕适皆见，精也。茂华光泽，并通而不相陵，容也。叩之，其音清博彻远，纯而不杀，辞也。是以人主贵之，藏以为宝，剖以为符瑞，九德出焉。"[2] 仁、智、义、行、洁、勇、精、容、辞，玉之九德。

玉有十一德，以比君子。《礼记·聘义》："子贡问于孔子曰：'敢问君子贵玉而贱碈者，何也？为玉之寡而碈之多与？'孔子曰：'非为碈之多，故贱之也，玉之寡，故贵之也。夫昔者，君子比德于玉焉，温润而泽，仁也；缜密以栗，知也；廉而不刿，义也；垂之如队（坠），礼也；叩之，其声清越以长，其终诎然，乐也；瑕不掩瑜，瑜不掩瑕，忠也；孚尹旁达，信也；气如白虹，天也；精神见于山川，地也；圭璋特达，德也；天下莫不贵者，道也。'诗云：言念君子，温其如玉。故君子贵之也。"[3] 仁、知、义、礼、乐、忠、信、天、地、德、道，即君子如玉的十一德。

---

① （东汉）许慎：《说文解字》，中华书局，2013，第4页。
② 《四库全书》子部，第729册，上海古籍出版社，第155页。
③ 《四库全书》经部，第122册，上海古籍出版社，第776页。

（二）崑崙玉脉 仙居之地

崑崙山乃万山之祖。分为三面八支，其中的一面在上古时代的中国境内，以盛产美玉而闻名。传说为神仙所居之地，王母娘娘的洞府据传在西昆仑之上。

（三）君子无故，玉不去身

古人非常珍视玉，《礼记·玉藻篇》："古之君子必佩玉""君子无故，玉不去身"[1]。相传玉是山石千百年来受了日精月华而变化的，故有"观祥云知山有美玉"的说法。

（四）金玉满堂，莫之能守

《老子》第九章："金玉满堂，莫之能守。富贵而骄，自遗其咎。功遂身退，天之道。"即使黄金宝玉堆满厅堂，也无人能恒久地守藏。财富皆身外之物。若富贵以致骄奢淫逸，那便是自取祸根。功成身退，含藏收敛，不居功贪位，方与道合。

第七句 剑号巨阙 珠称夜光

【句义】古有著名宝剑名为"巨阙"，珍珠之中最闻名的是"夜光珠"。
【字义】

字	今注	古注（孙注）
剑	兵器之一	剑，兵器。
号	名称	名号。（绘注）
巨	巨大	巨阙，宝剑之名。越王允常令欧冶子铸宝剑五：巨阙、纯钧、湛卢、胜邪、鱼肠。
阙	泛指帝王住所	
珠	珍珠	珠，蚌之精。
称	称赞	称，扬也。（段注）
夜	夜明珠。古代传说中会放光的珍珠	珠之美者，夜之有光。
光		

---

[1] 吴玉贵、华飞主编《四库全书精品文存》，团结出版社，1997，第557页。

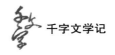

【典故】欧冶子与"三长两短"

战国时期，越国有一位著名铸剑师名叫欧冶子，他铸了五把举世闻名的宝剑。三把为长剑，分别为巨阙、纯钩、湛卢；两把为短剑，分别为胜邪和鱼肠。"三长两短"后来则成了意外灾祸的代名词。

【典故】隋侯珠的故事

《搜神记》中记载着一个隋侯珠的故事。汉朝有一个在隋地被封为侯的贵族。隋侯路遇一条受伤的蛇，把它救活，并放生。一年后的一个晚上，隋侯做梦见到蛇来报答他，送他一颗夜明珠。醒来枕边果真有一颗明珠，照得满室通明。

【延伸】炼珠之传说

《淮南子·墬形训》上有"蛤蟹珠龟，与月盛衰"的故事①。蛤蚌育珠，要在月圆之夜，皓月高悬，海面上风平浪静之时，打开贝壳，对着月亮，开合收放，吸收月华之光，那颗珠便越养越大。另有"犀牛望星"，犀牛到了月朗星曦之夜，把独角对着北极星，以吸收星精月华。传说龙天生就有一颗小珠，慢慢地越养越大，所以有"龙戏珠"之说。此外，蛇、蟹、大鱼精等，修炼成了也都有珠。据说真正的夜明珠能将十步左右的暗室，照得如同白昼一般。

第八句　果珍李柰　菜重芥薑

【句义】水果中的李子和柰子因能调和脾胃而让人觉得珍贵，蔬菜中芥和姜因能调节口味而为人所看重。

【字义】

字	今注	古注
果	水果	果，木实也。
珍	珍贵	珍，宝也。
李	李子	李，果也。
柰	柰子	柰，果也。
菜	蔬菜	菜，艸之可食者。
重	看重	重者，厚也。引申之为郑重。（段注）
芥	芥菜	芥，菜也。
薑	生薑	生薑、老薑、伏薑。（绘注）

---

① 何宁撰《淮南子集释》，中华书局，1998，第 343 页。

【引经】果珍李柰，菜重芥薑

《诗经·王风》"丘中有李，彼留之子"①。

《初学记》卷28"柰第二"引《广志》曰："柰有青白赤三种。"

《论语》"不得其酱，不食"。郑玄注："鱼脍芥酱之属。"②

《论语·乡党》"不撤薑食"。③

"珍""重"，形音字用作动词。

【延伸】举此四者，珍在功效

《本草纲目》云："李，气味苦、酸……去痼热，调中。""柰，气味苦……补中焦诸不足气，和脾。""芥，味辛……除肾经邪气，利九窍，明耳目，安中。""姜，味辛……去臭气，通神明。"④

第九句　海鹹河淡　鱗潛羽翔

【句义】海水是鹹的，河水是淡的，鱼儿在水里游，鸟儿在天上飞。

【字义】

字	今注	古注(孙注)	
海	海洋	海水味鹹，故曰海鹹。	《吴都赋》曰"煮海成盐"，故曰海鹹。（敦煌本《注千字文》）
鹹	像盐的味道		
河	河水	河水味淡，故曰河淡。	
淡	不浓、不鹹		
鱗	鱼鳞，这里指代鱼类及水里的其他鳞甲动物。	鱼甲也。	
潛	隐于水下	涉水也。	
羽	羽毛，这里指代鸟类	鸟长毛也。	
翔	飞翔	回飞也。	

---

① 程俊英、蒋见元：《诗经注析》，中华书局，2018，第169页。
② 程树德撰《论语集释》，中华书局，2015，第798页。
③ 程树德撰《论语集释》，中华书局，2015，第804页。
④ （明）李时珍：《本草纲目》，人民卫生出版社，1982，第1727、1777、1607、1620页。

【引经】鳞潜羽翔《诗经·小雅·四月》："匪鹑匪鸢,翰飞戾天。匪鳣匪鲔,潜逃于渊。"①

第十句　龙师火帝　鸟官人皇

【句义】伏羲氏以龙命名百官,被称为"龙师"。神农氏以火纪事,被称为"火帝"②。少昊氏以鸟命名百官,被称为"鸟官"。还有远古部落首领人皇,与天皇、地皇合称三皇。

【字义】

字	今注	古注(孙注)	
龙 师	伏羲氏	太昊伏羲氏时,龙马负图出于河,因以龙纪官。	《春秋传》曰:伏羲氏之王天下,以龙治事,龙瑞以龙纪官。 (敦煌本《注千字文》)
火 帝	一说神农氏 一说燧人氏	燧人氏为君,始钻木取火,教民烹饪焉。	炎帝,神农氏,姜氏之祖也。亦有火瑞,以火纪事,名百官。 (敦煌本《注千字文》)
鸟 官	少昊氏	少昊氏时,有凤鸟至,因以鸟纪官。	
人 皇	指代上古时期三皇,即天皇、地皇、人皇	上古之世,有天皇氏,有地皇氏,有人皇氏,是谓三皇。言人皇而不及天地,举一以该其二也。	

【引经】龙师火帝　鸟官人皇

《左传》云:"太昊氏③以龙纪,故为龙师而龙名。我高祖少昊挚之立也,凤鸟适至,故纪于鸟,为鸟师而鸟名。"④

---

① 程俊英、蒋见元:《诗经注析》,中华书局,2018,第489页。

② 一说为燧人氏发明了钻木取火,被尊称为"火帝"。一说为神农氏。司马贞《三皇本纪》:"炎帝神农氏……火德王故曰炎帝,以火名官。"(《四库全书》,上海古籍出版社,史部,第244册,第964、965页)

③ 太昊氏,即伏羲氏。

④ 《左传·昭公十七年》云:"昔者黄帝氏以云纪,故为云师而云名;炎帝氏以火纪,故为火师而火名;共工氏以水纪,故为水师而水名;太昊氏以龙纪,故为龙师而龙名。我高祖少昊挚之立也,凤鸟适至,故纪于鸟,为鸟师而鸟名。凤鸟氏,历正也;玄鸟氏,司分者也;伯赵氏,司至者也;青鸟氏,司启者也;丹鸟氏,司闭者也;祝鸠氏,司徒也;睢鸠氏,司马也;鸤鸠氏,司空也;爽鸠氏,司寇也;鹘鸠氏,司事也。"(《左传》,中华书局,2014,第354页)

【典故】神农尝百草

神农氏"辩五谷、尝百草"。为了"宣药疗疾",救天伤人命,使百姓益寿延年,他跋山涉水,尝遍百草,一日遇七十毒①,终识百草。《神农本草经》成为中国最早的中草药学的经典之作。除了遍尝百草,以医民恙,神农氏还在三湘四水始种五谷,以为民食;制作耒耜,以利耕耘;织麻为布,以御民寒;陶冶器物,以储民用;削桐为琴,以怡民情;首辟市场,以利民生;剡木为矢,以安民居。据说太原附近有个神釜冈,还存放着神农尝药时用过的鼎。

【延伸】

（一）伏羲氏以龙命名百官

"春官为青龙氏,夏官为赤龙氏,秋官为白龙氏,冬官为黑龙氏,中官为黄龙氏……又命其臣朱襄为飞龙氏,昊英为潜龙氏,大庭为居龙氏,混沌为降龙氏,阴康为土龙氏,栗陆为水龙氏。"②

（二）少昊氏以鸟命名百官

"凤鸟氏,历正也。玄鸟氏,司分也。伯赵氏,司至也。青鸟氏,司启也。丹鸟氏,司闭也。祝鸠氏,司徒也。雎鸠氏,司马也。鸤鸠氏,司空也。爽鸠氏,司寇也。鹘鸠氏,司事也。"③

（三）天地人三皇的传说

人皇时代,人的寿命最长,有一万八千岁④。《鉴略妥注》道:乾坤初开

---

① 何宁撰《淮南子集释》,中华书局,1998,第1312页。《淮南子·修务训》谓神农氏:"古者,民茹草饮水,采树木之实,食蠃蚌之肉,时多疾病毒伤之害。于是神农乃始教民播种五谷……尝百草之滋味,水泉之甘苦……一日而遇七十毒。"
② （清）孙枝秀:《千字文注》,清康熙二十四年（1685）,第12～13页。
③ （清）孙枝秀:《千字文注》,清康熙二十四年（1685）,第13页。
④ 《鉴略妥注》原文:"乾坤初开张,天地人三皇。天形如卵白,地形如卵黄。五行生万物,六合运三光。天皇十二子,地皇十一郎。无为而自化,岁起摄提纲。人皇九兄弟,寿命最延长。各方八千岁,一人兴一邦。分长九州地,发育无边疆。有巢氏以出,食果始为粮。构木为巢室,袭叶为衣裳。"《鉴略妥注》又名《五字鉴》。据传作者为明代大学士李廷机〔（明）李廷机:《鉴略妥注》,岳麓书社,1988,第1页〕。

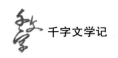
张，天地人三皇。天皇十二子，地皇十一郎。人皇九兄弟，万八寿最长。《史记·补三皇本纪》载，人皇兄弟九人，乘云车，驾六羽，分长九州，各立城邑，一共传了150代，合计45600年。①

第十一句　始制文字　乃服衣裳

【句义】仓颉创制了文字，胡曹制作了衣裳。

【字义】

字	今注	古注	
始	开始	始，初也。（孙注）	黄帝史官仓颉见鸟迹而造文字，自斯之后，文字渐兴。（敦煌本《注千字文》）
制	制造、制定	制，造也。（孙注）	
文	文字	文章文字。（绘注）	
字		缮写曰字。（绘注）	
乃	于是	虚词，乃若、乃有。（绘注）	
服	穿	服，用也。	
衣	衣服	依也。上曰衣，下曰裳。	
裳	古代指裙子	下帬也。	

【引经】

1. 始制文字

《淮南子·本经训》："昔者仓颉作书而天雨粟，鬼夜哭。"②

2. 乃服衣裳

《周易·系辞下》："黄帝尧舜垂衣裳而天下治，盖取诸乾坤。"③

---

① 《四库全书》，上海古籍出版社，史部，第244册，第965页。司马贞《三皇本纪》："天皇氏十二头，淡泊无所施为而俗自化，木德王，岁起摄提，兄弟十二人，立各一万八千岁。地皇十一头，火德王姓十一人，兴于熊耳龙门等山，亦各万八千岁。人皇九头，乘云车，驾六羽，出谷口，兄弟九人分长九州，各立城邑凡一百五十世，合四万五千六百年。"清朝《历代国号歌》中也注及"传150代"以及"合计45600年"。
② 何宁撰《淮南子集释》，中华书局，1998，第571页。
③ 陈德述：《周易正本通释》，巴蜀书社，2014，第303页。

【典故一】 仓颉造字①

中华民族尊"仓颉"为文字始祖。传说仓颉为黄帝的史官，因结绳记事多有不便，仓颉象万物之形而创造文字。实际上，汉字的诞生非一人一手之功，亦非一朝一夕之创，而是先民长期累积发展的结果。考古发现约4000年前至7000年前的陶文、约7000年前至10000年前具有文字性质的龟骨契刻符号等。早在黄帝时期之前，民间已有类似文字前身的"契刻符号"存在。仓颉可能是一位将太古时期民间"文字画"统一整理、创制发展，九州皆以其成果为应用规范，终将散乱无序、版本各异的民间契刻符号发展为成体系的汉字系统的集大成者。

【典故二】 嫘祖始蚕　胡曹作衣②

《史记·五帝本纪》载："嫘祖为黄帝正妃。"③ 她发明了养蚕，史称嫘祖始蚕。朱熹在《通鉴纲目·前编》中指出，"西陵氏之女嫘祖为帝元妃，始教民育蚕，治丝茧以供衣服"。胡曹，出生于胡（今河南省柘城县胡襄镇），传说为黄帝臣，始作衣裳。④ 战国时期《吕氏春秋》和《世本》皆记载最早的衣服是黄帝时期胡曹所作，称"胡曹作衣"，或者是"伯余、黄帝制衣裳"⑤。传说"胡曹"或"伯余"都是黄帝的大臣。

【延伸】

（一）说文解字："文""字"

独体为文，合体为字。文，甲骨文 🚶、🚶 是象形字，字形像众多线条 〣、〤

---

① （清）王先谦撰《荀子集解》，中华书局，1997，第401页。《荀子·解蔽》："好书者众矣，而仓颉独传者，一也。"《吕氏春秋·君守篇》："奚仲作车，仓颉作书，后稷作稼，皋陶作刑，昆吾作陶，夏鲧作城，此六人者所作，当矣。"《淮南子·本经训》载："昔者仓颉作书而天雨粟，鬼夜哭。"《说文解字》序："黄帝之史仓颉，见鸟兽蹄爪之迹，知分之可相别异也，构造书契。"

② 《世本·作篇》（清张澍稡集补注本）："胡曹作冕。"《世本》又云："胡曹作衣。"《吕氏春秋·勿躬》："胡曹作衣。"《淮南子·修务训》："昔者仓颉作书，容成造历，胡曹为衣，后稷耕稼，仪狄作酒，奚仲为车。"（何宁撰《淮南子集释》，中华书局，1998，第1342页）

③ 王晨编《史记精解》，中国华侨出版社，2015，第4页。

④ 袁珂编著《中国神话传说词典》，上海辞书出版社，1985，第264页。

⑤ （西汉）刘安《淮南子》："伯余之初作衣也，绹麻索缕，手经指挂，其成犹网罗。后世为之机杼胜复，以便其用，而民得以掩形御寒。"（何宁撰《淮南子集释》，中华书局，1998，第914页）

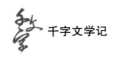

交错形成的图案，本义表早期古人在石壁、甲骨上刻画的符号。字，金文 🅐，
为 ⋂（房）下有 ⼦（子嗣），本义为"生育后代"。《山海经》中有"服之不
字"之语，即本义，指服用某物后会导致不孕。两个或两个以上的"文"组
成"字"。"六书"① 之中象形、指事属"文"；会意、形声、转注属"字"。
如象形字"日""月"，为独体字，属"文"；会意字"明"，属"字"。又如
"木""日"为"文"；"呆""杳"为"字"。

（二）人文始祖　轩辕黄帝

"始制文字，乃服衣裳"都在轩辕黄帝时代。黄帝被尊为"人文始
祖"。黄帝六位名臣：仓颉造字；伶伦造乐；胡曹作衣；隶首做算数；大
挠造甲子；岐伯作医学。前文"龙师火帝，鸟官人皇"指代整个远古时期
三皇五帝。到了"始制文字，乃服衣裳"，则是人类进阶文明的里程碑
时代。

（三）华夏之衣裳

《周易·系辞下》："黄帝尧舜垂衣裳而天下治，盖取诸乾坤。"② 华夏服饰
不仅创以遮羞御寒，此中还蕴含中华民族的世界观。夏朝多有上玄下黄的服
饰，乾上坤下，以寓天地阴阳。上衣下裳之制，到周代发展出深衣。具体形制
的每一部分都有了深意，故谐音即为"深衣"。如深衣下裳以十二幅度裁片缝
合，以应一年十二月。交领方，表地道方正；袖口圆，表天道圆融；中缝直，
示人道正直。

第十二句　推位让国　有虞陶唐

【句义】尧把君位禅让给舜，舜把君位禅让给禹。

---

① 象形、指事、会意、转注、假借、形声。
② 陈德述：《周易正本通释》，巴蜀书社，2014，第 303 页。

【字义】

字	今注	古注(孙注)	
推	退让	使之去己也。	
位	君位	君位也。	
让	禅让	以之与人也。	
国	国家	土地也。	
有 虞	虞舜	舜号。(绘注)	舜在位五十载,而禅于禹。
陶 唐	唐尧	尧初封陶,后封唐。故称陶唐氏。	尧在位七十载,而禅于舜。

【典故】虞舜孝感天下

《史记》所载:"天下明德,皆自虞舜始。"① 舜二十岁时就已以孝闻名。舜的父亲瞽叟和后母一起虐待他,他依旧坚守孝道。舜所居之处,"一年成聚,二年成邑,三年成都",因为大家仰慕舜的品德,正所谓"德不孤,必有邻"。尧帝年老时,由四岳十二牧推举继承人,大家一致推荐了舜。尧帝把自己的两个女儿娥皇、女瑛嫁给了舜,赏赐衣物、牛羊、房舍。其父母和弟弟象,又萌生嫉妒与杀心。将他骗至茅屋顶即点火,想烧死他。舜事先备好两个斗笠,如乘降落伞安全着地。后来,父母和弟弟又把舜骗入井底,打算以沙土活埋之。舜也巧妙从地道逃离。即便家人如此,舜的心里依然没有丝毫埋怨、报复,还是一如既往地孝顺父母、友爱兄弟,家人终于受到感化。最后,尧把王位禅让给了舜。舜以德感化,真正做到治平天下。

【延伸】

(一)陶唐

陶唐指尧帝,姓伊祁,号放勋,因其封地在陶和唐(今日山东一带),故称唐尧。尧是帝喾(kù)之子,黄帝的玄孙,德高望重,民心所归。为人简朴,住茅草屋,吃粗米饭,穿麻布衣,喝野菜汤,得到人民的拥戴。在位七十载,终年118岁。

---

① 《史记》,中华书局,2014,第19页。

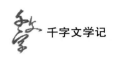

（二）有虞

有虞即舜帝，姓姚，名重华，号有虞氏，故称虞舜。舜是颛顼一脉子孙，宽厚待人，孝顺父母，慈爱兄弟，为政仁和。终年110岁。尧帝和舜帝能使九族和睦，民风质朴。在位时克勤克俭，年老了，就把君位禅让给德才兼备之人。后世称为"朝代"的，都是传位于子孙，乃至争权，而不是让贤。所以"推位让国"，只有"有虞陶唐"。

第十三句　吊民伐罪　周发殷汤

【句义】安抚受苦的百姓，讨伐暴君；领头的是周武王姬发和商汤。夏桀无道，商汤伐之；商纣王无道，周武王伐之。

【字义】

字	今注	古注	
吊	慰问	慰也。（孙注）	
民	百姓	万民。庶人曰民。（绘注）	
伐	征伐、讨伐	正其罪而讨之也。	
罪	作恶或犯法	罪辜。（绘注）	
周	周武王姬发	国名。（绘注）	周发者，武王之名……纣无道，周武王伐之。
发		发，武王名。	
殷	殷商	殷商。（绘注）	
汤	成汤	殷汤者，汤王之号。桀无道，殷汤伐之。（敦煌本《注千字文》）	

【引经】吊民伐罪
《孟子》云："诛其君而吊其民。"①
【典故】网开一面②
时值夏朝末年，有一天，商汤遇到一位捕鸟人，见他张开四面大网，祷告

---

① 《孟子》，上海大学出版社，2012，第28页。
② 《史记·殷本纪》："汤出，见野张网四面，祝曰：'自天下四方，皆入吾网。'汤曰：'嘻，尽之矣！'乃去其三面。祝曰：'欲左，左；欲右，右。不用命，乃入吾网。'"见（东汉）司马迁《史记》，中华书局，2009，第12页。

道："不论天上飞的，还是地上跑的，都快到我的网里来吧。"商汤说："这可不行，太绝尽了！"商汤过去砍断三面网，说："喜欢向左飞的，就向左飞；喜欢向右飞的，就向右飞；不想活的才飞入此网吧。"商汤心地仁善，受百姓拥护。由此有了成语"网开三面"，后人把它改为"网开一面"①。

第十四句　坐朝问道　垂拱平章

【句义】君主坐朝临政，与群臣共商国是，垂衣拱手，无为而治，天下太平，政绩彰明。

【字义】

字	今注	古注
坐	端坐	止、下基也。……引申为席地而坐。（段注）
朝	朝廷	觐君曰朝。（绘注）
问	请人解答	讯也。
道	方向、方法、道理	道路、道理、道德。（绘注）
垂	垂下	于下曰垂。（绘注）
拱	两手相合	敛手也。
平	安定	平者，正之使不倾。（孙注）
章	通"彰"。彰明	章者，明之使不昧。（孙注）

【引经】垂拱平章
《尚书·武成》："淳信明义，崇德报功，垂拱而天下治。"②
《尚书·尧典》："九族既睦，平章百姓。"③

【典故】汉文帝问道
传闻汉文帝诏令所有朝臣皆须诵读老子《道德经》。一日，汉文帝在《道德经》中遇到了疑难之处，于是"坐朝问道"，于朝堂之上请教众卿，却没有一人能解释得通。汉文帝侍郎裴楷上奏说，陕州黄河边上有位得道高人，大家

---

① 南张村戏楼台上镶有一块唐永徽年间的村志碑石，上载："天有好生之德，人当效之，网开一面，不绝珍禽异兽。南张一面，放南山之鹿，北张一面，放沣滨之麋。"
② 吴玉贵、华飞主编《四库全书精品文存》，团结出版社，1997，第 93 页。
③ 《尚书》，中华书局，2012，第 3 页。

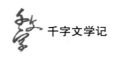

称他为"河上公"。可以向他请教。汉文帝当即派使者前去请教,河上公说:"道德贵重,为何遥问?"汉文帝亲自驾临,说:"普天之下,莫非王土,率土之滨,莫非王臣,你虽然有道,却仍是朕的子民,为何自视甚高?"河上公忽然冉冉升空。离地百尺,悬空而道:"我现在上不着天,中不着人,下不着地,还是你的臣民吗?"汉文帝大惊,惶恐下车而敬拜之,虔诚问道。①

【延伸】

(一)说文解字:"坐""垂"

"坐",篆文 **坐**,即 **𰁶**(两个人相对)于 **土**(土)上,表两个人席地相对而坐。"垂"字,甲骨文 **𣥂**、**𣥉** 像枝条坠向地面。有的甲骨文 **𣒄** 像树枝的末端挂着果子。本义表树枝垂坠。

(二)"立朝"与"坐朝"

秦始皇之前君臣是"立朝",后写为"莅朝"。秦始皇开始"坐朝问道",君臣都坐着共商国是。宋朝赵匡胤开始"君坐臣立"。

周兴嗣著文之时,上殿临朝之礼仍沿用秦汉之制,故为"坐朝"。②

(三)尧舜无为而治

《敦煌注本》:"昔尧舜帝,有天下,举十六族,任以为政,并得其人,故端坐朝堂,垂拱无为间主治道之事。"③

---

① "汉孝文帝时,合国朝臣,皆诵老子道德经五千文,不解数字之义,天下莫能知者,闻河上公,晓于老子之义,文帝造使往,咨请不解者,河上公曰:'道德贵重,安遥问?'帝驾从而往问,文帝曰:'普天之下,莫非王土,率土之滨,莫非王臣,子虽有道,终是朕民,不能自屈,何乃高乎?朕足使公富贵贫贱……'河上公忽然从坐,跃身莘莘在虚空中,升云而去,去地十丈,答于帝曰:'上不至于天,下不复地,中不累人,逍遥而自安,何人之有哉!能令余富贵贫贱。'帝见于此,恐惧下车,稽首拜谢,摧肝胆而请问道德之义。"(敦煌本《注千字文》中录《太平广记》卷10引《神仙传》"河上公"条)
② "按古之人君皆立朝以听政,止秦尊君抑臣,始有坐朝之礼。"(孙枝秀:《千字文集注》,藏书于哈佛大学燕京学社图书馆,1953,第14页)
③ 张娜丽(日本早稻田大学):《〈敦煌本《六字千文》初探〉析疑——兼述〈千字文〉注本问题》,《敦煌研究》2001年第3期。

第十五句　爱育黎首　臣伏戎羌

【句义】有道之君以德治国，爱抚、体恤老百姓，因而四海承平，四方的少数民族都心悦诚服地归附。

【字义】

字	今注	古注(孙注)
爱	爱护	恤物曰爱。(绘注)
育	养育	长养曰育。(绘注)
黎	百姓、黎民	黎，黑也。首，头也。
首		人首皆黑，故称民曰黎首。
臣	臣服、顺从、称臣	臣，事之也。
伏		伏，屈服也。
戎	中国古代西北地区的少数民族。此处指代四方少数民族："南蛮北狄，西戎东夷"	戎者，四夷之一。
羌		羌者，西戎之一种。

【典故】贞观之治

"贞观"为唐太宗李世民年号，出自《易·系辞下》："天地之道，贞观者也。"[1] 意即以正道示人。唐太宗在位期间，继承唐高祖尊祖崇道国策，以道家思想治国，出现的清明政治、经济复苏、文化繁荣、边疆稳固的理想治世局面，史称"贞观之治"。唐太宗励精图治，在民族关系上对待少数民族"爱之如一"，平定四夷。贞观年间，唐代版图空前辽阔，是时领土东临于海，西逾葱岭，北逾漠北，南至南海。

【延伸】

（一）说文解字："伏"

伏，为何以"人"加"犬"？一说，"伏"本义是趴着，如同忠实的犬趴在主人身边。所以既有匍匐之意，又有顺从、臣伏之意。一说"伏"是猎人

---

① 《周易》，中华书局，2014，第338页。

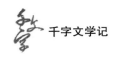

带着猎犬趴卧隐蔽，伺机出击猎物，"伏"即侦查、守候、伺机而动，所以《说文》云"伏，司也"①，段注"司，今之伺字"②。

（二）南蛮北狄，西戎东夷

"戎羌"在此处代表了"南蛮北狄，西戎东夷"。西戎在今日甘肃、青海、四川一带，以游牧生活为主。周朝中叶，西戎入侵中原，当时的西戎被称作犬戎，曾迫使周平王向东迁都洛阳，由此开始了东周的历史。羌族也是西部的少数民族之一。羌族、姜族都是牧羊民族，据说一个代表男性氏族，一个代表女性氏族。"相传两大氏族联姻，成就了我们这个民族。"③

第十六句　遐迩壹体　率宾归王

【句义】天下一统，远近一体；万民同心，归附王治。

【字义】

字	今注	古注	
遐	远	遐，远也。	
迩	近	迩，近也。	
壹	一	壹，专壹也。	
体	身体	身体也。（孙注）	
率	即"率滨"，四海之内的意思	偕也。（孙注）	
宾		所敬也。	服也。（孙注）
归	趋于一个地方	往也。（孙注）	
王	君主	天下所归往也。董仲舒曰："古之造文者，三画而连其中谓之王。三者，天、地、人也，而参通之者王也。"孔子曰："一贯三为王。"	

---

① （东汉）许慎：《说文解字》，中华书局，2013，第 164 页。
② （清）段玉裁：《说文解字注》，上海古籍出版社，2006，第 381 页。
③ 白双法：《千字文字句解》，光明日报出版社，2014，第 19 页。

【引经】率宾归王

《诗经·小雅·北山》："普天之下，莫非王土；率土之滨，莫非王臣。"①

【典故】文王有道，万民归之

商朝末期，纣王暴虐。当时周文王姬昌为西伯侯，仁政爱民。有一次路遇枯骨，立即命随从将其埋好。此事传开，人皆言"西伯泽及枯骨，更何况对于活着的人，更是爱护"。他以身作则、兢兢业业、生活勤俭，穿平民布衣到田里和百姓一起劳作。制定了很多惠民政策。修德行义，礼贤下士，受万民敬仰。周国在西伯侯的治理下，百姓安居乐业、夜不闭户、路不拾遗、互相礼让、相处祥和。邻近诸侯与百姓都纷纷前来归附于他，形成商朝"三分天下，周有其二"的局势。②

【延伸】

（一）天下归仁

"体"，释为"身体"。意思是，有道之君将无论远近的黎民百姓都"视之如一身，然无远无近，皆被其泽，故民相率服从"③。子曰："为政以德，譬如北辰，居其所而众星拱之。"此即"遐迩一体，率宾归王"，以仁治而得天下一统、万民归心。

（二）"王道"与"霸道"

中国传统的政治制度历来就有"王道"与"霸道"之说。如黄帝、尧、舜垂拱而治，便是为政以德，无为而治，天下太平，这是"王道"。而"春秋五霸"，齐桓公、晋文公、宋襄公、秦穆公和楚庄王，推崇霸道，以拳头说话。历史上的正统观念，以仁义王道为理想。

---

① 程俊英、蒋见元：《诗经注析》，中华书局，2018，第491页。
② 《淮南子·要略》载："文王四世累善，修德行义，处岐周之间，地方不过百里，天下二垂归之。"见何宁撰《淮南子集释》，中华书局，1998，第1458页。敦煌本《千字文注》："文王在岐州之日，德化慈愍，名流四表，纣之无道，百姓逃亡，皆来奔周，赴其仁圣，负其子而至者，有八十万户，皆来归往。"
③ （清）孙枝秀：《千字文注》，藏书于哈佛大学燕京学社图书馆，1953，第14页。

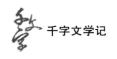

第十七句　鸣凤在树　白驹食场

【句义】凤凰在林中鸣唱，小白马在草场上悠然地食草。

【字义】

字	今注	古注	
鸣	鸟叫	鸟声也。	
凤	凤凰	神鸟也。天老曰："凤之象也，鸿前麟后，蛇颈鱼尾，鹳颡鸳思，龙文虎背，燕颔鸡喙，五色备举。出于东方君子之国，翱翔四海之外，过崐崘，饮砥柱，濯羽弱水，莫宿风穴。见则天下大安宁。"	灵禽也。有道者见。（孙注）
在	表位置	存也。	
树	树林	生植之总名。	
白	白色	西方色也。阴用事，物色白。从入合二，二阴数也。	
驹	小马	马二岁曰驹，三岁曰駣。	
食	吃	亼米也。亼、集也。集众米而成食也。（段注）	
场	平坦的空地	治谷之地。（孙注）	

【引经】白驹食场
引用自《诗经·小雅》："皎皎白驹，食我场苗。"①

【典故】中国古代"四灵兽"

《礼记》："麟凤龟龙，谓之四灵。"② 中国古代将"麒麟、龙、凤、龟"奉为四大瑞兽，也称四大灵兽。麒麟为百兽之长，龙为百鳞之长，凤凰为百禽之长，龟为百介之长（百介泛指有壳生物）。麒麟，雄性为麒，雌性为麟，生性温和，不伤生灵。相传孔子降生之夕，有麒麟吐玉书于其家，上写"水精之子孙，衰周而素王"，意谓他有帝王之德而未居其位③，此即"麒麟送子"之源。凤凰，雄为凤，雌为凰。凤凰本是至阳之鸟，有凤凰浴火重生之说，又称火凤凰；后演变成阴性代表，象征皇后。凤凰"五色"被视为"德、义、

---

① 程俊英、蒋见元：《诗经注析》，中华书局，2018，第410页。
② 吴玉贵、华飞主编《四库全书精品文存》，团结出版社，1997，第534页。
③ 载于王充《论衡·定贤》及晋王嘉《拾遗记》。

礼、仁、信"的象征。① 龟，长寿的象征②。秦汉以前，龟被视为"吉祥灵物"。春秋战国时期，龟和玉都被视为贵重之物，合称为"龟玉"（见《论语·季氏》）。《周礼·春官》将负责祭祀的官员称为"龟人"。《汉宫旧仪·补遗》载：汉代列侯、丞相、大将军的印纽都刻成龟形，名曰"龟纽"。《汉书·食货志》载汉武帝时还铸造过龟文之币，名为"龟币"。

【延伸】

（一）白驹：龙之化身

传说龙有三形，飞龙在天，游龙戏水，在陆地上则化为白驹。古代用白驹为典的很多，庄子也有白驹过隙的典故③。为什么用白驹，而不用黑驹？白驹代表龙。《三国》里赵子龙所骑为白龙驹，《西游记》里唐僧骑的白龙马也是西海龙王三太子所化。故而，"鸣凤在树，白驹食场"其实包含"龙凤"意象。

（二）德治盛世　灵禽来朝

"明王圣主，凤凰而来也""明王之时，有圣人，乘白驹来朝"④。凤凰、麒麟和龙是历史上记载的珍禽善兽，只有在仁义道德的太平盛世才会出现，且有道之人才能见之。史书记载，孔子诞生时出现了麒麟，69 岁做《春秋》时也见麒麟，故而《春秋》又称《麟经》。

第十八句　化被草木　赖及万方

【句义】圣君教化泽被一草一木，贤王之德治恩泽天下百姓。

---

① 如《山海经·南山经》说："（凤凰）首文曰德，翼文曰义，背文曰礼，膺文曰仁，腹文曰信。"《山海经·海内经》也说："有鸾鸟自歌，凤鸟自舞。凤鸟首文曰德，翼文曰顺，膺文曰仁，背文曰义，见则天下和。"
② 庄子《秋水篇》云："吾闻楚有神龟，死已三千岁矣。"（《庄子》，中华书局，2014，第247 页）《水经注》四十《浙江水》、引刘敬叔的《异苑》，认为千年老龟会说人话。
③ 《庄子·知北游》："人生天地之间，若白驹之过隙，忽然而已。"见（清）郭庆潘撰《庄子集释》，中华书局，1982，第 746 页。
④ 敦煌本《注千字文》（张娜丽《敦煌本〈注千字文〉注解》录其原文）。

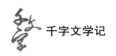

【字义】

字	今注	古注	
化	教化、感化	教行也。	德行于上,风动于下,谓之化。(孙注)
被	通"披",覆盖,恩泽	被,及也。(孙注)	
草	草本植物	花草。(绘注)	
木	树木	冒也。冒地而生。东方之行。从中,下象其根。	
赖	仰赖	利也。(孙注)	
及	普及	遍于。(孙注)	
万	万事万物	万,盈数也。(孙注)	
方	四面八方	四方,东西南北也。(孙注)	

【延伸】说文解字:"化"

"化被草木",指有道之君,其教化能泽被四方百姓,乃至鸟兽草木,无一物不蒙其泽。有德之人,福泽十方。"化"字在六书中属于会意字,甲骨文 是两人相靠背之形,⟨(一个头朝上站立的"人")加上⟩(一个头朝下入土的"人"),表示由生到死的改变。本义是变化、改变。食不在多,而在化。如果食谷不化,则不健康。读书也不在多,在化。读书变化气质。有文有化才是有文化。如若书越读越傲慢,越心浮气躁,则是有文而无化,充其量是文人,而非文化人。

第十九句 盖此身髪 四大五常

【句义】佛家说人的身体发肤由"地水火风"四大构成;人的思想行为,当以仁义礼智信五常为准则。

【字义】

字	今注	古注
盖	句首语气词	盖,发语辞。(孙注)
此	这	指定之词。(绘注)
身	身体	躬也。象人之身。
髪	发肤	毛发、须发。(绘注)

续表

字	今注	古注
四大	古印度哲学概念,认为物质世界由"地水火风"四大元素组成	地水火风也。(孙注)
五常	儒家五常,仁、义、礼、智、信	仁义礼智信也。(孙注)

【引经】

1. 盖此身髪

《孝经》:"身体发肤,受之父母,不敢毁伤。"①

2. 四大五常

《圆觉经》云:"我今此身,四大和合。"

班固《白虎通》:"人皆怀五常之性。"《汉书·刑法志》:"夫人宵天地之貌,怀五常之性,聪明精粹,有生之最灵者也。"②

【延伸】

(一)关于"四大"

佛家认为,毛发、爪齿、皮肉、筋骨、脑髓、垢色,皆归属于"地"。唾涕、脓血、涎沫、津液、痰泪、精气、大小便利,皆归属于"水"。暖气,归"火"。动转,归"风"。由于四大和合,而有诸般体相,成之为"色";如果四大失调,则为"病";如缺一样,则"死";四大分离,终归于空。另,道家以道、天、地、人为四大。

(二)外之形,有四大;内心性,有五常

"四大五常"在此处,指代人的生命属性包含物质世界和精神世界。"身髪"指代人,身相属"四大",心性归"五常"。

---

① 《孝经》,中华书局,2014,第176页。
② (东汉)班固:《汉书》,中华书局,2011,第148页。

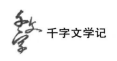

第二十句　恭惟鞠养　岂敢毁伤

【句义】诚敬地想着父母养育之恩，只有谨慎小心地爱护它，怎么能轻易地毁伤呢？

【字义】

字	今注	古注	
恭	恭敬、谦逊	肃也。	敬也。（孙注）
惟	惟谨、顺从	凡思也。	惟者，专辞。（孙注）
鞠	抚养、养育	鞠，即养也。（孙注）	
养		供养也。	
岂	怎敢	岂敢，犹云不敢。（孙注）	
敢			
毁	破坏、伤害	毁，坏也。（孙注）	
伤		创也。	伤，损也。（孙注）

【引经】岂敢毁伤
《孝经》："身体发肤，受之父母，不敢毁伤。"

【延伸】

《孝经》云："身体发肤，受之父母，不敢毁伤。"《孝经》是儒门十三经之首，古时历来读书的规矩是先读《孝经》，然后才有资格读《四书》。古代很多帝王重视《孝经》：汉文帝用《孝经》考核官员，东晋元帝作《孝经传》，宋武帝、宋文帝曾讲过《孝经》，梁武帝写过《孝经义疏》，唐玄宗以及清朝顺治、雍正也都亲自注解过《孝经》，康熙诏请百官做过《御定孝经衍义》。

第二十一句　女慕贞絜　男效才良

【句义】女子应慕求具备贞洁的高尚品行，男子应效法而成为德才兼备之士。

【字义】

字	今注	古注	
女	女性	妇人也。	
慕	慕求	慕,爱也。(孙注)	
贞	贞节	贞,正而固也。(孙注)	志操坚絜。(绘注)
絜	修絜(高尚纯洁)	麻一耑也。	
男	男性	丈夫也。从田从力。言男用力于田也。	
效	效法	效,法也。(孙注)	
才	才能	才,有能者。(孙注)	
良	良善	良,善也。	良,有德者。(孙注)

【典故】谭赵氏贞烈

新谭赵氏坚贞,为不受元兵之侮辱而撞死,"血渍砖上,至今不泯"。① 据《宋史·列女传》记载,赵氏撞于砖墙之上的血迹,用砂石无法磨灭,用炭火烧之,反而血迹更加明显,历经一段久远时日,依旧如新,令人惊讶称奇。永新有谭烈妇祠和八砖亭,并有南宋皇帝赐"贞烈祠"和"八砖千古"石碑一块,以表示对谭赵氏的缅怀与敬意。

【典故】恭姜守节

《敦煌注本》:"……恭姜嫁于卫世子恭伯,早亡,姜遂守志,一心不二,父母欲夺其志嫁之,然姜誓不许……"②

【延伸】

(一)关于"贞"

"贞"字本义为正。甲骨文形从卜从贝,是最古老的占卜用语。上古卜

---

① 《宋史》卷460《列女传》,中华书局,1977,第13490页。原文:"谭氏妇赵,吉州永新人。至元十四年,江南既内附,永新复婴城自守。天兵破城,赵氏抱婴儿随其舅、姑同匿邑校中,为悍卒所获,杀其舅、姑,执赵欲污之,不可,临之以刃曰:'从我则生,不从则死。'赵骂曰:'吾舅死于汝,吾姑又死于汝,吾与吾不义而生,宁从吾舅、姑以死耳。'遂与婴儿同遇害。血渍于礼殿两楹之间,入砖为妇人与婴儿状,久而宛然如新。或讶之,磨以沙石不灭,又煅以炽炭,其状益显。"

② 张娜丽(日本早稻田大学):《〈敦煌本《六字千文》初探〉析疑——兼述〈千字文〉注本问题》,《敦煌研究》2001年第3期。

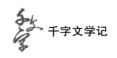

卦，问事之正不正，就曰"问贞"。甲骨文 𦥑 为 卜（卜）+ 鼎（鼎，祭祀之器），表示以神鼎占卜。后世假借为端方、正直的意思，形容一个人的意志操守坚定不移。贞既为正，"止于一"为正。能止于一，即为有贞。故而女子守节不二，又称贞节。《易经》中称"元亨利贞"，为乾之四德。

（二）关于"絜"

"絜"意为用刀"切除"杂丝。为何"女慕贞絜"，而不用"净"或"清"？因"絜"／"潔"字意当中含有"用刀切除"之义，一刀两断，力度猛烈，"贞絜"不仅仅是强调"干净"，更蕴含了如壮士断腕般的气节和决心。"絜"读作 jié 时，为"洁"的异体字。多用以形容一个人的内在品质。如汉语词汇"脩絜（jié）"，意为高尚纯洁。如《史记·汲郑列传》："然好学，游侠，任气节，内行脩絜，好直谏。"①（详参见第54页）

第二十二句　知过必改　得能莫忘

【句义】知道自己有过失，必定坚决省改；得受他人恩惠不能忘记；自己于德能上有进步，则应守持不退。

【字义】

字	今注	古注
知	知道	有识曰知。（绘注）
过	过失	过者，无心之失。（孙注）
必	必定	必定。决然之词。（绘注）
改	改正	更也。
得	得到	行有所得也。
能	能力、能量	出众曰能。（绘注）
莫	不要	莫为。禁止之词。（绘注）
忘	忘失	不识也。

---

① （东汉）司马迁：《史记》，中华书局，2009，第1148页。

【引经】知过必改

《论语·述而篇》："德之不修，学之不讲，闻义不能徙，不善不能改，是吾忧也。"①《论语·学而》："子曰：……过则勿惮改。"②

【典故】司马光剥核桃

有一日，司马光正愁如何把核桃外皮剥掉，恰好一个仆人经过帮助了他。仆人以烧开的热水烫了烫，再以小刀一刮，核桃苦涩的外衣就剔除了。姐姐问谁剥的，司马光说"我剥的"。姐姐信以为真。然而，父亲却在书房内透过窗户目睹了整个过程。经过父亲批评教育之后，司马光决心改过。自此以后，再无谎言。朝堂之上，对权贵也不说违心之话。王安石也赞许司马光是诚实无欺之人。晚年之时，穷困潦倒之际，司马光托人把一匹生病的老马卖掉，以补贴家用。他还特别嘱咐卖马的人，一定要将马的病情实话告知买主。

【延伸】

（一）说文解字："改"

《说文解字》："改，更也。从攴、己。李阳冰曰：己有过，攴之即改。"③一说左边为"已"，右边是"攴"［pū］，以手持杖或执鞭。表示教子改过归正之意。一说左边为"己"，表自我省改，严于律己、宽以待人，行有不得、反求诸己。

（二）"得能莫忘"两层含义

"得"与"德"二字通假，"得能莫忘"有两重含义：一是从他人之处学有所得、有所能，要"施惠莫念、受恩莫忘"，即知恩必报的意思。二是自身于修身上有所得、有所能，莫忘，即刘备白帝城托孤，教育阿斗所说："莫以善小而不为，莫以恶小而为之。"别人的德不能忘怀，自己的德不能丢失。

---

① 程树德撰《论语集释》，中华书局，2015，第508页。

② 程树德撰《论语集释》，中华书局，2015，第42页。

③ （东汉）许慎：《说文解字》，中华书局，2013，第62页。

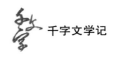

第二十三句　罔谈彼短　靡恃己长

【句义】不要谈论别人的缺点和短处，不要倚仗自己的长处而骄傲自大、不思进取，即"不道人短、不自矜夸"。

【字义】

字	今注	古注	
罔	无	罔者，戒之之谈。（孙注）	
谈	谈论	语也。	
彼	别人、他人	彼者，对己而言。盖他人也。（孙注）	
短	短处	短，即过也。（孙注）	
靡	不	靡，非也。（孙注）	
恃	倚仗、依赖	赖也。	恃者，矜夸之意。（孙注）
己	自己	自称曰己。（绘注）	
长	长处	长，即能也。（孙注）	

【引经】罔谈彼短　靡恃己长

汉朝崔瑗的座右铭："无道人之短，无说己之长。"①

【延伸】

（一）满招损，谦受益

人若自大，就"臭"了。《易经》里八八六十四卦，只有一卦六爻皆吉无凶，那就是"满招损，谦受益"的谦卦。陈抟②在《心相篇》里也说，"好矜己善，弗再望乎功名；乐摘人非，最足伤乎性命"。

---

① 张娜丽：《敦煌本〈注千字文〉注解》引《文选》卷56《铭崔子玉座右铭》。
② 陈抟，号扶摇子。北宋道学家。张三丰的老师。

第二十四句　信使可覆　器欲难量

【句义】说过的话要兑现，要使其能经得住时间的考验，为人心胸器量要大，要让人难以估量。

【字义】

字	今注	古注
信	诚信	诚也。
使	让、致使	使令。（绘注）
可	可以	许肯之词。（绘注）
覆	反复（检验）	覆验之也。（孙注）
器	器量、气度	器，量也。（孙注）
欲	需要	
难	不容易	不易之谓。（绘注）
量	度量	量，度之也。（孙注）

【引经】信欲可覆

《论语·学而》："有子曰：信近于义，言可复也。"[1]

【典故】闵损芦衣

子曰："孝哉，闵子骞！"所赞即闵损，字子骞。他小时候为继母所虐待，冬天，后母给闵损穿芦花衣，看似厚实，实则不能御寒；给亲生儿子则穿棉衣。父亲看闵损穿得厚实却不堪寒冻之相，以为他怠惰耍滑，以鞭笞打之。衣破而芦花飞出，适才得知真相。愤怒之下，父亲想休妻。闵子骞跪求父亲："母在一子寒，母去三子单。"[2] 其父这才饶恕了后妻。继母自省心胸狭小，还不如一个孩子气量宏大。自此之后对待子骞如同己出，阖家和睦。后人称此事为"单衣顺亲"。有诗赞曰：闵氏有贤郎，何曾怨后娘；车前留母在，三子免风霜。

---

[1] 《周易》，中华书局，2014，第 7 页。

[2] 据《史记·仲尼弟子列传》载：后母以芦花衣损，以棉絮已所生二子。子骞寒冷不禁，父不知情，反斥之为惰，笞之，见衣绽处芦花飞出，复查后母之子皆厚絮，愧忿之极，欲出后母。子骞跪求曰："母在一子寒，母去三子单。"

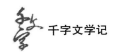

【延伸】

（一）六尺巷传说

安徽桐城流传着一则民间传说。清代康熙年间，大学士张英的府第与吴姓相邻。吴姓盖房欲占张家隙地，双方发生纠纷，告到县衙。因两家都是高官望族，县官也难以定夺。相府家人遂驰书京都，请张英相爷定夺。张英阅罢，批诗寄回，曰："一张书来只为墙，让他三尺又何妨。长城万里今犹在，不见当年秦始皇。"家人得诗，旋即拆让三尺，吴姓深为感动，也连让三尺。由此形成了一条六尺宽巷道。

（二）人无信不立

子曰"人无信而不立"。信是五德之一，称为信德。信主元气，五行属土，对应人的脾胃。大地属土，其德主信，凡不讲信用的人，皆伤脾胃、损元气。

（三）器欲难量

"欲"字金文 ![字] 由 ![谷]（谷，高深空阔的沟壑）和 ![欠]（欠，人张大嘴）组成。表示欲壑难填，本意即贪欲。段玉裁《说文解字注》："欲而当于理，则为天理。欲而不当于理，则为人欲。"[①] 此处之"器欲难量"，心包太虚、量周沙界、量大福大，即当于理，是为天理。俗语说"侯王颌下能跑马，宰相肚里能撑船"。若心小量窄、嫉贤妒能，自薄福而取祸。唐朝奸臣"口蜜腹剑李林甫""笑里藏刀李义府"就是很好的例证。

第二十五句　墨悲丝染　诗赞羔羊

【句义】墨子悲叹白丝被染色，《诗经》赞颂羔羊始终洁白如一。

---

① （清）段玉裁：《说文解字注》，上海古籍出版社，2006，第411页。

【字义】

字	今注	古注	
墨	墨子	墨姓，名翟。（dí）(孙注)	
悲	悲伤	痛也。	痛而泣之也。(孙注)
丝	蚕丝、丝织物	蚕所吐也。	
染	染色	以缯染为色。	以色加素曰染。(孙注)
诗	诗经	召南羔羊之篇。(孙注)	
赞	赞美	美之也。(孙注)	
羔	小羊	羊子也。	羊之小者。(孙注)
羊		祥也。	畜名。(孙注)

【引经】

1. 墨悲丝染

《墨子·所染》："染于苍则苍，染于黄则黄。所入者变，其色亦变，五入必，而已则为五色矣。故染不可不慎也。"

2. 诗赞羔羊

《诗·召南·羔羊》："羔羊之皮，素丝五纥。"①

【典故】墨子悲丝

墨子有一次路过染坊，看到雪白的生丝在各色染缸里被染了颜色。任凭如何漂洗，再也无法恢复生丝本色了。墨子悲道："染于苍则苍，染于黄则黄……不可不慎也。"人的本性像生丝一样洁白，一旦受到污染，也难恢复本性的质朴纯洁。

【延伸】保其天真

《诗经》中赞羔羊皮毛洁白。与"墨悲丝染"的典故一样，暗喻人应护存这纯善纯净的质朴本性。

小结　总论三才

第一段宏观总论"天地人"三才，言天地人之道，为通篇之发端。看似

---

① 程俊英、蒋见元：《诗经注析》，中华书局，2018，第34页。

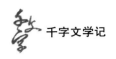

各句各义，实则层层清晰，逻辑紧密承顺，试梳理如下。

言"天"：自"天地玄黄"至"露结为霜"。古早之初，开天辟地。天地既开，有日月星。日月运行，则有四季。四时既成，则有寒暑。寒暑时节，气分阴阳。阴阳之气，升而为云雨，降则为霜露。

言"地"：自"金生丽水"至"鳞潜羽翔"。地生万物，莫贵于宝。何宝之有？地生金玉。人作宝剑。灵物含珠。除却宝物，还有植物。人所珍者，李奈芥薑。除却植物，还有动物。水下鳞潜，天上羽翔。

言"人"：自"龙师火帝"至"诗赞羔羊"。

先说"上古之王"：上古之时，三皇五帝。至黄帝时，文明发展。黄帝之后，尧舜禅让。尧舜之后，开始王朝。夏商周时，云何更替？无道之君，被伐而亡。仁道之君，德泽万方。

再说"人之为初"：身有四大，且分男女。心有五常，时时对照：有过就改，有得莫忘。只自对照：不道人短，不炫己长。对外言行，无信不立。对内观心：一曰心量欲广，一曰本性欲守。

此则天地人也。

日月乾坤，四时二气，而见天道之大；

金玉珠宝，草木鸟兽，而见地道之广；

仁道而治，生性本善，而见人道之德为本也。

第二段　修身齐家

第二十六句　景行维贤　克念作圣

【句义】德行正大光明才能成为贤人，克制私欲杂念才能成为圣人。

【字义】

字	今注	古注	
景	尊敬、景仰	光也。	仰也。（孙注）
行	品行	人之步趋也。	事之迹也。（孙注）
维	惟有	与"惟"同。（孙注）	
贤	贤人	多才也。	贤者，能修五常之善人也。（孙注）
克	克制	克勤克俭。（绘注）	能也。能以五常之道思之于心，而力行之。（孙注）
念	心念	念,思也。（孙注）	
作	成为	作,为也。（孙注）	
圣	圣人	通也。	才全德备曰圣。（绘注）

【引经】

1. 景行维贤

语出《诗·小雅·车辖》："高山仰止，景行行止。"

2. 克念作圣

语出《尚书》："惟圣罔念作狂，惟狂克念作圣。"①

---

① 《尚书》，中华书局，2012，第236页。

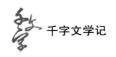

【典故】纣王之狂

《尚书》："惟圣罔念作狂，惟狂克念作圣。"注疏《尚书孔传》云："惟圣人无念于善则为狂人，惟狂人能念于善则为圣人。言桀纣非实狂愚，以不念善，故灭亡。"据商书记载①，祖伊力谏纣王改变残暴统治，商纣王竟回答："我生不有命在天？"意谓他的生命有天保护，不虞丧亡。这就是"狂"而"不念善"，终自取灭亡。

【延伸】

（一）圣凡之别　一念之间

颜子曾说，"舜何人也？予何人也？有为者亦若是"。意即，人皆可以为尧舜。如何而为？克念作圣。一念为正，念念保持，则契入圣人境界。反之，如果顺从邪念、欲念而不加克制，则成为狂愚之辈。"惟圣罔念作狂，惟狂克念作圣。"是狂愚抑或圣贤，功夫就在念头上。

（二）景行光明　缓而坚定

司马迁《史记·孔子世家》赞美孔子："《诗》有之：'高山仰止，景行行止。'虽不能至，然心向往之。"②据《太岳集》卷二《谒晦翁南轩祠示诸同志》："……愿我同心侣，景行希令猷。涓流汇沧海，一篑成山丘。欲骋万里途，中道安可留。"此处"景行"除了"行走于无愧自心的光明大道"之意，还可读出"缓而坚定"之意味。

（三）克念则定　圣则通明

据蔡沈《尚书集传》解释，圣是通明，狂是昏愚。孙星衍《尚书今古文注疏》③，以心思通明为圣，以倨慢为狂。愈昏愚，愈不谦恭，所以待人倨慢。故学道之人，无时无处不"恭谦"，无时无处不"克念"。由戒得定，由定生慧，终契入通明之圣境。

---

① 商书"西伯戡黎"记载，祖伊奔告纣王："今我民，罔弗欲丧。"谏其改恶。纣竟回答："我生不有命在天？"

② （东汉）司马迁：《史记》，中华书局，2009，第157页。

③ 引《中论·法象》，以及《法象》篇所引尚书大传郑注。

第二十七句　德建名立　形端表正

【句义】德行建立起来了，声名自然会树立；正如心行举止端庄了，仪表自然就会端正。

【字义】

字	今注	古注	
德	道德	升也。	即五常之德。〔(清)孙枝秀《千字文注》〕
建	建立	即立也。〔(清)孙枝秀《千字文注》〕	
名	名声	贤人圣人之名也。〔(清)孙枝秀《千字文注》〕	
立	树立	建立。	
形	形体	形，体也。〔(清)孙枝秀《千字文注》〕	
端	端正	直也。	即正也。〔(清)孙枝秀《千字文注》〕
表	仪表	表，行端则影亦端。〔(清)孙枝秀《千字文注》〕	
正	端正	徐锴注："守一以止也。"	

【引经】德建名立

《中庸》："大德必得其位，必得其禄，必得其名，必得其寿。"[1]

【延伸】

（一）善不积不足以成名，恶不积不足以灭身

"德建名立"的因果关系：德为内因，名是外果。先有德，而后自然有名。故而，如果倒果为因，倒因为果，只求名利不修德行，恰如缘木求鱼。即便谋得名利，若德不配位，也必有灾殃。正如《易经系辞》云："善不积不足以成名，恶不积不足以灭身。"[2]

---

① 《中庸》，中华书局，2014，第98页。
② 陈德述：《周易正本通释》，巴蜀社，2014，第309页。

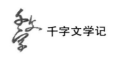

（二）正形饰德，万物必得

《管子·心术篇》："形不正者德不来，中不精者心不治。正形饰德，万物毕得。"① 一个人如果在形体、仪态上不端正，"德"则"不来"。换言之，内心真正有德之人，自然会"形端表正"。亦不妨解为"相由心生"。

第二十八句　空谷传声　虚堂习听

【句义】在空旷的山谷里，声音相续不断；在空荡的堂屋中，一处发声，多处回响。

【字义】

字	今注	古注	
空	空旷	空，即虚也。〔（清）孙枝秀《千字文注》〕	声在空谷之中，则相传续而不已。〔（清）孙枝秀《千字文注》〕
谷	山谷、河谷	泉出通川为谷。	
传	传递、传播	递也。	
声	声音	音也。	
虚	宽广	不实曰虚。〔（清）《绘图增注千字文》〕	在虚堂之中，则声发于此，响应于彼，使听者重复也。〔（清）孙枝秀《千字文注》〕
堂	厅堂	殿也。	
习	经常	习，重也。〔（清）孙枝秀《千字文注》〕	
听	用耳听	聆也。	

第二十九句　祸因恶积　福缘善庆

【句义】灾祸是作恶多端的结果，福泽绵长是积德行善的回报。

---

① 纪昀等纂《四库全书》子部，第729册，上海古籍出版社，1989，第148页。

【字义】

字	今注	古注		
祸	灾祸	害也。	灾殃也。〔(清)孙枝秀《千字文注》〕	天之降祸于人,必因其悖于五常,为恶多端而然。〔(清)孙枝秀《千字文注》〕
因	因为	因为。〔(清)《绘图增注千字文》〕		
恶	过失、犯罪	过也。	悖于五常之事也。〔(清)孙枝秀《千字文注》〕	
积	积累	聚也。	积,累也。〔(清)孙枝秀《千字文注》〕	
福	福报、福运	祐也。	福气。〔(清)《绘图增注千字文》〕	天之降福于人,必因其能修五常,善著于身而然也。
缘	由于	缘,即因也。〔(清)孙枝秀《千字文注》〕		
善	善行	善者,修五常之事也。〔(清)孙枝秀《千字文注》〕		
庆	吉祥、喜庆	庆者,善之著也。〔(清)孙枝秀《千字文注》〕		

【引经】

1. 祸因恶积

《易经》:"积不善之家必有馀殃。"①

2. 福缘善庆

《易经》:"积善之家必有馀庆。"②

【典故】《德育古鉴》

《德育古鉴》原名《感应类钞》。民国 18 年（1929）重印,改名《德育古鉴》,由清代史洁珵先生所辑。书中以翔实的历史故事,从孝顺、和睦、慈教、宽下、劝化、救济、交财、奢俭、性行、敬圣和存心等方面,述以祸由我作、福自己求之理。此处略举二例③。

定远县有一富人去世。死者的弟弟欲谋取财产,便找县令合谋:"把我大

---

① 陈德述:《周易正本通释》,巴蜀书社,2014,第 114 页。
② 陈德述:《周易正本通释》,巴蜀书社,2014,第 114 页。
③ (清)史洁珵:《德育古鉴》,中国水利水电出版社,2011,第 112 页。

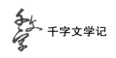
嫂抓起来，财产给我，到时分你一半。"姓狄的县令拘捕富孀，严刑逼打，分到一半财产，而那位富孀却积恨而死。后来，狄县令罢官还乡。一日梦见那位富孀拿一只小团鱼，挂在床上。不久，他全身长疽，状似团鱼，以手按疽，头和脚都会动，痛彻骨髓，日夜号叫不停，过一年便死去。五个儿子和七个孙子也都生这种疽，相继逝世。唯独有一位孙子幸免于难，也穷无立锥之地。

宋朝名相王旦，大公无私，一心为国。有位卢姓官员，拿百两黄金来贿赂王旦，以求升迁。王旦拒之。卢姓官员怀恨在心，每天诅咒王旦早点死。俗话说"出乎尔者，反乎尔者"。没过多久，卢姓官员便梦见神明呵责他，醒来没几天就死了。匿怨咒人得这样的果报。

【延伸】

善恶是因，福祸是果。《尚书》云："作善降之百祥，作不善降之百殃。"[1]《中庸》云："祸福将至：善，必先知之；不善，必先知之。"[2] 此谓祸福有预兆，预兆何在？见其为善或为恶，自可知之。

若以往已然行恶，今日明理，真心悔悟，又当如何？《太上感应篇》云："其有曾行恶事，后自改悔，诸恶莫作，众善奉行，久久必获吉庆，所谓转祸为福也。"

第三十句　尺璧非宝　寸阴是竞

【句义】一尺美玉算不上真正的珍宝，片刻时光更值得珍惜。

【字义】

字	今注	古注
尺	长度单位，一尺	尺，度名，十寸为尺。〔清〕孙枝秀《千字文注》
璧	古代玉器，圆形，中间有小孔	瑞玉圜也。
非	不是	违也。
宝	珍贵的东西	珍也。
寸	长度单位，一寸	寸，亦度名。〔清〕孙枝秀《千字文注》
阴	光阴、时间	阴，日影也。〔清〕孙枝秀《千字文注》
是	表肯定	反非为是。〔清〕《绘图增注千字文》
竞	竞争、争取	竞，争也。〔清〕孙枝秀《千字文注》

① 吴玉贵、华飞主编《四库全书精品文存》，团结出版社，1997，第80页。
② 《中庸》，中华书局，2014，第123页。

【引经】尺璧非宝 寸阴是竞

《淮南子·原道训》云："圣人不贵尺之璧，而重寸之阴。"①

【典故】禹惜寸阴

大禹受命于舜帝，平水患，定九州。治水居外十三年，三过家门而不入，连妻子分娩、孩儿新生，都没工夫入门一见。舍小家，为大家。躬亲劳苦，栉风沐雨，大公忘私。《晋书·陶侃传》："大禹圣者，乃惜寸阴，至于众人，当惜分阴，岂可逸游荒醉，生无益于时，死无闻于后，是自弃也。"

【延伸】

（一）司马光圆木警枕②

司马光为自警，以圆木做了一个枕头，取名"警枕"。实在困倦不堪时，则睡于圆木枕头上。由于枕头是圆木，只要身子稍动，即刻惊醒。如此惜时刻苦，不贪嗜睡，正因尺璧非宝、寸阴是竞。"尺璧至而不以为宝，唯以寸阴当争。而孜孜然修其五常，惟日不足矣。"③

（二）苏秦刺股

战国时期，"六国之相"苏秦在年轻时，常读书至深夜，为克服倦意，一打瞌睡，就用锥子刺大腿。如此，每因疼痛而清醒，坚持读书。若无年轻时"锥刺股"、惜寸阴，也不会有后来"六国之相"的成就。

（三）孙敬闭门

东汉时期政治家孙敬，年少好学，视书如命。常常通宵达旦地读书，被邻里称为"闭户先生"。他为防自己打瞌睡，把长发用绳子绑起，悬于房梁之上，如此一来，只要一瞌睡，头皮一扯痛，即又清醒。这便是著名的"头悬梁"典故。

---

① 何宁撰《淮南子集释》，中华书局，1998，第54页。

② 宋·范祖禹《司马温公布衾铭记》："又以圆木为警枕，小睡则枕转而觉，乃起读书。"明·赵弼《疥鬼对》："是故苏秦刺股，孙敬闭门，范希文断齑画粥，司马光圆木警枕，皆欲屏其宴安之气，而勉其儆戒之志也。"《吴越备史·武肃王》："又以圆木小枕缀铃，睡熟则欹。"

③ （清）孙枝秀：《千字文集注》，藏书于哈佛大学燕京学社图书馆，1953，第18页。

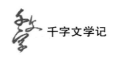

（四）日晷（guǐ）与光阴

时间为什么称为光阴？又为何能以"寸"度量？古时有"日晷"，可以观日影而知时辰。观日影寸寸推移，知光阴密密消逝，是谓"寸阴"。

第三十一句　资父事君　曰严与敬

【句义】奉养父亲，侍奉君主，要一丝不苟、诚谨恭敬。

【字义】

字	今注	古注
资	奉养	藉也。〔（清）孙枝秀《千字文注》〕
父	父亲	君父、父亲。〔（清）《绘图增注千字文》〕
事	侍奉	奉也。〔（清）孙枝秀《千字文注》〕
君	君主	君主。人主曰君。〔（清）《绘图增注千字文》〕
曰	本义"说"，这里表"就是"之意	出言曰曰。〔（清）《绘图增注千字文》〕
严	严肃、认真	畏惮之意。〔（清）孙枝秀《千字文注》〕
与	和、以及	及与。
敬	恭敬	心无所慢也。〔（清）孙枝秀《千字文注》〕

【引经】资父事君　曰严与敬

《孝经》："资于事父以事母而爱同，资于事父以事君而敬同。"[①]

【典故】忠臣魏征

"以铜为镜，可以正衣冠；以史为镜，可以知兴替；以人为镜，可以明得失。今魏征已去，吾失一镜矣。"此话是魏征离世后，唐太宗李世民所言。

《孝经》云"天子有诤臣七人，虽无道，不失其天下"[②]。"诤臣"即敢于直谏的忠臣。唐朝宰相魏征便是历史上著名的一位诤臣，时常犯颜直谏，常常让唐太宗"下不了台"。而每每唐太宗有怒容，长孙皇后便劝谏之，连道：恭

---

① 《孝经》，中华书局，2014，第189页。
② 《孝经》，中华书局，2014，第223页。

喜皇上，有圣君之世才有诤臣，若为暴君昏君，臣子如何敢如此正直。如此"朝堂起火，后宫灭火"。魏征前后直言上谏两百多事，辅佐唐太宗创建"贞观之治"之盛世。

【延伸】

（一）五伦

天方五德，在人间表现为五种伦常关系，谓之五伦，即父子、君臣、夫妻、兄弟、朋友。《孟子·滕文公上》："父子有亲，君臣有义，夫妇有别，长幼有序，朋友有信。"① 此处开始讲五伦内容。"资父事君，曰严与敬"以及下一句"孝当竭力，忠则尽命"，言父子、君臣；"上和下睦，夫唱妇随"言夫妇；"孔怀兄弟，同气连枝"言兄弟；"交友投分，切磨箴规"言朋友。五伦之中，孝之为本。将孝道延展开，另外四道亦皆通达，故自古认为"忠臣出于孝子"②。

（二）毋不敬

"曰严与敬"，诚敬于心，恭谦于形。《礼记·曲礼》开篇即言"毋不敬"③，对一切人诚敬。这是中国文化开启智慧的钥匙。君子修身之本，在于正心、诚意，着手之处即是"善护念"，始于"敬"。在日常生活中下功夫，观照自心，时时处处能否"毋不敬"，提升自己对他人的诚敬之心。孟子曰"敬人者人恒敬之"④。

第三十二句　孝当竭力　忠则尽命

【句义】孝顺父母当竭尽全力，忠君当恪尽职守。

---

① 《孟子》，上海大学出版社，2012，第74页。
② （清）孙枝秀：《千字文集注》，藏书于哈佛大学燕京学社图书馆，1953，第22页。
③ 《礼记》，中华书局，2014，第2页。
④ 《孟子》，上海大学出版社，2012，第120页。

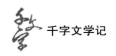

【字义】

字	今注	古注〔（清）孙枝秀《千字文注》〕
孝	孝养父母	善事父母者。
当	应当	合也。谓理合如是也。
竭	尽力、竭尽全力	亦尽也。
力		勇力、力量。〔（清）《绘图增注千字文》〕
忠	忠诚	尽己之心为忠。
则	应当	—
尽	竭尽	无馀曰尽。〔（清）《绘图增注千字文》〕
命	性命	性命。〔（清）《绘图增注千字文》〕

【引经】孝当竭力　忠则尽命

《论语》云："孝父母能竭其力，事君能致其身。"①

【典故】苏武牧羊②

西汉时期，苏武在天汉元年（前100年）奉命以中郎将持节出使匈奴，被扣留。匈奴欲使其投降，苏武不降，被关到地窖里，不给吃食。苏武嚼雪吞毡毛，几日不死。匈奴人又将他迁到北海（今俄罗斯的贝加尔湖）边荒无人烟的地方牧羊，扬言除非公羊产奶，方可释放他回国。苏武历尽艰辛，留居匈奴十九年持节不屈。至始元六年（前81年）获释回汉。苏武去世后，汉宣帝将其列为麒麟阁十一功臣之一，彰显其节操。

【延伸】举孝廉

《孝经》："不爱其亲，而爱他人者，谓之悖德。"③ 一个不孝父母的人，却会懂得爱国家，爱君主，爱百姓，那是不可能的。自古便有"忠臣出孝子"之说。在隋朝前，尚无科举制度，国家挑选人才的方式是从各地举荐的孝子中选拔，叫作"举孝廉"。《汉书·武帝纪》："元光元年冬十一月，初令郡国举

---

① 《周易》，中华书局，2014，第4页。

② 《汉书·苏武传》：律知武终不可胁，白单于。单于愈益欲降之，乃幽武置大窖中，绝不饮食。天雨雪，武卧啮雪与旃毛并咽之，数日不死。匈奴以为神，乃徙武北海上无人处，使牧羝，羝乳始得归。别其官属常惠等，各置他所。武既至海上，廪食不至，掘野鼠去草实而食之。杖汉节牧羊，卧起操持，节旄尽落。见（东汉）班固《汉书》，中华书局，2011，第551页。

③ 《孝经》，中华书局，2014，第203页。

孝廉各一人。"① 被举孝廉后，在中央以郎署为主，再迁为尚书、侍御史、侍中、中郎将等官；在地方则为令、长、丞，再迁为太守、刺史。察举孝廉，为岁举，即每年一次。至东汉和帝永元之际改为：人口满二十万每年举孝廉一人，满四十万每年举孝廉两人，以此推之；人口不满二十万，每两年举孝廉一人；人口不满十万，每三年举孝廉一人。察举之后，是否选得其人，还要经过考试，而后才能量才录用。

第三十三句　临深履薄　夙兴温凊

【句义】侍奉君主要"如临深渊，如履薄冰"那样小心谨慎；孝顺父母，要比父母早起晚睡，让他们感到冬暖夏凉。

【字义】

字	今注	古注〔(清)孙枝秀《千字文注》〕
临	面对、面临	临，涖也。
深	深渊	深渊也。
履	踩、踏	践也。
薄	薄冰	薄冰也。
夙	早	早也。
兴	起床	起也。
温	侍奉父母，使之冬日温暖、夏日清凉。	使之暖也。
凊 [qìng]		使之凉也。

【引经】

1. 临深履薄
《诗经·小雅·小旻》："战战兢兢，如临深渊，如履薄冰。"②

2. 夙兴
《诗经·小雅·小宛》："夙兴夜寐，无忝尔所生。"③

---

① （东汉）班固：《汉书》，中华书局，2011，第40页。
② 程俊英、蒋见元：《诗经注析》，中华书局，2018，第454页。
③ 程俊英、蒋见元：《诗经注析》，中华书局，2018，第457页。

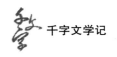
《诗经·大雅·抑》："夙兴夜寐，洒扫庭内，维民之章。"①

3. 温清

《曲礼》云："凡为人子之礼，冬温而夏清。"②

【典故】黄香温清

东汉黄香自幼孝顺父母，家里贫苦。黄香九岁时，母亲去世。在母亲生病期间，小黄香寸步不离，端汤送水，嘘寒问暖。母亲过世后，小黄香对父亲更加的关心。一面刻苦读书、一面帮父亲干活。夏季炎热时，他拿扇子给父亲扇凉，晚上把床枕、席子也扇凉，驱赶蚊虫；冬季寒冷时，家里没钱买炭取暖，小黄香就用自己的体温把被窝暖热，再起身请父亲睡觉。黄香九岁即已名播京师，号曰"天下无双，江夏黄香"。成年后官至尚书令，成为国家的栋梁之材，勤政爱民。后即以"黄香温清"为克尽孝道之典。

第三十四句　似兰斯馨　如松之盛

【句义】尽忠尽孝的德行像兰草那样的清香远播，陶冶人心，像松柏那样的苍翠茂盛，傲霜斗雪。

【字义】

字	今注	古注	
似	像……那样	像也。	其德之馨香，则如兰。〔（清）孙枝秀《千字文注》〕
兰	兰草	香艸也。	
斯	那般	此也。〔（清）《绘图增注千字文》〕	
馨	馨香清远	香之远闻者。	
如	像……那样	像也。	其德之茂盛，则如松。〔（清）孙枝秀《千字文注》〕
松	松树	木也。	
之	的	此也。往也。何也。〔（清）《绘图增注千字文》〕	
盛	茂盛	盛，茂也。松至冬而不凋，故云盛。〔（清）孙枝秀《千字文注》〕	

---

① 程俊英、蒋见元：《诗经注析》，中华书局，2018，第648页。

② 《礼记》，中华书局，2014，第8页。

【引经】似兰斯馨

《易经》："二人同心，其利断金；同心之言，其臭如兰。"①

【延伸】

（一）君子如兰

君子之谊称"兰谊"，或"结拜金兰"；疾恶如仇，则有"兰艾同焚""兰摧玉折"之用；性情高雅，故有"兰质熏心""兰薰桂馥"之赞。君子志趣高雅如兰，生于幽崖绝壑，不求闻达，抱芳守节，馨香环绕。

（二）兰生幽谷　无人自芳

"兰"指兰草，学名泽兰，而非兰花。可入药，入肝经，可活血化瘀，疏肝理气。开紫红色花，其茎、叶、花皆有微香。古代用于熏香。《孔子家语》②有云："芝兰生于深林，不以无人而不芳。"据传孔子称"兰"为王者之香。屈原亦曾以兰作为佩物："扈江离与薜芷兮，纫秋兰以为佩。"抒发自己不与世俗同流合污、苟合取容的胸怀。"兰生幽谷，无人自芳"正合乎君子宁静致远、孤独清高、不落俗囿之性格。

（三）公木为松　白木为柏

荀子誉"岁不寒无以知松柏，事不难无以知君子"③。《世说新语》亦有云："蒲柳之姿，望秋而落；松柏之质，凌霜犹茂。"松柏皆为长青不凋、志操坚贞之象征。传说梦见松树的人将为公，所以公木为松，寓意人君。柏树则被认为是阴木，寄托哀思。又因西方属金、色白，故白木为柏。在传统丧葬文化里，陵墓旁常种上柏树。

第三十五句　川流不息　渊澄取映

【句义】美好的品德如川流般流淌不息，如深潭般清澈照人。

---

① 吴玉贵、华飞主编《四库全书精品文存》，团结出版社，1997，第49页。
② 又名《孔氏家语》。
③ （清）王先谦撰《荀子集解》，中华书局，1997，第506页。

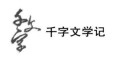

【字义】

字	今注	古注	
川	河水、河流	贯穿通流水也。	其德纯常而不间断,则如川之流而不止。〔(清)孙枝秀《千字文注》〕
流	流动	水行也。	
不	表否定	否之之词。〔(清)《绘图增注千字文》〕	
息	停息	息,止也。〔(清)孙枝秀《千字文注》〕	
渊	深水、深潭	渊,水之止者。〔(清)孙枝秀《千字文注》〕	其德洁清而无汙染,则如渊之清而可照也。〔(清)孙枝秀《千字文注》〕
澄	水静而清	澄,清也。〔(清)孙枝秀《千字文注》〕	
取	拿来、得以	得也。〔(清)《绘图增注千字文》〕	
映	映照	映,照也。〔(清)孙枝秀《千字文注》〕	

【引经】

1. 川流不息

《中庸》:"小德川流,大德敦化,此天地之所以为大也。"[1]

2. 渊澄取映

《中庸》:"溥博渊泉,而时出之。溥博如天,渊泉如渊。见而民莫不敬,言而民莫不信,行而民莫不悦。"[2]

【典故】范文正公

北宋范仲淹"先天下之忧而忧,后天下之乐而乐",勤学之时"划粥割齑(jī)",即便位至宰相,依旧清贫,没给自己留闲财,一有钱就帮助人,用自己的薪俸收养了一百多个孤儿。

范公的儿子很孝顺他,买了苏州的一个南园,希望送给父亲养老。当范公听说这块地方风水很好,假如住在这里,往后子孙发达,他把这块地拿来建学校。范公心底是无私的。范公去世的时候,"殁之日,身无以为敛",连棺材都是别人送的。范公置办义田、乐善好施,到去世的时候,义田有一千亩(见北宋钱公辅《义田记》)。到清朝的时候,他的子孙发扬光大,到四千亩。范公的深福厚德,荫蔽子孙何止百代。直到现代,范家一门仍是人才辈出,实可谓"德行川流不息"。

---

① 《中庸》,中华书局,2014,第 141 页。
② 《中庸》,中华书局,2014,第 143 页。

第三十六句　容止若思　言辞安定

【句义】仪容举止要像思考问题时那样沉静，言语对答要稳重自信。

【字义】

字	今注	古注	
容	容貌、仪表	容，貌也。〔(清)孙枝秀《千字文注》〕	人有思者，貌必沉静。若思者，喻其容之肃也。
止	止静	止者，对作而言。〔(清)孙枝秀《千字文注》〕	
若	好像	—	
思	思考	心所运曰思。〔(清)孙枝秀《千字文注》〕	
言	说话	直言曰言，论难曰语。	言之成文者也。〔(清)孙枝秀《千字文注》〕
辞	所言之语	讼也。	
安	安宁、安稳、安详	静也。	
定	平静、稳定	安也。	

【引经】容止若思　言辞安定

《曲礼》云："毋不敬，俨若思，安定辞。"①

【延伸】修己以敬，修己以安人

"容止若思，言辞安定"的本源在于"敬"。子曰："修己以敬，修己以安人。"一个人，唯有内心有敬意，方才稳重，重则自有定气，有了定气，外在的仪容举止才能安然若素、从容不迫。

第三十七句　笃初诚美　慎终宜令

【句义】任何事情，有好的开端确实很好；能够慎终如初，坚持到底就更为难能可贵。

---

① 吴玉贵、华飞主编《四库全书精品文存》，团结出版社，1997，第 468 页。

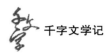

【字义】

字	今注	古注
笃	深厚、深切	厚也。〔(清)孙枝秀《千字文注》〕
初	开始	始也。
诚	的确、实在	信也。
美	美好	甘也。
慎	谨慎、慎重	谨也。〔(清)孙枝秀《千字文注》〕
终	最后	终者,事之成也。〔(清)孙枝秀《千字文注》〕
宜	应该	当也。〔(清)孙枝秀《千字文注》〕
令	美好	善也。〔(清)孙枝秀《千字文注》〕

【典故】郭子仪

唐朝郭子仪,戎马一生,屡建奇功,曾平定安史之乱,光复唐朝的江山,被封为汾阳郡王。封王之后权倾朝野,甚至有功高盖主之嫌。然而君主并无"狡兔死,走狗烹,飞鸟尽,良弓藏"。郭子仪做到了"权倾天下而朝不忌,功盖一代而主不疑",寿享 84 岁高龄。于举国上下,享有崇高的威望和声誉。郭子仪能如此,皆拜其个性所赐。他一生恭谨、随和、谦卑,从不自以为是,以能者自居。

【延伸】慎终如始　则无败事

"笃初诚美,慎终宜令",此语勉人修德,当慎终如始。行百里者半九十,这是人皆易犯的毛病。老子曰:"慎终如始,则无败事。"无论是做学问还是修身,一个人如果下定决心,一辈子只干一件事,哪有不成功的道理呢?孝道亦然。孟子曰:"人少,则慕父母;知好色,则慕少艾;有妻子,则慕妻子;仕则慕君,不得于君则热中。大孝终身慕父母。五十而慕者,予于大舜见之矣。"① 人们年少之时依恋父母,长大后,懂得交往了就倾慕窈窕淑女;有了妻儿了就眷念妻儿;入仕为官了就仰慕君王。真正的大孝子,才能终身思慕父母。

---

① 《孟子》,上海大学出版社,2012,第 126 页。

第三十八句　荣业所基　籍甚无竟

【句义】（慎终如始）这是一个人一生荣誉与事业的基础，有了这个根基，才能德誉盛大，令名远播。

【字义】

字	今注	古注〔(清)孙枝秀《千字文注》〕	
荣	光荣、荣誉	显荣也。	
业	事业	事业也。即下摄职从政,仕者之事也。	
所	助词	本义伐木声。假借为处所之意。	
基	基础	牆始也。(《说文》)	本也。
籍	名声、生育	有声誉也。	
甚	盛大	太过也。	
无	没有	有无之无。〔(清)《绘图增注千字文》〕	
竟	通"境",止境	已也。	

【引经】籍甚无竟
《汉书·陆贾传》云："名声籍甚。"①
【延伸】曲尽为竟
《说文》："乐曲尽为竟。从音从人。"②"竟"字在六书中属于会意字。从音从人，表示一曲音乐演奏完毕，引申义为结束、完毕。"无竟"则是没有终止，没有止境，永世长存。

第三十九句　学优登仕　摄职从政

【句义】学问优秀的人能出仕做官，行使职权参与政事的处理。

---

① （东汉）班固：《汉书》，中华书局，2011，第453页。
② （东汉）许慎：《说文解字》，中华书局，2013，第52页。

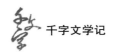

【字义】

字	今注		古注
学	修学、学问	讲习讨论也。（孙注）	觉悟也。（说文）
优	优等、优秀	有余也。（孙注）	
登	登科、登第	升也。（孙注）	
仕	做官	为官也。（孙注）	学也。段注："训仕为入官，此今义也。古义宦训仕，仕训学。"（说文）
摄	摄理	治也。（孙注）	引持也。（说文）
职	官职	官所掌之事也。（孙注）	纤微必识曰职。（段注）
从	从事	就也。（孙注）	
政	政事	国政也。（孙注）	正也。（说文）

【引经】学优登仕
《论语·子张篇》："子夏曰：仕而优则学，学而优则仕。"①
【延伸】摄职
"摄职从政"，这里的"摄"有"代理"之意。类似今日的见习、实习之意。人皆知"学而优则仕"，却鲜有人知另一半"仕而优则学"。上古时期选拔人才的方法，是先"取士"，推举十里挑一的优秀人才，进而学政事，学而优者则可以"出仕"。但到这，选举依旧还没结束。能够出仕的人才当中，依旧在接受考察。在管理工作中，政绩出色的，再选拔出来进修提升，这叫"仕而优则学"。

第四十句　存以甘棠　去而益咏

【句义】周人怀念召伯的德政，留下甘棠树不忍砍伐，召伯虽然离去了，但百姓越发歌颂他、怀念他。

---

① 《周易》，中华书局，2014，第232页。

【字义】

字	今注	古注	
存	留存	存,留也。(孙注)	召公之于南国,留甘棠而不伐。
以	连词	—	
甘	棠梨树	甘棠,木名。草木疏云,今棠梨也。(孙注)	
棠			
去	离去	离也。(孙注)	既去而思慕之,愈咏歌而不忘也。
而	连词,表转折	转语辞。(孙注)	
益	更加	增也。(孙注)	
咏	歌咏、歌颂	歌也。	

【引经】甘棠

《诗经·召南·甘棠》:"蔽芾(fèi)甘棠,勿翦勿伐,召伯所茇。"①

【典故】周召伯②

周召伯,姓姬,名奭,周文王之子,周武王同父异母的兄弟,曾辅助武王伐纣。相传有一日,召伯巡视南方,路过一棵甘棠树,在树下歇息、理政,当地人因其勤政爱民而爱戴他。召公离世后,为了怀念召公,当地人一直留存此树而不忍心砍伐,并作《甘棠》一诗咏叹。后以"甘棠"一词指代为官者的政绩与遗爱。

在湖南省永州市江永县有个"上甘棠村",村人多姓周,据传是宋儒周敦颐后裔。据上甘棠村明代的族谱《永明周氏族谱》所载:"吾甘棠,召公驻节过化之乡",证明了召伯是在巡视湖南的时候,在此甘棠树下休息。

第四十一句 乐殊贵贱 礼别尊卑

【句义】音乐因身份的贵贱而有所不同,礼仪因地位的高低而有所区别。

---

① 程俊英、蒋见元:《诗经注析》,中华书局,2018,第30页。

② 《史记·燕召公世家》:"召公巡行乡邑,有棠树,决狱政事其下,自侯伯至庶人各得其所,无失职者。召公卒,而民人思召公之政,怀棠树不敢伐,歌咏之,作《甘棠》之诗。"〔(东汉)司马迁:《史记》,中华书局,2009,第215页〕

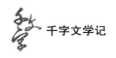

【字义】

字	今注	古注〔(清)孙枝秀《千字注》〕
乐	音乐	五声八音总名。
殊	不同	死也。段注:"死罪者首身分离。故曰殊死。引伸为殊异。"
贵	高贵	物不贱也。
贱	低贱	贾少也。
礼	礼节、礼仪	礼节。(图注)
别	差别、区别	分别。(图注)
尊	尊贵	酒器也。段注:"置酒曰尊。凡酌酒者必资于尊。故引申以为尊卑字。"(孙注)
卑	卑贱	贱也。(孙注)

【延伸】此处为何言礼乐

前文言及五伦之前两伦:父子、君臣。"资父事君,曰严与敬""孝当竭力,忠则尽命。"盖因五伦之中以孝与忠为首重,所以多花了一些篇幅:尽忠要"临深履薄",行孝要"夙兴温凊";有了忠孝为本的德行"似兰斯馨,如松之盛";惠及子孙"川流不息"、行为世范"渊澄取映";忠孝皆以"敬"存心,有了"敬",自然"容止若思,言辞安定"。但忠孝不能只是"笃初诚美",还需"慎终宜令",若能如此,那么"荣业所基,籍甚无竟",就会事业有成,美名远扬。且"学优登仕,摄职从政",仁政爱民,则如周召伯一样,"存以甘棠,去而益咏",受人爱戴。到此处,便是"立身行道,扬名于后世,孝之终也"。忠孝圆满说完了,下文言另外三伦:夫妇、兄弟、朋友等。为何要穿插这么一句礼乐之事?

因为"五伦之中,有贵有贱,有尊有卑,而先王制礼作乐,所以殊异而分别之也"。① 先王制礼作乐,是为了别尊卑,以和合人道秩序。所以承启下文便是"上和下睦",上即尊,下即卑。师为尊,徒为卑。母为尊,子为卑……知尊卑有别,而后敬上和下。一如有子在《论语·学而篇》中所言"礼之用和为贵"②。以礼约束自己、方便他人,从而达到和睦的目的。中国

① 见(清)孙枝秀辑《千字文注》。
② 《周易》,中华书局,2014,第6页。

文化归根结底也是一部"天地人和"的哲学艺术,"致中和,天地位焉,万物育焉"。

第四十二句　上和下睦　夫唱妇随

【句义】长辈与晚辈要和睦相处,夫妇要一唱一和,协调和谐。

【字义】

字	今注	古注	
上	长辈或地位高的人	高也。	尊贵者。(孙注)
和	和谐、和睦	相应也。	和,谐也。(孙注)
下	晚辈或地位低的人	底也。	卑贱者。(孙注)
睦	融洽	目顺也。从目,坴(lù)声。一曰敬和也。	睦,亲也。(孙注)
夫	丈夫、夫君	丈夫也。从大,一以象簪也。周制以八寸为尺,十尺为丈。人长八尺,故曰丈	夫理外事导之于前,妇为内助,从之于后也。(孙注)
唱	倡导	导也。段注"古多以倡字为之"。	
妇	妻子、妇人	女人从人为妇。(孙注)	
随	附和	从也。	

【延伸】

(一)天道太和　地道中和　人道保和

上和下睦,"顺目"则"睦"。至于"和":紫禁城有三大殿:太和殿、中和殿、保和殿。名取自《易经》。天道之和为"太和"、地道之和为"中和"、人道之和为"保和"。"太和",太即太虚,如同天道,心包太虚、量周沙界,非仅和合你我、和合一家、一国,而是和合整个虚空之心量。"中和",中即中道,不偏不邪,没有偏心、私心。如同地道,厚德载物,养育万物,平等包容,无有私心偏执。"保和"即如何永远保持"太和"与"中和"。若能有太和之格局,有中和之包容,有保和之耐心,夫妇自可和顺、家道自然和兴。

(二)夫唱妇随　妇唱夫随

"夫唱妇随"是半句话,后面还有半句是"妇唱夫随"。如果没有原则性

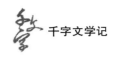

分歧，妻子倡导的丈夫也同样要拥护，特别是当着第三者（孩子或外人，不是插足的第三者），夫妻一定要一致对外。有分歧、有意见可以回去再讨论，但当着外人夫妻之间不能拆台，这是夫妻和合的基本原则。夫妻本是一体，一荣俱荣、一损俱损，当着外人贬低自己的配偶，别人一定看不起你。相反，如果你能处处维护自己配偶的荣誉，别人一定尊敬你。

——刘宏毅《千字文讲记》①

第四十三句　外受傅训　入奉母仪

【句义】在外接受师傅的训诲，在家遵从母亲的规范。

【字义】

字	今注	古注	
外	在外	远也。（说文） 出而在乡党之间。（孙注）	外而在乡党，则承师之教训。（孙注）
受	接受	受，承也。（孙注）	
傅	师傅	师也。（孙注）	
训	教训	说教也。	
入	在家	内也。（说文） 进也，进于家内也。（孙注）	入于其家，则奉母之仪范也。（孙注）
奉	奉行、遵守	奉，承也。	
母	母亲	生我曰母。〔（清）《绘图增注千字文》〕	
仪	举止仪表（以身作则，行为规范）	度也。（说文） 范也。（孙注）	

【典故】周家三太

"太太"这个称呼来源于我国历史上三位母仪天下的女性，"周家三太"即太姜、太任、太姒。《列女传·母仪·周室三母》记载了她们的事迹。太姜是太王即古公亶父的妻子，王季的母亲，文王的祖母。她宅心仁

---

①　刘宏毅：《千字文讲记》，海南出版社，2007，第71页。

厚，"广于德教"，育养生贤，端庄诚敬，一切言行都富有德行。太任是王季的妻子，姬昌的母亲。她"能为胎教"，"目不视恶色，耳不听淫声，口不出敖言"。精心胎教之下，文王生而明达圣哲，举止端正，才德过人。子贡赞颜回闻一以知十，而太任教导文王，文王则能以一而识百。即位之后，笃行仁道，敬老慈幼，礼贤下士。太姒是文王的妻子，武王的母亲。她仁德且明理，贞正柔顺，孝顺公婆，是文王的贤内助，"文王治外，文母治内"。周有三太，才有周朝八百年的天下。周家三太，树立了历史上女德的楷模。

【延伸】"师"与"傅"的区别

东晋史家袁宏《汉纪·郭泰传》云："经师易遇，人师难遭。"司马光将此语引入《资治通鉴》。"人师"与"经师"，即传统教育中的两种师傅。"师者，所以传道授业解惑也。""人师"的职责主要在于"传道"，教学生化性、立命、为人。而"经师"负责"授业解惑"，重在知识的传授。古代的"傅"多为"人师"，"师"多为"经师"。一师之徒往往众多。"师"本字也有"众多"之意，如《说文解字》："二千五百人为师。"[1] 而"傅"，往往责任更重，弟子犯错，师傅代受其罚。古时帝师或太子的老师，称为"太傅"。偏向武学称为"太保"。多向其请教技能、策略、谋略的治国智师，称为"太师"。三者合称"三公"。这当中，"太傅"地位极高，尤其是西周时期周公旦担任太傅，帝王年幼或缺位时"太傅"可以代为管理国家。总而言之，"傅训"在此处属于师道，用"傅"而不用"师"，以其重于"师"，因"行止不端，读书无益"。

第四十四句　诸姑伯叔　犹子比儿

【句义】对待姑姑、伯伯、叔叔，要像对待自己的父母一样；对待侄儿、侄女，也要像对待自己的子女一样。

---

[1] （东汉）许慎：《说文解字》，中华书局，2013，第123页。

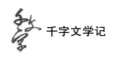

【字义】

字	今注	古注	
诸	众、许多	众也。〔(清)孙枝秀《千字文注》〕	
姑	姑姑、姑母等	夫母也。	父之姊妹曰姑。〔(清)孙枝秀《千字文注》〕
伯	伯父、伯公等	长也。	父之兄曰伯。〔(清)孙枝秀《千字文注》〕
叔	叔父、叔公等	父之弟曰叔。〔(清)孙枝秀《千字文注》〕	
犹	犹如	同也。(孙注)	
子	侄子、侄女	李阳冰曰:"子在襁褓中,足併也。"	
比	好比	並也。(孙注)	
儿	亲生子女	孺子也。	

【引经】犹子比儿

《礼记·檀弓篇》云:"兄弟之子犹子也。"①

【典故】邓攸弃儿保侄②

晋朝官员邓攸,弟弟早亡,只留一子名唤邓绥。当时正值永嘉年间,胡人大肆入侵京师,抢夺百姓。为躲灾祸,邓攸带着妻儿逃走。不料逃命途中遭遇强盗,牛马被掠走,邓攸只得用扁担,挑着儿子与侄子邓绥逃命。途中粮尽食绝,强盗依旧穷追不舍。邓攸身背两个孩子行动缓慢,便对妻子说:"我弟弟英年早逝,只留下这点血脉,托孤于我,我不能令他绝后。看如今境况无法两全,若是依旧带着两个孩子逃,恐怕两个孩子都无法活命,事到如今,只能舍弃我儿。"妻子哭着答应了。于是邓攸忍痛弃子,带着侄子继续逃命。邓攸死后,侄子邓绥为他服丧三年。邓攸弃儿保侄是无可奈何的事。敌兵迫近,弃侄或儿,须二选一。邓攸选择的是舍己为人,因而被世人传诵。

【延伸】老吾老以及人之老,幼吾幼以及人之幼

吾人志在圣贤,却无法一步而至,大公无私说易行难。应当何如?《孟子·尽心上》云:"亲亲而仁民,仁民而爱物。"③ 换言之,可以分成三步走:第一

① 吴玉贵、华飞主编《四库全书精品文存》,团结出版社,1997,第487页。

② 原文:邓攸,晋人也,有弟早亡,惟有一儿,曰遗民。时值动乱,胡人入侵京师,掠牛马。邓攸挈妻子亡。食尽,贼又迫,谓妻曰:"吾弟早亡,但有遗民。今担两儿,尽死,莫若弃己儿,怀遗民走。"妻涕如雨。攸慰之曰:"毋哭,吾辈尚壮,日后当有儿。"妻从之。

③ 《孟子》,上海大学出版社,2012,第201页。

步"亲亲"。先关心自己的亲人，从有血缘关系的亲人做起。如"诸姑伯叔"都是亲人。第二步"仁民"，将此孝敬之心普广开来，"凡是人，皆须爱，天同覆，地同盖"。正如孟子所云，"老吾老以及人之老，幼吾幼以及人之幼"①。第三步"爱物"，不仅爱人，乃至于动物、植物、环境，悉皆爱敬。此之谓"小孝孝于庭闱，大孝孝于天下"。

第四十五句　孔怀兄弟　同气连枝

【句义】兄弟应相互关爱，本自气息相通，如同树木，同根连枝。

【字义】

字	今注	古注(孙注)
孔	很、甚	孔，大也。
怀	思念、怀念	怀，爱也。
兄	哥哥	尔雅云：男子先生为兄，后生为弟。
弟	弟弟	
同	相同、共同	共也。
气	气血、气脉、气息	父母之气也。
连	相连	合也。
枝	树枝、枝条	木生條曰枝。

【引经】孔怀兄弟

《诗经·小雅·常棣》："死丧之威，兄弟孔怀。"②

【典故】泰伯让天下③

周王季历有两位兄长，泰伯和仲雍。因季历生了一个儿子，名叫姬昌，即后来的周文王。周文王出生之时有雀衔丹书之祥瑞。所以，季历的父亲周太王

---

① 《孟子》，上海大学出版社，2012，第 11 页。
② 程俊英、蒋见元：《诗经注析》，中华书局，2018，第 347 页。
③ 原文：殷泰伯，周太王长子。弟季历。生子昌。有圣瑞。太王有传位季历以及昌之意。泰伯知父意，即与弟仲雍相约。因父病，以采药为名，逃之荆蛮。被发文身，示不可用。孔子以至德表之，李文耕谓泰伯之逃。遵朱注以让商为定论，然即其默窥太王爱季及昌之意，率仲弟飘然远去，使王季自然得位。而太王亦无立爱之嫌，其曲全于父子兄弟间者，浑然无迹，非至德其孰能之。

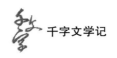

古公亶父，有意将国君的位子传给季历，再由季历传位给姬昌。季历的兄长泰伯看出父亲的意思，就和仲雍约好，假称因为父亲有病，要到山里去采药，从此隐至远荒荆蛮之地，断发文身。原本按照惯例，王位传长子。兄弟二人如此，是为了主动将王位传给贤弟季历。孔夫子赞泰伯，说他已经到了至德的地步。"太伯可谓至德矣，三以天下让，民无得而称焉。"

【延伸】兄弟睦　孝在中

法昭禅师有一首偈："同气连枝各自荣，些些言语莫伤情；一回相见一回老，能得几时为弟兄。弟兄同居忍便安，莫因毫末起争端；眼前生子又兄弟，留与儿孙做样看。"兄弟之间，如果将利益放于情义前头，就背道而驰了。如果言语不相忍，相处不睦，不仅有违兄弟之道，也有违孝道，使父母伤心。所以《弟子规》云"兄道友，弟道恭；兄弟睦，孝在中。财物轻，怨何生。言语忍，忿自泯"。

第四十六句　交友投分　切磨箴规

【句义】结交朋友要意气相投，修学、切磋、劝诫，互为共勉。

【字义】

字	今注	古注(孙注)	
交	结交、交往	交，相合也。	
友	朋友	同师曰朋。同志曰友。(段注)	
投	相投、相合	托也。	
分	情分、缘分	情分也。	
切	切磋	切，割也。	治骨角者，既切而复磋之。治玉石者，既琢而复磨之。
磨	琢磨	磨，砺也。	
箴	劝告、劝诫	戒也。	
规	规劝、建议		

【引经】切磨箴规

《诗经·卫风》云："如切如磋，如琢如磨。"①

---

① 程俊英、蒋见元：《诗经注析》，中华书局，2018，第 121 页。

【典故】管宁割席①

管宁和华歆同在园中锄菜，挖到地下有一块黄金，管宁不为所动，依旧埋头锄菜，就如同看到的是瓦片石头一样。华歆拾起金子，见管宁不为所动，觉得羞愧，也将金子扔回。又有一回，他们二人同坐在一张席子上读书，有个坐着华贵车辆的官员从门前过，管宁不为所动，专心读书，而华歆却放下书出去观看。管宁取刀，割断席子，和华歆分而别坐，说："你不是我的朋友。"

【延伸】

（一）朋友之道

交友投分，切磨箴规。"言朋友之合，以情相托，平日为学，则切磋琢磨，相勉以求其精。至于有过，则讽谕规戒。相救以正其失也。"② 五伦中的"朋友道"，是兄弟之道的拓展。林则徐"十无益"中第二条即言"兄弟不和，交友无益"。

（二）切磋琢磨

"切磋琢磨"本义是指玉石加工过程的四道工序。采石而来，先"切"，剖开看石里有无玉。接下来是"磋"，将石头中的玉"磋"出来，形成未经雕琢的原料"朴玉"。而后雕凿出形状，或玉佩首饰，或杯盏盘碟，或佛像等，称为"琢"。最后一道工序是"磨"，磨光。前两道工序往往不止一人完成，所以常言道"两人切磋切磋"；后两道工序往往由一人精雕细琢，因此又常言道"让我琢磨琢磨"。

（三）劝诫有度

《弟子规》中说"善相劝，德皆建；过不规，道两亏"。这就是"箴规"之意。"箴"字本义是针，竹或石所制。可用于针灸治病。所以引申为在精神上的"针灸"：箴文是有规劝、纠正作用的告诫类文体，箴言是有哲理、激励

---

① 管宁、华歆共园中锄菜。见地有片金，管挥锄与瓦石不异，华捉而掷去之。又尝同席读书，有乘轩服冕过门者，宁读如故，歆废书出观。宁割席分坐，曰："子非吾友也。"（见于南朝刘义庆主编《世说新语》）
② （清）孙枝秀辑《千字文注》。

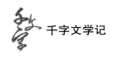
人的座右铭。朋友之间的"箴规",要有度,适可而止。对方不接受,再劝就容易结怨。故而《论语》诫云:"忠告而善道之,不可则止,毋自辱也。"① 过度了就会自取其辱,何必呢?

第四十七句　仁慈隐恻　造次弗离

【句义】仁爱心与同情心,是在任何时候都不可丢失的德行。

【字义】

字	今注	古注	
仁	仁爱	亲也。宋代徐铉、徐锴注释:"臣铉等曰:仁者兼爱,故从二。"	此言仁之德也。(孙注)
慈	慈善	爱也。	
隐	恻隐。对受苦难的人心生同情	蔽也。	痛之深也。(孙注)
恻			伤之切也。(孙注)
造	仓促、慌忙	造,就也。	急遽苟且之时。(孙注)
次		不前,不精也。	
弗	不	弗者,禁止之辞。(孙注)	
离	舍离	离,去也。(孙注)	

【引经】仁慈隐恻　造次弗离

《孟子》云:"恻隐之心,人皆有之。"②

《论语·里仁》:"君子无终食之间违仁,造次必于是,颠沛必于是。"③

【典故】范纯仁卖麦子

范仲淹的大儿子,名为范纯仁。名字之中寄托了范父的期许,希望孩子能时时存一颗仁慈之心。有一次,范仲淹让范纯仁将五百斗的麦子从京城运回江苏老家。结果在途中,路遇到父亲的故友。这位故友家中双亲逝世,无钱安葬,还有女儿未出嫁,生活窘困。范纯仁听完,马上把五百斗的麦子卖

---

① 程树德撰《论语集释》,中华书局,2015,第 147 页。

② 《孟子》,上海大学出版社,2012,第 159 页。

③ 《周易》,中华书局,2014,第 35 页。

掉，把钱给长辈。结果钱还不够。他当场又把这个运麦子的船也卖了，钱才够。范纯仁回京城见父亲，向父亲报告情况，当他讲到五百斗麦子卖了，但钱还不够。范仲淹连忙说：那你把船也卖了！儿子说：爸，我也把它卖了。父子同心。

【延伸】恻隐之心，仁之端也

"仁"字，左"人"右"二"，代表"己所不欲，勿施于人"，"己所欲，施于人""己欲立而立人，己欲达而达人"。

"痛之深为隐，伤之切为恻。"合起来，"隐恻"亦称"恻隐"，见人遭遇不幸，而心有不忍，乃仁慈之心的表现，所谓"恻隐怜人谓之慈"①。《孟子》有云："无恻隐之心，非人也；无羞恶之心，非人也；无辞让之心，非人也；无是非之心，非人也。恻隐之心，仁之端也；羞恶之心，义之端也；辞让之心，礼之端也；是非之心，智之端也。"② 若无恻隐之心，便算不上一个人了。孟子举"孺子坠井"之例③：如果一个人看到有孩子掉入井里，本能反应，就是救人，而不是考虑是否有奖金、是否受表扬，这就是恻隐之心人皆有之、人性本善之论。

第四十八句　节义廉退　颠沛匪亏

【句义】气节、正义、廉耻、谦逊这些美好的品德，即便身陷颠沛流离之时也决然不可亏缺。

【字义】

字	今注	古注〔（清）孙枝秀《千字文注》〕	
节	气节	有所守而不变，谓之节。信之德也。	
义	正义	义者，心之制，事之宜也。	此言义礼智信之德。
廉	廉洁、廉耻	廉，有分辨。智之德也。	
退	退让、谦逊	退，谦让也。礼之德也。	

---

① 见于《贾子道术》。
② 《孟子》，上海大学出版社，2012，第65页。
③ 《孟子》，上海大学出版社，2012，第65页。

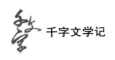

续表

字	今注	古注〔(清)孙枝秀《千字文注》〕	
颠沛	困顿挫折之时	倾覆流离之际。	虽当倾覆流离之际,而不可亏缺(义礼智信)也。
匪	不	非也。禁止之辞。	
亏	亏缺、短少	气损也。(说文) 段注:"引伸凡损皆曰亏。"亏,缺也。(孙注)	

【引经】颠沛匪亏

《论语·里仁》:"君子无终食之间违仁,造次必于是,颠沛必于是。"①

【典故】范滂绝命②

汉朝范滂是范仲淹的祖先,有慨然澄清天下之志。当时朝政腐败,范滂受奸人所陷害,皇帝下令抓捕他。此令落到当地监察官吴导的头上。吴导接到命令后抱头痛哭,不忍陷害忠良。范滂得知此事,不愿拖累他人,于是自己跑到衙门报到。县太爷郭揖跟范滂讲,自己不做官了,愿陪范滂逃命,甚有舍生取义之气概。范滂不愿拖累他。没过多久,范母得知儿子去自首,便来衙门,对儿子讲:好名声与长寿往往难两全。今天你的名声已与圣贤相应,此生无憾了,安心去吧,不要罣碍母亲。范母在这生死关头毫无私心,大义凛然,告诫儿子要提振正气、坚守忠义。

范滂的故事传至宋朝。苏东坡十岁之时,听此故事,便问母亲:假如我要做范滂,您能不能做范母?母亲回之:假如你做范滂,我一定做范母。后来宋朝进谏最耿直的就是苏东坡,被贬次数最多,可他问心无愧。有一次苏轼买房,路遇一位老太太在哭,询问得知,老人不得已把祖宗的房子卖了。恰好,

---

① 《周易》,中华书局,2014,第35页。

② 范晔《后汉书·党锢列传》:"范滂字孟博,汝南征羌人也。……建宁二年,遂大诛党人。诏下急捕滂等。督邮吴导至县,抱诏书,闭传舍,伏床而泣。滂闻之曰:'必为我也!'即自诣狱。县令郭揖大惊,出解印绶,引与俱亡,曰:'天下大矣,子何为在此?'滂曰:'滂死则祸塞,何敢以罪累君,又令老母流离乎!'其母就与之诀,滂白母曰:'仲博(范滂弟)孝敬,足以供养,滂归黄泉,存亡各得其所。惟大人割不可忍之恩,勿增感戚。'母曰:'汝今得与李(膺)、杜(密)齐名,死亦何恨!既有令名,复求寿考,可兼得乎?'滂跪受教,再拜而辞。顾谓其子曰:'吾欲使汝为恶,则恶不可为。使汝为善,则我不为恶。'行路闻之,莫不流涕,时年三十三。"(范晔撰《后汉书》,中华书局,1999,第1491页)

老人卖掉的房子就是他买的那栋，苏东坡当场就把契约给她，走了。

古人讲道义如此潇洒，他们有真乐，仰不愧于天，俯不怍于人。范滂气节不只影响了千年之后的范仲淹，也影响了后世子孙。

【延伸】

（一）节义廉退　信义智礼

前文"仁慈隐恻　造次弗离"讲五常之"仁"德，此处"节义廉退"则是其余四德"信义智礼"。《说文解字》："节，竹约也。"① "节"字本义为竹节。由于竹子剖开而其中的节不会曲，因而引伸为气节，即坚定不渝的操守，代表五常之中的信德。所谓"君子竹，大夫松"。孔子谓"杀身成仁"，孟子道"舍生取义"。读《孟子》可读出一身正气、"大义凛然"，虽敌军围困，只要"义之所在，虽千万人吾往矣"。"廉"指一个人取舍之操守，不苟且，廉洁而不污、知耻而不愚，五常中表"智德"。"退"的意思是谦退、谦逊、礼让，属"礼德"。

（二）华南传播马克思主义第一人——杨匏安

"慷慨登车去，相期一节全。残生无可恋，大敌正当前。知止穷张俭，迟行笑褚渊。从兹分手别，对视莫潸然。"这是革命烈士杨匏安临刑前夕，为勉励难友，顽强抗争，坚守无产阶级革命者的情操和气节，写下的一首千古不朽的"就义诗"——《死前一夕作示狱友》，表现出一位共产党人大义凛然、威武不屈的崇高革命气节。

杨匏安，原名锦涛（焘 dào），笔名匏安。1896 年 11 月，出生于广东省香山县南屏北山村（今属珠海市）一个贫苦的家庭，早年丧父，与母亲相依为命。从小受知书识礼的母亲的影响，少年时期他就最崇敬历史上的民族英雄岳飞、文天祥一类人物。在广州"五四"爱国运动高潮期间，他奋笔疾书，为《广东中华新报》写了八九万字介绍新文化思潮和马克思主义的文章，积极投入反帝爱国斗争，发表了大量宣传马克思主义的文章。他是华南地区最早的马克思主义传播者，是中国共产党早期的理论家和史学家，和李大钊并称"北

---

① （东汉）许慎：《说文解字》，中华书局，2013，第 90 页。

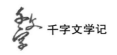

李南杨",是建党前（1921年春）入党的共产党员。1919年11月，在《广东中华新报》副刊连载《马克思主义》（一称《科学的社会主义》）一文，这是华南地区最早系统介绍马克思主义的文章。1923年起在国共合作时期任国民党中央中国党团书记、国民党中央组织部代部长、中央执行委员会常委等职。参与领导省港大罢工，任罢工委员会顾问。1925~1926年曾任中共广东区委监察委员会委员、副书记，1927年在中国共产党第五次代表大会上当选为首届中央监察委员会副主席，是中国共产党纪检监察战线的革命先驱。

1929年在上海中共中央机关工作，参加编辑党刊、党报，并任农民部副部长。杨匏安坚持用人唯贤、廉洁奉公，从不徇私滥任。周恩来对他"为官廉洁，家境清贫"十分赞赏，常常以他的事迹为典范，教育革命同志。

1931年7月，在上海被国民党反动派逮捕，拘押在龙华监狱。他在狱中坚定地对蒋介石的劝降严词斥责，斩钉截铁地回答："我从参加革命起，早就置生死于度外，死可以，变节不行！"狱中难友被杨匏安的铁骨丹心深深感动，甚至看守的国民党士兵，也惊叹这个"铁人"的坚强意志。临行前，他托人带出家书，表达了为革命信仰牺牲、死而无憾，对党对人民忠贞不渝的革命情操，并告诫家人不可接受任何不认识的人的任何资助，特别嘱咐家人：千万别把缝纫机卖了，那是全家今后生活的依靠。1931年8月的一天晚上，杨匏安被国民党反动派秘密枪杀于淞沪警备司令部内的荒地上，时年35岁。

第四十九句　性静情逸　心动神疲

【句义】心性守得沉静淡泊，情绪则能自在安逸；内心如若浮躁妄动，精神则会困顿萎靡。

【字义】

字	今注	古注	
性	性情	人之阳气性善者也。	
静	宁静	静者,止于五常而不动也。（孙注）	
情	情绪、心情	人之阴气有欲者。	
逸	安闲、安适	失也。段注：亡逸者、本义也。引伸为逸游、为暇逸。	逸,安也。（孙注）

续表

字	今注	古注	
心	心念、心思	人心，土藏，在身之中。	心，载性者也。
动	妄动	动，作也。	反于静者为动。
神	精神	神者，心之灵也。〔（清）孙枝秀《千字文注》〕	
疲	疲倦	劳也。	劳之极也。（孙注）

【延伸】神者伸也　鬼者归也

神是人体一切生命活动的总称。中国文化中没有迷信的东西，"鬼"与"神"的概念，按照道家思想的解释"纯阳之气谓之神，纯阴之气谓之鬼"。并非是神在天上、鬼在地府，神鬼统统都在自己身上。"神者伸也"，是生命活动的伸展和延长；"鬼者归也"，是生命活动的回归和结束。可见，迷信是自己对生命现象和心理活动的迷惑，是无知、没有智慧的表现。

——摘自刘宏毅《千字文讲记》①

第五十句　守真志满　逐物意移

【句义】守真常之性，则心志饱满；一心追逐外物，则意移散乱。

【字义】

字	今注	古注	
守	守卫、卫护	操守也。（孙注）	
真	本真、本性	真者，性之正也。（孙注）	
志	志向、志气	心之所之，谓之志。（孙注）	
满	饱满	盈溢也。	足也。（孙注）
逐	追逐	追也。	引之而去也。（孙注）
物	物质、物欲	万物也。	外物。声色嗜欲之类。（孙注）
意	意志	志也。	意者，心之所发也。（孙注）
移	改变	移，即动也。（孙注）	

---

① 刘宏毅：《千字文讲记》，海南出版社，2007，第81页。

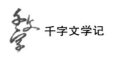

【典故】布政使敛横财

浙江绍兴府有一个布政使，为人非常贪婪。积不义之财，积至数十万。后辞官回去买良田千顷。他的祖父屡次在梦里告诉他：假如继续这样下去，定要遭上天的谴责。可他不孝，不听。结果他的儿子跟孙子又嫖又赌，把钱败光，最后儿孙皆死，自己也染疾瘫痪。媳妇跟孙媳妇也都不守贞洁，整个家乱成一团。更甚者，很多亲戚朋友打歪脑筋，到家中谋取家产，欺负他们。而他已经瘫痪，只能眼睁睁地看着。直至垂垂老矣，家财全无，断气以前，大声说道："官至布政不小，田至十万不少。我手中置，我手中了。"这是"横财感横祸"。

【延伸】

（一）意移之苦　守真之乐

《上野本》注解此句："心守真理，则得志满也。逐物飘扬，则移万起也。""守真"即保住自己纯净的真如本性，一如"返璞归真"之说。能守住真常之性，人的心志就会饱满。如果跟着外物跑，心为外物所动，则意乱纷飞。《灵枢·本神》："心有所忆谓之意，意之所存谓之志。"上音下心为"意"，即心声也。若"意"能守真，而不为外物所动，就能存得住，成为"志满"。如果意"移"，就存不住了。

日日为外物所牵引，意志是散乱的。这般放不下，那般舍不得。贪婪违背本真，使得人之灵性下降。追名逐利者，烦恼千千结，返璞归真性，自在有真乐。

（二）财为五家共有

佛家认为，财为五家共有。一水火，洪水冲毁；不慎而招致火灾，或是因战乱而毁失；二天地灾，天体碰撞地球或大地震；三官府，罚没充公；四盗贼，为贼偷窃；五败家子，挥霍一空。君子能够"守真志满"，不为外物所移，千金散尽还复来，守之仁义，修财布施，得财富果；而小人"逐物意移"，枉费心思，敛取横财，所得亦是命中本有，且因行不义之事而折损福报。斯可谓"君子乐得做君子、小人冤枉做小人"。

（三）富贵不能淫，贫贱不能移

范仲淹年少贫困之时，曾寄宿寺院读书，发掘一堆金子，却分文不动，把它埋好，胸怀大志，划粥割齑，考上功名，位至宰相。寺院向他化缘，他回去告知之，某树位置埋有一堆金子，可以用那个钱建寺。后来真的找到了，人皆佩服。贫困之时，面对这么多的钱财，能丝毫不为所动，"富贵不能淫，贫贱不能移"。

第五十一句　坚持雅操　好爵自縻

【句义】坚持高雅的操守，好运自会系临其身。

【字义】

字	今注	古注	
坚	坚决	刚也。	固也。（孙注）
持	守持、维持	握也。	即守也。谓之坚持。（孙注）
雅	高尚、美好	雅，常也。（孙注）	
操	品行、节操	把持也。	所守之德。（孙注）
好	美好的	美也。	
爵	古代饮酒器皿，因等级不同爵器也不同。引申为爵位、爵号、官位的总称	礼器也。（说文）位也。（孙注）	人能固守五常，则为有德之人，王者必举而用之，而美位自系于其身矣……即自求多福之意。（孙注）
自	自己	本义"鼻也"。	
縻	拴住、牵住	縻，系也。	

【引经】好爵自縻

《易经》中孚卦云："我有好爵，我与尔縻之。"①

【典故】虞芮之讼②

虞国在今山西平陆县、芮国在今陕西大荔县。相传两国之君争田，久而不决，说："西伯昌是有德之人，让他来评理裁定吧。"于是他们一起来到周地，

---

① 《周易》，中华书局，2014，第290页。

② 周初二国虞芮，相传两国有人曾因争地兴讼，到周求西伯姬昌评断。《诗·大雅·绵》："虞芮质厥成，文王蹶厥生。"《史记　周本纪》："于是虞芮之人有狱不能决，乃如周。入界，耕者皆让畔，民俗皆让长。虞芮之人未见西伯，皆惭，相谓曰：吾所争，周人所耻，何往为，祇取辱耳。遂还，俱让而去。"后因以"虞芮"指能谦让息讼者〔（东汉）司马迁：《史记》，中华书局，2009，第18页〕。

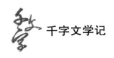

到了边境，看到周人耕田的互相让地，走路的互相让道，进入周都邑，又看到周人斑白不提携；周人士让大夫，大夫让卿，有礼有节。人人都互为谦让，两人非常惭愧，说："我们真是小人，不要再踏进君子的朝廷里了。"于是两国国君让出所争之地。还没见到周文王，虞芮之讼就平定了。此事传开，周边四十多国都归顺周文王。"一日克己复礼，天下归仁焉"！周文王道之所在，天下归之。

【延伸】

（一）"縻"之义

拴牛绳为"縻"，拴马绳为"羁"。"羁縻"合用即为牵制、笼络的意思。縻字引申义为牵系、拴住。"自縻"就是自己跑来拴住自己。"坚持雅操，好爵自縻"也就是自修己德、自求多福，好运自来。

（二）自求多福

中国文化是自立的文化，历来讲究"求人不如求己""行有不得，反求诸己""祸福无门、惟人自召"。《易经·乾卦》开篇即"天行健，君子以自强不息"[1]。求己者贵，知足者富。自强而后外援，自助而后天助，而助之多寡，取决于自身是否"坚持雅操"，所谓"得道多助、失道寡助"是也，故称"好爵自縻"。

小结　修身齐家

第二段主要讲述君子"循五常而修身、依五伦而齐家"。

上承第一段："总论三才"。第一段言"天地人"，结尾部分阐述了"人性本善、以德为本"。本段承之，展开论述，人道之德为何。

下启第三段："治平天下。"欲治国者必先齐其家，欲先齐家者必先修身。"壹是皆以修身为本。"

段与段衔接紧密，句与句亦逻辑承顺，环环相扣。试梳理如下。

---

① 《周易》，中华书局，2014，第7页。

（一）修身之前提为"正心"：自"景行维贤"至"寸阴是竞"

欲修其身，先正其心。云何正心？分"内、外、先、后"四者。

一者，内需克念。"景行维贤，克念作圣"。生而为人，不能不学。学贵立志，立志圣贤。如何成之，景行克念。光明心性，革除私欲。此谓内在，从心处下功夫。

二者，外需端形。"德建名立，行端表正"。古人认为，身若不正，心即不正；字若不正，心亦不正。一言一行，一冠一履，悉皆正之。能得行端，自得表正，长此以往，身心俱正。身心既正，德建名立，水到渠成。若图名利，不务修身，本末倒置。此谓外在，从行端处下功夫。

三者，先要明理。"空谷传声，虚堂习听。祸因恶积，福缘善庆"。起修之前，先须明理。祸福无门，惟人自召。

四者，悟后起修，惜时力行。"尺璧非宝，寸阴是竞"。

（二）修身之落实在"五伦"：自"资父事君"至"切磨箴规"

自修得力，及以齐家。如何齐家，奉行五伦。五伦之中，首当孝忠。孝忠之本，在于恭谨：恭谨于孝，夙兴温凊；恭谨于忠，临深履薄；恭谨于表，容止安定；恭谨于时，慎终宜令。如此恭谨，立身行道，扬名后世，犹如甘棠，去而益咏，忠孝圆也。师尊如父，母仪天下，亦当奉孝，同父子伦。另有三伦，一曰夫妇，一曰兄弟，一曰朋友。言而至此，五伦备矣。

（三）修身之归结在"五常"：自"仁慈隐恻"至"好爵自縻"

修身齐家，归根结底，无非五常，以仁为本，义礼智信。固守五常，性静情逸，不守五常，心动神疲。固守五常，守真志满。不守五常，逐物意移。守得五常，坚持雅操，则自求多福，好爵自縻。

此则修身齐家也。
正心诚意，悟后起修，景行克念，此谓修身之基；
和合五伦，忠孝齐家，扬名后世，此谓修身之果；
固守五常，自求多福，此归结修身之理。

第三段　治平天下

第五十二句　都邑华夏　东西二京

【句义】中国古代都城雄伟壮观，最古老的有东京洛阳和西京长安。

【字义】

字	今注	古注（孙注）	
都	大城市	帝王世纪云。 天子所宫曰都。	说文云。 有先君之旧宗庙曰都。
邑	城邑	县也。又王都又称邑。	说文云。国也。
华	中国古称	文明之象。	中国谓之华夏，言其文明而大也。
夏		大也。 说文云。中国之人也。	
东	东方	周成王营洛邑为王城，及平王东迁居焉，东汉亦都之。谓之东京。今河南府也。	
西	西方	周武王都于镐京，秦都咸阳，西汉都长安，谓之西京。即今西安府也。	
二	数目	地之数也。（说文） 易曰。天一地二。（段注）	
京	京都	亦大也。王者所居之国。	

【引经】华夏
《尚书·周书·武成》："华夏蛮貊，罔不率俾，恭天成命。"[1]
《左传》定公十年载孔子语云："裔不谋夏，夷不乱华。"[2]

---

[1]　吴玉贵、华飞主编《四库全书精品文存》，团结出版社，1997，第92页。
[2]　《左传》，中华书局，2014，第414页。

【延伸】

（一）九朝古都：东京洛阳

洛阳建都始于西周。周平王时，西戎入侵中原，迁都洛阳，史称"东京"。后有东周、东汉、曹魏、西晋、北魏等朝亦设都洛阳。由于东汉时汉光武帝建都洛阳，故洛阳又称东京。

（二）十朝古都：西京长安

周武王定都"镐京"，即今西安西南。西汉时汉高祖定都长安，故称西京。先后有西周、秦、西汉、前赵、前秦、后秦、西魏、北周、隋、唐等朝建都长安。汉唐时称"长安城"。宋、金时称"京兆府城"，元时名"奉元路城"。明初改为"西安府"，取"西北安定"之意。

（三）都邑

"都邑华夏"，"此言王者京都之大也"①。有人认为，"天子所宫曰都，诸侯所都曰邑"。天子住的地方叫都，诸侯住的地方叫邑，相当于现如今"首都"与"省会"的概念。

第五十三句　背邙面洛　浮渭据泾

【句义】洛阳背靠北邙山，面临洛水；长安左横渭水，右据泾河。

【字义】

字	今注	古注〔（清）孙枝秀《千字文注》〕
背	背后、背靠	后也。在国之北。
邙	北邙山。 位于河南洛阳北面	山名。北邙山也。在今河南府城北。
面	面向、面朝	前也。在国之南。
洛	洛水	水名。源出今商州洛南县冢岭山。

---

① （清）孙枝秀辑《千字文注》，清康熙二十四年刊本，第24页。

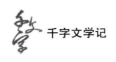

续表

字	今注	古注〔（清）孙枝秀《千字文注》〕
浮	漂浮、浮泛	泛也。
渭	渭水。源于甘肃	水名。出今临洮府渭源县鸟鼠山。
据	凭着、依靠	依也。
泾	泾河。源于宁夏	水名。出今平凉府岍头山。

【延伸】

（一）前者东京　后者西京

此句承接上文"东西二京"。"背邙面洛"描述的是东京洛阳的地理位置。北邙山位于河南洛阳的北面。"浮渭据泾"描述的是西京长安的地理位置。西安左横渭水，右据泾河。

（二）前方为南　后方为北

古汉语中"背"表方位时一般指"北方"。中国自古讲究坐北朝南。故而中国古代地图上南下北，与今日相反；中国人尚南，西方人尚北。所以罗盘指针明明指向北方，中国却称之为"指南针"。九五之尊的天子之位、历来的衙门口都是靠北面南，今日的居室也讲究朝南。

（三）生于苏杭，葬于北邙

史上素有"生于苏杭，葬于北邙"之说。洛阳城北邙山之上，以其为风水宝地，帝王陵墓数不胜数。皇家陵园五处：东周、东汉、曹魏、西晋、北魏五区，葬有汉光武刘秀、蜀后主刘禅、南陈后主陈叔宝、南唐后主李煜等帝王，及贾谊、班超、李密、薛仁贵、狄仁杰、杜甫、孟郊、颜真卿等名流。确如古诗云，"北邙山上列坟茔，万古千秋对洛城"。另"洛阳牡丹甲天下"。洛阳牡丹出邙山，北邙山又叫牡丹山。

（四）泾渭分明

渭水发源于甘肃，泾水起源于宁夏，二水在西安泄合后流入黄河。在汇入黄河以前，泾水清，渭水浊，水质完全不一样，这就是成语"泾渭分明"之来历。

第五十四句　宫殿盘郁　楼观飞惊

【句义】宫殿盘旋曲折，重重叠叠；楼台宫阙凌空欲飞，触目惊心。

【字义】

字	今注	古注〔（清）孙枝秀《千字文注》〕	
宫	宫室	尔雅云。宫谓之室。古者以宫为室之通称。后世专以称天子之室焉。	此言王者宫室之状。
殿	殿堂	堂之高大者。秦始皇始作之。	
盘	盘旋	屈曲之貌。	
郁	繁盛	茂盛之貌。	
楼	高楼	说文云：重屋也。	言楼观之高，势若飞然。而骇人之目也。
观	楼台	尔雅云：观谓之阙。释名云：观者，于上观望也。	
飞	飞檐，中国古代特有的建筑结构，像飞鸟	鸟飞也。	
惊	触目惊心	骇也。	

【延伸】

（一）殿为外朝　宫为内廷

天子所居之室叫作宫，天子所议之堂叫作殿。紫禁城前半部分是三大殿：太和殿、中和殿、保和殿，属于外朝；后半部分是后三宫：乾清宫、坤宁宫、交泰宫。可以理解为，殿为对外之公堂，宫为起居之内廷，为皇室生活区。

（二）亭台楼阁　轩榭观阙

"亭者，停也。人所停集也。"亭有顶而无四壁。

"台，观四方而高者。"以土石而建，高而平，一般筑为方形，便于眺望。台上可有建筑，也可无建筑。大台便为坛。

"楼，重屋也。"两层以上建筑。战国时出现，汉城楼已高 3 层。耳熟能详之古楼如岳阳楼、黄鹤楼、钟楼、鼓楼等。

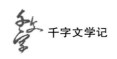

"阁"为架空楼房，四周设栏杆、回廊、隔扇，供远眺、游憩、藏书和供佛之用。

"轩"为有窗的长廊或小屋，多为点缀性的观景建筑。拙政园中即有"与谁同坐轩？明月清风我"之美句。

"榭"为建于高土台或水面上的建筑。

"观"在宫廷大门之外，一般为两层的细高建筑，朝廷张贴公告于此。两观之间有一个豁口叫作"阙"。

楼观耸入云天，所以"楼观飞惊"。李白《夜宿山寺》："危楼高百尺，手可摘星辰。不敢高声语，恐惊天上人。"后人亦有好事者，将自己家的楼，取名"摘星楼"，以言其高。

第五十五句　图写禽兽　画彩仙灵

【句义】宫殿里面画着飞禽走兽，还有彩绘的天仙神灵。

【字义】

字	今注	古注〔（清）孙枝秀《千字文注》〕
图	画图	皆画也。
写	描摹、绘画	
禽	飞禽	飞曰禽。
兽	走兽	走曰兽。
画	绘画	以五色状物之形曰画。
彩	彩色	色也。
仙	天仙	长生不死曰仙。
灵	神灵	神也。

【延伸】

（一）随文入观　层层递进

上文先以宏观视角，"航拍"华夏版图，俯视都邑二京，及其四面之山水。而后镜头拉近，见到宫殿楼观之外貌，"宫殿盘郁，楼观飞惊"。此处，镜头再拉近，特写宫殿之内景。

（二）雕梁画栋　目不暇接

宫殿楼观之中，皆以彩色图画飞禽走兽及神仙之形于内也。雕梁画栋，梁柱檐井、墙壁匾额，彩绘满灵禽、善兽、天仙、神灵等。彩饰悦目、华美纷呈。

第五十六句　丙舍旁启　甲帐对楹

【句义】正殿两旁的配殿从侧面开启，豪华的幔帐对着高高的楹柱。

【字义】

字	今注	古注〔（清）孙枝秀《千字文注》〕	
丙	天干第三位	干名。	言丙舍之门，开于其侧也。
舍	房屋	屋也。	
旁	侧面	侧也。	
启	开启	开也。	
甲	天干第一位	干之首。	
帐	幔帐	释名云：张也。张施床上也。	
对	二者相对	当也。	
楹	厅堂前部的柱子	柱也。	

【引经】丙舍旁启

魏钟繇有帖云，"墓田丙舍"。

【典故】汉武帝甲帐

"汉武故事云，上以琉璃珠玉，明月夜光，杂错珍宝为甲帐。其次为乙帐。"[1] 甲帐是汉武帝时所造的帐幕。据《汉武故事》所记载，"武帝以珍宝为甲帐，其次为乙帐"。汉武帝的幔帐用珊瑚、宝石、翡翠、珍珠等珠宝镶嵌，为第一等的幔帐，故称甲帐。

---

① （清）孙枝秀辑《千字文注》，清康熙二十四年刊本，第25页。

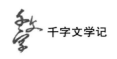

【延伸】亥为天门，巳为地户

"天官书云，亥为天门，巳为地户，丙舍于巳，故凡地户俱称丙舍。"① 古人认为："亥为天门，巳为地户。"亥是十二地支最后一位，后接子时一阳生，亥主生，为天门。巳是阳尽之时，后接午时一阴生，巳主死，为地户。"丙舍于巳"，故凡地户皆称丙舍。如寄柩所、祠堂、陵园之房等。钟繇有《丙舍帖》传世，内有"墓田丙舍"之文。温庭筠亦有诗云："帘间清唱报寒点，丙舍无人遗烬香。"由于丙舍非正房，其门户朝东西方向开启，故称"旁启"。

第五十七句　肆筵设席　鼓瑟吹笙

【句义】宫殿里大排筵宴，弹瑟吹笙，一片歌舞升平的景象。

【字义】

字	今注	古注〔(清) 孙枝秀《千字文注》〕	
肆	摆设、陈列	广韵云：陈也。	古人籍地而坐，筵席皆坐之具也。
筵	筵席。古代坐具	重曰筵。	
设	陈设	置也。	
席	筵席。古代坐具	单曰席。	
鼓	敲击、弹奏	动之也。	
瑟	代指弦乐	乐器。状如琴。有二十五弦。	说文云：庖牺所作弦乐也。
吹	吹奏	以口嘘气曰吹。	说文云：出气也。
笙	代指管乐	亦乐器。以匏为之。列管于匏中，又施簧于管端，以出其声也。	

【引经】肆筵设席　鼓瑟吹笙

《诗经·大雅·行苇》："肆筵设席，授几有缉御。"②

《诗经·小雅·鹿鸣》："我有嘉宾，鼓瑟吹笙。"③

---

① （清）孙枝秀辑《千字文注》，清康熙二十四年刊本，第 25 页。
② 程俊英、蒋见元：《诗经注析》，中华书局，2018，第 613 页。
③ 程俊英、蒋见元：《诗经注析》，中华书局，2018，第 339 页。

【延伸】中国古代坐具

中国古代坐姿经历了从坐、跪、跽、踞、踟跌到垂足坐的演变，与坐具之演变密切相关。

早期为"筵"和"席"。东汉郑玄注《周礼》："筵亦席也，铺陈曰筵，籍之曰席，筵铺于下，席铺于上，所以为位也。"筵铺在地上，席铺在筵上。古人坐在筵席上进食，后来酒席就称为筵席。现代汉语中有"首席""出席"等用法，莫不与此有关。

另有"床"与"榻"。《说文》云："床，安身之坐者。"① 古时"床"不同于今日，非仅卧具，而是坐卧两相宜。上可置案几以供读书、下棋等。东汉有"胡床"，已出现垂足坐姿。但胡床无靠背，似折叠小凳，为闲居或外携之小物，不登大雅之堂。所以对主流坐姿不起决定性影响。

至少唐中期已出现椅子，唐朝贞元十三年（797）的《济渎庙北海坛祭器碑》有椅子的记载，写作"倚子"。至五代，由《韩熙载夜宴图》可见已盛行垂足背靠之椅。

至南北宋时期，由苏轼《私试策问八首》、朱熹《跪坐拜说》等相关文献中可知，宋时已几无跪坐。

第五十八句　升阶纳陛　弁转疑星

【句义】文武百官上堂入殿，帽子不停地转动，好像满天的星斗。

【字义】

字	今注	古注〔（清）孙枝秀《千字文注》〕	
升	登上	登也。	
阶	台阶	级也。	堂之高者去地远，故设阶陛，所以升堂者也。
纳	进入	入也。	
陛	宫殿的台阶	即阶也。	

---

① （东汉）许慎：《说文解字》，中华书局，2013，第 117 页。

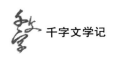

续表

字	今注	古注〔（清）孙枝秀《千字文注》〕	
弁	古代官帽,缝合处常用玉石装饰	冠名。白虎通云:弁之为言,攀持髮也,有爵弁、韦弁、皮弁等制。	登阶入陛者,其弁动移如星之多。则阶陛之广可知。
转	转动	转动也。	
疑	疑似	似也。	
星	繁星	万物之精,上列为星。〔（汉）许慎《说文解字》〕	

【引经】弁转疑星

《诗经·卫风·淇奥》云:"有匪君子,充耳琇莹,会弁如星。"①

【延伸】

（一）陛下之称

《史记·秦始皇本纪》:"自上古不及陛下威德。"② 此中的"陛下"即指的是"秦始皇"。"陛"的本意即台阶,通往帝王宫殿的台阶,九阶为一组,所谓"天子之陛九级"。陛之上为天子,陛之下有侍卫群臣。那为何不称天子为陛上?反称为陛下呢?汉代蔡邕《独断》云:"谓之陛下者,群臣与天子言,不敢指斥天子,故呼在陛下者而告之,因卑达尊之意也。"群臣与天子言,因恭敬而不敢直呼天子,所以呼在陛下之人而告之,所以"陛下"成为对天子的尊称。

（二）爵弁和皮弁

所谓"冠冕堂皇"之"冕",黑色礼冠,其上方有方形搓板,叫延。延前后挂有玉串,为旒。天子挂 12 串旒,诸侯挂 10 串旒。隔旒而视,寓意不视非、不视邪,是非分明。冕垂丝绳至耳边处,两边各系一块美玉以"充耳",寓意不听谗言、不计小过,有所闻有所不闻。爵弁形制如冕,但没有旒。皮弁

---

① 程俊英、蒋见元:《诗经注析》,中华书局,2018,第 122 页。
② （东汉）司马迁:《史记》,中华书局,2009,第 47 页。

是文武百官戴的皮冠，以皮革为冠衣，"弁以鹿子皮为之"。拼缝之处，缀玉石，光映之下其烁如星。

第五十九句　右通广内　左达承明

【句义】建章宫右面通向广内殿，未央宫左面通达承明殿。

【字义】

字	今注	古注〔（清）孙枝秀《千字文注》〕
右	右面	东为右。
通	通达	即达也。
广内	汉代宫殿名。在长安的建章宫中，是西汉宫廷藏书的地方	殿名。三辅黄图云：建章宫中，西则广内殿。
左	左面	西为左。
达	通达	通也。《绘图增注千字文》
承明	汉代宫殿名。在长安的未央宫中，是会见文武大臣的地方	殿名。（三辅黄图）又云：未央宫有承明殿。

【延伸】

（一）左为西侧　右为东侧

现代以地面之视角，取上北、下南、左西、右东。古代以观天象之视角，取上南、下北、左西、右东。所以此处的"左"为西侧，"右"为东侧。如汉朝著作《三辅黄图》中有"建章宫中，西则广内殿"。

（二）上古茅茨　秦始宫殿

上古时期帝王没有华丽宫殿，所居为《诗经》中描绘的"茅茨土阶"，十分简朴。不仅住于土屋，且时常穿布衣在田中和百姓一起干活。自秦始皇之后，才开始大规模营造宫殿，如阿房宫，项羽一把火烧了三个月。西汉时期长安城有"汉三宫"：未央宫、长乐宫、建章宫。公元前202年，汉高祖建长乐宫；两年之后，建成未央宫，极为豪华；前104年，汉武帝造建章宫，规模更甚。《三辅黄图》载为"千门万户"。

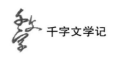

第六十句　既集坟典　亦聚群英

【句义】这里既收藏了古今的名著典籍，也汇聚着成群的文武英才。

【字义】

字	今注	古注〔(清)孙枝秀《千字文注》〕
既	副词	已事之辞
集	汇集、集中	即聚也。
坟	《三坟》《五典》的并称，后为古代典籍的通称	三坟也。 三坟载三皇之事者也。
典		五典也。 五典载五帝之事者也。
亦	又	又也。
聚	聚集	说文云。会也。
群	众多	众也。
英	精英	才德出众之人谓之英。

【引经】既<u>集坟典</u>

《春秋左氏传》："楚左使倚相能读三坟、五典、八索、九丘。"

【典故】随园楹联

清朝乾隆年间，袁枚与赵翼、蒋士铨合称"乾嘉三大家"。袁枚买下江宁织造隋赫德的"隋园"，改名"随园"，即《红楼梦》里所描写的大观园。住下之后，在随园门口挂了一副楹联。上联是，此地有崇山峻岭茂林修竹；下联是，斯人读三坟五典八索九丘。八索即八卦，九丘即九州州志。赵翼见之，不服。三坟五典早已绝迹，袁枚怎敢口气如此之大。于是拜访袁枚，袁枚不在家，管家问他有何事，赵翼说借两部书看。问之何书？答三坟五典。袁枚回来听说此事，即刻将门口楹联摘除。

【延伸】

（一）三坟五典　以盖群书

"书莫古于坟典。故举此以盖群书也。""按古三坟已不可考。至宋元丰中，张商英得于唐州北阳民家，其书为山坟、气坟、形坟三篇。言多诞妄。盖伪书也。五典，即书经尧典、舜典、大禹谟、皋陶谟、益稷五篇。"

（二）承上启下　广内承明

"既集坟典"承接上文之"广内殿"，因其为藏书之所。"亦聚群英"对应上文之"承明殿"，因其为皇帝接见文武百官之所。顺启下文：广内殿内有"坟典"，具体有什么古籍呢？有"杜稿钟隶，漆书壁经"；"承明殿"内有"群英"，具体是些什么人呢？即"府罗将相，路侠槐卿"。

第六十一句　杜稿钟隶　漆书壁经

【句义】殿内藏有杜度草书的手稿、钟繇隶书的真迹、以漆书写的古籍，以及从孔府旧宅墙壁内所发掘的藏经。

【字义】

字	今注	古注〔（清）孙枝秀《千字文注》〕	
杜	杜度	杜度也。	汉章帝时，杜度善作草书。
稿	草书手稿	草稿也。 凡作文稿，多用草书，故谓草书为稿。	
钟	钟繇	钟繇也。	秦始皇时，程邈始变古文篆为隶，以其简捷便于徒隶，故谓之隶。魏钟繇善作此书。
隶	隶书	贱者之称。	
漆	生漆、木漆	木液可饰器者。 古人无墨，以漆书字于竹简之上。	
书	写字	载籍之通称。	说文云：箸也。
壁	墙壁	墙也。	说文云：垣也。
经	经书	六经。易书诗礼乐春秋是也。	

【典故】伏生默书　孔宅壁经①

秦始皇时，焚书坑儒。孔氏后人唯恐经典失传，故将一部分经书藏在了夹

---

① 典出《汉书》卷三十《艺文志》。指汉代发现孔子宅壁中藏书。原文："《古文尚书》者，出孔子壁中。武帝末，鲁共王坏孔子宅，欲以广其宫，而得古文尚书及礼记、论语、孝经凡数十篇，皆古字也。"唐·颜师古："《家语》云：孔腾字子襄，畏秦法峻急，藏《尚书》《孝经》《论语注疏》于夫子旧堂壁中。而《汉记·尹敏传》云：孔鲋所藏。二说不同，未知孰是。"

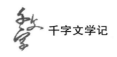

壁墙里边。汉惠帝刘盈当政时曾昭告天下，问谁家藏有儒家经典。秦皇刑苛，谁人敢藏书？那儒家经典是怎么传承下来的呢？靠背诵。其中最有名的是一个名叫伏生的九十岁老先生，他默写了整部《尚书》。后来，汉武帝之弟鲁恭王欲侵占孔子旧宅。拆墙时发现了墙壁里藏有《孝经》《古文尚书》《论语》《礼记》等。时人把壁经里发现的《尚书》称"古文尚书"，伏生默写的《尚书》称"今文尚书"。

【延伸】

（一）杜度：草书第一人

唐代书法家怀素的《自叙帖》被誉为"天下第一草书"。今人知怀素者十有八九，知杜度者却百无一二。东汉时期有一位号称"草圣"的书法家张芝。他曾说自己的书法"上比崔、杜不足"。此处"杜"即指杜度，"崔"即东汉另一位章草书法名家崔瑗，而崔瑗是杜度的学生。《千字文》作于南北朝时期，举杜度而不举张、崔，可见杜度在当时应享负盛名。杜度很有可能是中国历史上写草书的第一人。唐张怀瓘《书断》列其章草为神品，草书大家怀素称他的章草"天然第一"。

（二）钟繇：真书第一人

此处言"钟隶"之隶书，应指"今隶"。陶宗仪《书史会要》云："钟王变体，始有古隶、今隶之分，夫以古法为隶，今法为楷可也。"由此可知，所谓今隶，不同于东汉隶书，也不同于今日之隶书，而应为钟繇与王羲之减改隶书、省却波磔而新创的楷书，又称真书。在当时有"隶楷"之称。故而钟繇被后世尊为"楷书鼻祖"。

（三）漆书：最早的硬笔书法

传说西周"邢夷始制墨"。此前无墨，古人通常用漆在竹简上书写文字，谓之"漆书"。元代吾丘衍在《学古编》释说："上古无笔墨，以竹梃点漆书竹上，竹硬漆腻，画不能行，故头粗尾细，似其形耳。"读来似今日所说"蝌蚪文"。现代出土商代用玉石制作的漆书笔，可见漆书可能是中国最早的硬笔书法文体。

第六十二句　府罗将相　路侠槐卿

【句义】承明殿内聚集着百官将相，承明殿外候列着大夫公卿。

【字义】

字	今注	古注〔（清）孙枝秀《千字文注》〕	
府	官内	风俗通云：聚也。公卿牧守之所聚也。	段注云：文书所藏之处曰府。
罗	网罗	列也。	段注云：鸟罟谓之罗。
将	武官	武臣也。	说文云：帅也。
相	文官	宰相文臣也。	
路	道路	道路也。	说文云：道也。
侠	同"夹"	并立也。	
槐	三槐即三公	木名。	说文云：木也。
卿	指代周六卿/汉九卿	爵名。	说文云，章也。六卿：天官冢宰、地官司徒、春官宗伯、夏官司马、秋官司寇、冬官司空。

【延伸】

（一）槐卿：三公九卿

此言群英皆居公卿将相之位也。"周礼建外朝之法，左九棘，孤卿大夫位焉。……三槐，三公位焉。"《周礼》中记载：周代外朝种植槐树三棵，三公位列其下；左右各种植棘树九棵，九卿大夫位列其下，所以称公卿为"槐卿"。换言之，此处"槐"即三槐，指代三公。"卿"即秦汉时九卿。

（二）周六卿　汉九卿

周礼六卿，即天官冢宰、地官司徒、春官宗伯、夏官司马、秋官司寇、冬官司空。秦汉九卿，即太常（掌祭祀）、光禄勋（掌门房）、卫尉（掌卫兵）、太仆（掌车马）、廷尉（掌法律）、大鸿胪（掌礼宾）、宗正（掌皇族谱）、大司农（掌经济）、少府（掌皇财政）。

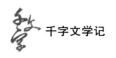

第六十三句　户封八县　家给千兵

【句义】每户有八县之广的封地，还有上千名的亲兵卫队。

【字义】

字	今注	古注〔(清)孙枝秀《千字文注》〕
户	每一户	民家也。
封	分封土地	以地与之。
八	数目，代表"多"	数名。
县	县区	释名云:悬也。悬于郡也。
家	每一家	公卿将相之家也。
给	配给、供给	予也。
千	数目，代表"很多"	十百为千。
兵	士兵、卫兵	士卒也。

【典故】羊祜受封①

羊祜是西晋著名军事家、战略家，晋武帝司马炎的太傅、征南大将军。羊祜被封以泰山之南武阳、牟、南城、梁父、平阳五县，封祜为南城侯。羊祜一生清廉仁慈，所得俸禄全部用来周济族人、奖励将士。他死后，武帝司马炎亲着孝服，痛哭流涕。现湖北省襄阳市岘山上存"晋征南大将军羊公祜之碑"，又名"堕泪碑"。

【延伸】

（一）公卿将相　待遇如何

此句承接上文，讲述"公卿将相"之待遇异常丰厚。简而言之即"户封八县，家给千兵"。"汉高祖既定天下，有功者封八县之邑，有德者家给千兵……

---

① 见房玄龄《晋书·羊祜传》。

萧何功第一封为酂侯，张良为留侯，食邑万户，陈平为户牖侯。韩信、彭越、英布皆封诸侯王也。"①

（二）卫瓘千兵

著名女书法家卫夫人是王羲之的书法老师。卫夫人即卫铄，她的父亲是晋朝大书法家卫瓘，因平蜀之功被封为征北大将军、尚书令，朝廷派给千兵。

第六十四句　高冠陪辇　驱毂振缨

【句义】戴着高高的官帽，陪帝后车辇出游，车马驰驱，彩饰飘扬。

【字义】

字	今注	古注〔(清)孙枝秀《千字文注》〕	
高	与矮相对	上于下者曰高。〔(清)《绘图增注千字文》〕	说文云：崇也。
冠	帽子	首服也。	
陪	陪伴、伴随	侍也。	
辇	帝王、后妃之车	以人驾车曰辇。盖天子之车也。	说文云：挽车也。
驱	驱赶	驰之也。	承上"陪辇"而言。
毂	车轮	车轮也。	
振	振动、抖动	动也。	承上"高冠"而言。
缨	冠帽系带	冠系也。	

【延伸】骑骈骖驷辇

一人一马为一"骑"。两马并驾一车为"骈"，如"骈驰翼驱"②。三马拉一车为"骖"，如"载骖载驷"③。四马一车为"驷"，如成语"君子一言，驷马难追"。一说八马为辇。"辇"本意为"人拉车"，为会意字，即"扶"在前

---

① 张娜丽：《敦煌本〈六字千文〉初探析疑（续）》，《敦煌研究》2002 年第 1 期，引日本藏《纂图附音增广古注千字文》（简称"纂图本"），引《汉书》卷 16"高惠高后文功臣表第四"。
② 嵇康：《琴赋》。
③ 出自《诗经·小雅·采薇》，见程俊英、蒋见元《诗经注析》，中华书局，2018，第 538 页。

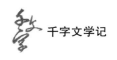

拉"车"。"谓人輓以行之车也……犾在前。车在后……夏后氏二十人而輦。殷十八人而輦。周十五人而輦。"① 后世专指帝王和后妃用的车乘。皇上坐的叫作龙辇，皇后坐的叫作凤辇。

第六十五句　世禄侈富　车驾肥轻

【句义】子孙世代享受优厚爵禄，生活富足。车驾仪仗、肥马轻裘。

【字义】

字	今注	古注〔[清]孙枝秀《千字文注》〕	
世	世代	父子相继为世。	公卿将相之子孙皆得食其祖父之禄，而世世相承也。
禄	俸禄	俸也。	
侈	奢侈	奢也。	
富	富裕	饶于财也。	
车	马拉的车	乘之以行者。	肥，言其所驾之马。轻，言其车也。
驾	驾马	驾马也。	
肥	马肥	说文云：多肉也。	
轻	一说轻快（车） 一说轻裘（人）	疾也。	

【引经】车马肥轻
《论语·雍也》："赤之适齐也，乘肥马，衣轻裘。"②

【延伸】

（一）何谓世禄？

古时爵位可世袭。只要后代没犯法违纪，爵位未被削去，即可世袭往替。禄是根据爵位等级不同，政府予以不同的配给和补贴。今将"俸禄"合为一个概念，古代"俸"与"禄"不同。俸是薪俸，相当于今日之工资、

---

① （清）段玉裁：《说文解字注》，上海古籍出版社，2006，第730页。
② 《周易》，中华书局，2014，第58页。

薪水，需作奉献才有薪酬。禄是配给，相当于今日之福利。有爵位或名分，即可坐享利"禄"。清初，只要是满人皆可以每月领一斗禄米、二吊铜钱，坐享福利。

（二）何谓肥轻？

有两种说法。一种说法认为，轻是"疾"，表"车"轻快飞速；另一种说法认为肥轻是"肥马轻裘"的简称。语出《论语》。后来"肥马轻裘"成为一个成语，意为骑肥壮的马，穿轻暖的皮衣。形容阔绰。白居易有《秦中吟》诗十首，其中之一题为《轻肥》。

第六十六句　策功茂实　勒碑刻铭

【句义】文治武功卓著，被载入史册，且被镌刻在金石上永传后世。

【字义】

字	今注		古注〔（清）孙枝秀《千字文注》〕
策	策书、史册	即"策勋"。记功勋于策书之上。一说策为谋划文治、功为武功，合为文武功勋	谋划也。
功	功劳、功勋		说文云：以劳定国曰功。
茂	茂盛、盛大		盛也。
实	真实、不虚		对名而言。谓实有其功也。
勒	雕刻		即刻也。
碑	石碑		说文云：坚石。以记功德也。
刻	雕刻		说文云：镂也。
铭	铭文		纪也。释名云：纪名其功也，此所谓铭。即碑铭也。

【延伸】

（一）何谓策功？

此句承接上文，为何这些公卿将相能够享有"户封八县""高冠陪辇"

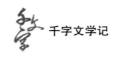

千字文学记

“世禄侈富”“车马肥轻”的高等待遇？因为他们“策功茂实”。何谓“策功”，有两种说法。一种说法认为，“策”为谋划、策划，指代文治之功，“功”为武功、上阵杀敌的定国之功，“策功”合而为“文治武功之功勋”。另一种说法认为，“策功”即“策勋”。经查，“策勋”为记录功勋于策书之上的意思。“策”指策书、史册。意指这些享有盛誉及厚封的公卿将相所立下的，不是一般的小功劳，而是被载入史册的功勋。不仅载入史册，还要“勒碑刻铭”，镌刻于金石之上，流芳后世。

（二）勒碑与刻铭

“勒碑”，于石碑上刻字；“刻铭”，于金属上刻字。中国刻碑历史始于西汉。汉以前是在石柱、石鼓之上刻字。如故宫博物院存有战国时期的石鼓文、六棱石柱文。“刻铭”，如盘铭文、钟鼎文，皆为青铜器上的篆字。汤之盘铭“苟日新，日日新，又日新”，亦属金铭。

（三）陕西高陵杨宗道碑[①]

杨宗道[②]，字希贤，陕西高陵县渭桥里人，天资聪敏，读书识大义，兼明刑律，以柏台称辟，为富平、澄城功曹，所在廉平信义，人无间言。寻授秦藩长史掾，在官未尝营利家居，乐善怜贫，族人有不善者教育之、贫乏者周给之。贷人以财，人无力偿，终不言。杨宗道碑的碑文[③]撰写者孙丕扬（1531～1614）为明嘉靖三十五年（1556）丙辰进士，历任应天府尹、南京都察院右佥都御史，大理寺卿、户部右侍郎；诏拜刑部尚书、吏部尚书、太子太保等职（《明史·孙丕扬传》）。

---

① 《陕西金石文献汇集》，三秦出版社，1993，《高陵碑石》第43页“杨希贤及配焦太安人墓表”图。
② 杨宗道主编《国方志丛书》，清光绪十年刊本《陕西省高陵县续志》，第214页。
③ 《陕西金石文献汇集》，三秦出版社，1993，《高陵碑石》第168页“杨希贤及配焦太安人墓表”释文。

杨希贤及配焦太安人墓表

明万历三十四年
(1606)立。孙丕扬撰，
刘自化书，李仙品篆额，
杨甫林、杨甫松刊石。在
高陵县张卜乡吴村杨村
南。

首佚。碑身高213厘
米，宽90厘米，厚24厘
米。隶书，22行，行64
字。保存尚好。

43

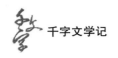

杨希贤及配焦太安人墓表

录文

明赠承德郎保定府通判杨公暨配焦太安人墓表

赐进士资政大夫太子少保吏部尚书食进一级俸侍经筵前三法司掌司事刑部尚书两京都察院掌院事左右□□史在告富平年家晚生立山孙丕扬撰

赐进士奉政大夫两浙盐运司运使高陵通家晚生少岚刘自化书

赐进士中宪大夫湖广按察司副使高陵通家晚生云卿李仙品篆

杨赠公者，余同年友，繁峙尹守信之父也。以季子守介贵，赠保定府通判，故称赠公。其合葬焦太安人于祖茔之次，在万历十七年四月二十六日，业已志之。□□甲辰□，繁峙尹年八十一岁高矣，犹然单骑求所以表墓道者。嗟乎，感此笃亲，忍辞老朋，因采其著者述之。公讳宗道，字希贤，别号渭田。上世世为高陵县渭桥里人。姓名可考□，则自讳国荣者、讳贵者始。行谊可考，则自讳兴者始。兴，即贵之子也。存心忠厚，居乡正直，人皆曰老成人。兴生□，善居室，好以积粟济人而薄取其息，历成化、弘治两荒」岁，皆出粟如故，贫不偿者，焚券莫间也。故感其施恩不报者，以为后世尹兴，乃以弘治甲寅八月十四日生赠公。公生而质朴笃实，步就师受儒家言，读法家语，多所通解。父喜曰：释吾家耒耜之业而得从衣冠，后必此子之倡矣。遂以掾历试富平、澄城、秦长史间，持公清勤谨之心，修府史胥徒之业。在富平则富平称能，在澄城□则澄城称能，在史司则史司称能，当事者莫不依若左右手。而其反身自负子孙碑口者，掾吏时服役先圣先师也。效奔走，洁口盛，一入庙而每事必慎，俨然神明□□越者。此□非儒心儒行，能若是乎。公□□恬淡，故临财无苟得，临事无舞文。居家又孝友，故不有私财，能让分产。以是，人不间于父母昆弟之言，君子国为难。是时，关西名公斛山□孙富平以忠谏显，谿田马三原以文学显，泾野吕高陵以道□显，赠公遣仲子繁峙尹往学，且□之曰：学三君子之学，成三君子之名，吾愿毕矣。季子守介，性明而质美，学□□□□，有远大之望者。当水诀日，托弟繁峙尹，兄弟砥□，□相切嗟，以期无负赠公之望。事在嘉靖庚子十月五日也。后仲子偕考，举嘉靖壬子而尹繁峙，即有誉于□繁峙。季子举嘉靖戊午而尹怀仁，即有誉于怀仁，累升保定府通判、眉州知州。二县德政碑□□已。焦太安人犹及食二子禄养，而官邸皆谆谆砺节为勉，故□郡县后□□□□□良太安人之教力也。初，赠公及太安人之拜封命也，在万历十一年，乡□□者如堵墙，相与欣然曰：□哉，有子如此，可谓显亲扬名也已。公五子：长守清；次守信，初谕荣河，既拜大宁、繁峙知县；次守约；次守介，初知怀仁，历□升保定府通判、眉州知州；次守贞。孙九人：铨、镜、矿，清子；金、隧，信子；锵、鉁、磁，介子；锦，贞子。而金、锵、锦、磁、隧皆庠生；鉁，国子生。曾孙子十八人。为金子者三：翰明，武生；栋明，树□明。为鉁子二：毓□、毓□。为锦子者四：楣明、□明，楎明，楯明。为隧子者三：柱明，邑庠生；榉明，□□。为磁子者二：毓汉，毓洋。为铨子者一：□亨。为锵子者三：毓渭、毓江，毓泾。为□□子者一：运泰。玄孙六人，尚幼。孙子□□考，赠公世美而知其获报隆也。今人谁不欲多男，为男而两起贤科，两列循良，尤难矣。谁不欲多孙，为孙子者九，而半且□□□。为曾孙者十八，而几列黉序。为玄孙者六，而□□祖开□仅一枝耳，多寡何霄壤也。然则公之种德远哉，天之报德明哉。是故表而出之，以为子孙□□之左券。

万历三十四年丙午清明日立

石匠杨甫林、杨甫松刻

按：撰人孙丕扬，虽《明史》卷二二四有传，然其所历"资政大夫""太子少保""三法司掌事""两京都察院掌院事""左右□□史"等官阶以及"食进一级俸侍经筵"失哉，可据此补之。又署衔下云"在告"，知孙丕扬在万历三十四年正休假在家，直到万历三十七年始入都，"起故官"。又碑文云"是时，关西名公斛山孙富平以忠谏显"。此三君子中孙富平即孙丕扬，别号斛山；马三原即马理，别号谿田；吕高陵即吕楠，别号泾野。碑主杨希贤父子，《明史》无考。

第六十七句　磻溪伊尹　佐时阿衡

【句义】周文王在磻溪遇到吕尚，尊他为太公望；伊尹辅佐时政，商汤封他为阿衡；他们都是辅佐帝王成就大业的功臣。

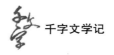

【字义】

字	今注	古注〔(清)孙枝秀《千字文注》〕
磻 溪	指姜太公	太公望所钓之处。
伊	商朝辅国宰相	姓。
尹		字也。成汤之相。
佐	辅佐	辅也。
时	时政	世也。
阿 衡	商朝官名。 相当于宰相	商之官名。伊尹为之。阿，倚也。衡，平也。言天下倚赖以平治者也。

【引经】佐时阿衡

《诗·商颂·长发》："寮维阿衡，左右商王。"

【典故】伊尹"治大国若烹小鲜"

约公元前 16 世纪初，伊尹助商汤灭夏，立下汗马功劳。拜为尹（丞相），尊号"阿衡"，用"以鼎调羹""调和五味"的理论治理天下（即《道德经》"治大国若烹小鲜"）。伊尹之母为奴隶，伊尹本为一名厨师。他创立"五味调和说"与"火候论"，被尊为"中华厨祖"。他不仅懂得烹饪，更深谙治国之道，商汤王三番五次以厚礼前往有莘国去聘请他。《孟子》："汤之于伊尹，学焉而后臣之，故不劳而王。"伊尹可谓中国第一个帝王之师。《孟子·万章》篇说伊尹"以尧舜之道要汤"，"而说之以伐夏救民"①。教汤效法尧舜的以德治天下、为救民而伐夏的方略。

【典故】伊尹放太甲②

商汤死后，伊尹历经外丙、仲壬，又做了汤王长孙太甲的师保。相传太甲"乱德"，伊尹将太甲流放于成汤墓葬之地桐宫，伊尹代理摄政，并著《伊训》《肆命》《徂后》等训词。太甲守桐宫三年，追思反省，处仁迁义，悔过反善。

---

① 《孟子》，上海大学出版社，2012，第 137 页。

② 伊尹放太甲在《史记·殷本纪》中记载：帝太甲既立三年，不明，暴虐，不遵汤法，乱德，于是伊尹放之于桐宫。三年，伊尹摄行政当国，以朝诸侯。帝太甲居桐宫三年，悔过自责，反善，于是伊尹乃迎帝太甲而授之政。帝太甲修德，诸侯咸归殷，百姓以宁〔(汉)司马迁：《史记》，中华书局，2009，第 47 页〕。此"伊尹放太甲"的故事与在《孟子》《左传》等书中的记载一致。

伊尹便亲迎之，并将王权交还给他。太甲复位后勤政修德。《史记》称"诸侯咸归殷，百姓以宁"。

第六十八句　奄宅曲阜　微旦孰营

【句义】奄国曲阜，除了周公旦还有谁有能力将其治理得那么好呢？

【字义】

字	今注	古注〔（清）孙枝秀《千字文注》〕	
奄	商末周初奄国	取也。	取曲阜而居之。
宅	安居	居也。	
曲	古为鲁国国都	地名。周公之所封。即鲁国也。	
阜			
微	假定副词"假如没有"	无也。	非周公旦之功，谁能造此鲁国之封也。
旦	周公旦	周公名。	
孰	谁	谁也。	
营	经营	造也。	

【典故】周公握发吐哺①

周武王去世，成王姬诵继位。成王年幼，未能治国，周公旦代为执政。不久，便有人造谣，说周公企图篡夺王位。纣王之子武庚以为有机可乘，便扯旗造反。周公率军亲征，三年平定叛乱。归来之后，制礼作乐。唯恐失一贤人，周公常常"一沐三捉发，一饭三吐哺"。洗头洗一半，有人会见，即刻握着湿发出来会客；一口饭没嚼完，有人会见，也即刻吐食而去接待。

---

① 《史记》卷三十三《鲁周公世家》其后武王既崩，成王少，在襁褓之中。周公恐天下闻武王崩而畔，周公乃践阼代成王摄行政当国。管叔及其群弟流言于国曰："周公将不利于成王。"周公乃告太公望、召公奭曰："我之所以弗辟而摄行政者，恐天下畔周，无以告我先王太王、王季、文王。三王之忧劳天下久矣，于今而后成。武王蚤终，成王少，将以成周，我所以为之若此。"于是卒相成王，而使其子伯禽代就封于鲁。周公戒伯禽曰："我文王之子，武王之弟，成王之叔父，我于天下亦不贱矣。然我一沐三捉发，一饭三吐哺，起以待士，犹恐失天下之贤人。子之鲁，慎无以国骄人。"（王晨编《史记精解》，中国华侨出版社，2015，第89页）

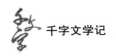

第六十九句　桓公匡合　济弱扶倾

【句义】齐桓公匡正天下诸侯，帮助弱小、拯救危亡。

【字义】

字	今注	古注〔（清）孙枝秀《千字文注》〕	
桓	齐桓公	齐君。名小白。	
公			
匡	纠正、端正	正也。正天下之乱也。	
合	会合	会诸侯也。	
济	救济	救也。	诸侯之弱者救之，危者持之也。
弱	弱小	兵力少也。	
扶	扶持	持也。	
倾	危难	危也。	

【引经】桓公匡合

《论语》云："桓公九合诸侯，不以兵车，管仲之力也。"[1]

《论语》云："管仲相桓公，霸诸侯，一匡天下，民到于今受其赐。"[2]

【典故】鲍叔牙举贤[3]

齐桓公即位后，任命鲍叔牙为宰相。鲍叔牙推辞，将宰相之位让给管夷吾。于是齐桓公斋戒沐浴三天，亲迎管仲，拜之为相。后来管仲辅佐齐桓公"九合诸侯、一匡天下"，甚至团结了中华民族，免于被外族所毁灭。齐桓公曾向管仲请教，一个国君最要重视的是什么？"齐桓公问管仲曰：王者何贵？"管仲回答"贵天""王者以百姓为天"。孔子对管仲的功业非常赞叹，"桓公九

---

① 程树德：《论语集释》，中华书局，2015，第 1129 页。

② 程树德：《论语集释》，中华书局，2015，第 1137 页。

③ 齐襄公无道，鲍叔牙奉公子小白奔莒。及无知弑襄公，管夷吾、召忽奉公子纠奔鲁。鲁人以兵纳之。未克，而小白入，是为桓公。使鲁杀公子纠于鲁之生窦。召忽死之，桓公既立，使鲍叔牙为宰相。辞曰："若必治国家者，则其管夷吾乎臣之所不及管夷吾者五。"乃使人请于鲁庄公曰："寡君有不令之臣，在君之国，欲以戮之于群臣，故请之。"庄公使束缚，以予齐使。齐使受之而退。比至，三衅三浴之。桓公亲迎于郊，而与坐而问焉。遂以为相。注云：三衅者，以香涂身曰衅。孔子曰："管仲相桓公，霸诸侯，一匡天下，民到于今受其赐。"

合诸侯，不以兵车，管仲之力也。如其仁！如其仁！"所以鲍叔牙让贤，后代十几世都是齐国名大夫；相比之下，李斯嫉妒贤能，害了师弟韩非子，最后与儿子被腰斩于东市。

【延伸】

（一）九合诸侯

"九"表多次。齐桓公北伐山戎以救燕国，平定狄乱以助邢国、卫国，曾解周王室之祸，定周襄王之位。公元前 656 年，齐桓公率鲁、宋等八国的军队，征伐南方的楚国，迫使楚国订立了盟约，阻止了楚国的北进。齐桓公在位四十三年，先后纠合诸侯二十六次，真正是匡合天下、济弱扶倾。

（二）君之度量

齐桓公即位之前，管仲本是公子纠身边的人。公子纠是齐桓公之兄，为争夺王位，派管仲去杀齐桓公。管仲向齐桓公射了一箭，没射死，齐桓公自咬舌头装死，于是管仲才回去复命。后来齐桓公即位，非但不记恨，而且重用贤才，封管仲为宰相。类似的，唐太宗重用魏征。魏征也曾是要杀他的。曾建议太子，李世民威胁太大，一定要先除之。后来李世民登基了，重用魏征。这都体现了成大事者的度量。

第七十句　绮回汉惠　说感武丁

【句义】汉惠帝做太子时靠商山四皓才幸免废黜，商君武丁感梦而得贤相傅说。

【字义】

字	今注	古注〔(清)孙枝秀《千字文注》〕	
绮	绮里季商山四皓之一	四皓之一。	
回	挽回	还也。	言汉惠将废，以四皓而得还太子之位也。
汉	汉惠帝		
惠		汉惠帝。谥法柔质慈民曰惠。	

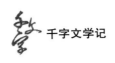
字	今注	古注〔（清）孙枝秀《千字文注》〕	
说	傅说	傅说也。	言傅说之贤感武丁于梦中也。
感	感应	格也。	
武	商王武丁	商之贤君。	
丁			

【典故】 商山四皓

"绮回汉惠"之"绮"即"绮里季"，指代"商山四皓"。"商山四皓"是秦朝末年四位德高望重的隐士。另三位为东园公、夏黄公、甪里先生。他们原是秦始皇时七十名博士官中的四位，分别职掌：一曰通古今；二曰辨然否；三曰典教职。后来隐居商洛山。因其年迈而皓首白头，因而被称为"皓"。杜牧诗《鹤》即有"丹顶西施颊，霜毛四皓须"之句。汉惠帝做太子时，吕后得知刘邦有意废黜太子，请"商山四皓"出山。一次宴会之上，刘邦见太子身后有四位老人，都已八十开外，胡须雪白。闻知是自己多次求访而不愿出山的商山四皓后，大吃一惊。四皓赞叹太子仁厚孝顺，恭敬爱士。刘邦看太子羽翼已成，便打消了废黜的念头。①

【典故】 武丁梦贤②

傅说原是在傅岩做版筑的奴隶，殷高宗武丁求贤若渴，梦感贤人，便画像访求，拜为相。相传武丁"三年不言以观国风"。三年不鸣，一鸣惊人。这一鸣惊人，便始于傅说。武丁梦见贤人姓傅名说，正在苦役。醒后想："傅者，相也。说者，悦也。天下当有傅我而悦民者哉！"武丁便画像访求，果然在傅岩找到傅说。傅说担任相之后，辅佐武丁，大力改革，"嘉靖殷邦"，史称"殷国大治"，"殷道复兴"。武丁一朝，成为商代后期的极盛时期。

---

① （清）孙枝秀辑《千字文注》，清康熙二十四年刊本，第28页。原文："秦时有四皓，避乱于商山，汉高祖招之，不至。后高祖欲易太子。张良乃聘四皓。与太子游。高祖见之曰，羽翼已成。难以动矣。由是得不易。及高祖崩，太子立。是为汉惠帝。"

② 据《史记·殷本纪》记载：帝武丁即位，思复兴殷，而未得其佐。三年不言，政事决定于冢宰，以观国风。武"夜梦得圣人，名曰说。以梦所见视群臣百吏，皆非也。于是乃使百工营求之野，得说于傅岩中。是时说为胥靡，筑于傅岩。见于武丁，武丁曰是也。得而与之语，果圣人，举以为相，殷国大治"〔（汉）司马迁：《史记》，中华书局，2009，第14页〕。在《墨子》《国语》《吕氏春秋》《帝王世纪》《尚书》等书中均有类似记载。

第七十一句　俊乂密勿　多士寔宁

【句义】众位贤才勤勤恳恳，换来了天下的安宁。

【字义】

字	今注	古注〔(清)孙枝秀《千字文注》〕
俊	才俊	千人之英曰俊。
乂		百人之英曰乂。
密	勤勤恳恳	黾勉之意。
勿		
多	众多	众也。
士	能人志士	汉志云:学以居位曰士。
寔	实在	与"实"同。
宁	安宁	安也。

【引经】

1. 俊乂密勿

《尚书·皋陶谟》云："俊乂在官。"[1]

《诗经·小雅·十月之交》云："黾勉从事，不敢告劳。"[2]

《汉书·刘向传》引之云："密勿从事，不敢告劳。"[3]

2. 多士寔宁

《诗经·大雅·文王之什》云："济济多士，文王以宁。"[4]

【延伸】

（一）承上启下　文韬武略

此句承接上文，作为小结。上文言及宫殿之中，一派盛景，公卿将相，待遇丰厚，皆因其立下赫赫功勋。而后举几位人物为例：商汤有伊尹、商

---

[1]　《尚书》，中华书局，2012，第36页。
[2]　程俊英、蒋见元:《诗经注析》，中华书局，2018，第444页。
[3]　(东汉)班固:《汉书》，中华书局，2011，第398页。
[4]　程俊英、蒋见元:《诗经注析》，中华书局，2018，第569页。

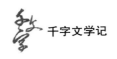

武丁有傅说、周文王有姜子牙、曲阜有周公旦、齐桓公有管仲、汉惠帝有商山四皓……这些人都是千里挑一的"俊"、百里挑一的"乂"。有了这些"俊乂"如此黾勉、"密勿从事"，辅助贤君治理天下，才能有"多士寔宁"。上述这些仁义贤明之士皆属"文"相，皆是仁义之公，以其德才文韬辅助治国。道完了"文相"，下文则开始讲"武将"。看罢宰相之才，俊乂密勿，再看武将之于江山是如何宣威驰誉。前者以仁义胜天下，后者以谲谋争天下。

（二）千人之英曰俊，百人之英曰乂

"俊乂"即今日所称之精英。古时千人之英曰俊，百人之英曰乂。百里挑一的精英叫乂，千里挑一的精英叫俊。密勿是勤恳之意，即《诗经》所云"黾勉从事"，《汉书》引之为"密勿从事"。

（三）"寔"字

现代简化字将其等同于"实"，但两字并不完全相同。"实"繁体字是会意字，形表"货物充实于房屋下"之意，含富有之意，引申为真实、确实。此地"寔"为通假字，通"实"也通"是"，有"兹""此"的意思。

第七十二句　晋楚更霸　赵魏困横

【句义】晋文公、楚庄王先后称霸，赵国、魏国受困于连横。

【字义】

字	今注	古注〔（清）孙枝秀《千字文注》〕
晋	晋国	国名。今山西。
楚	楚国	国名。今湖广。
更	更替	代也。
霸	称霸、霸主	诸侯之长。
赵	赵国	国名。赵都邯郸。
魏	魏国	国名。魏都大梁，今开封府。
困	受困	病甚也。
横	连横	连横也。

【典故】楚庄王一鸣惊人

五霸之中的楚国地域最广、人口最多、物产最丰，所以发展很快。在春秋时代，历史资料里留下了 170 个国家的名字，楚一国就先后吞并了 40 个。公元前 614 年楚庄王继位，执政三年，不发号令。伍参问"有鸟止于阜，三年不飞不鸣，是何鸟也"？庄王答："三年不飞，一飞冲天；三年不鸣，一鸣惊人"！公元前 597 年，楚庄王率军攻郑，晋国派兵救郑，在邲地与楚国大战，晋国惨败。公元前 594 年冬，楚鲁蔡秦等十四国在蜀开会结盟，正式推举楚国主盟，楚庄王遂成为称雄中原的霸主。

【典故】合纵连横

战国时，苏秦说六国联合拒秦，史称"合纵"。张仪主和，拆散合纵，使六国服从秦国，称为"连横"。由于连横，秦国采取远交近攻政策，首先打击赵、魏，所以说"赵魏困横"。苏秦、张仪、孙膑、庞涓皆战国时人，同为鬼谷子的学生。苏秦"锥刺骨"苦读姜太公《阴符经》，研究三略六韬，出山后"并相六国"，当了六国的辅相。苏秦提出"合纵"战略，六国联合拒秦，秦国敢犯任何一国，六国一起上。合纵的结果是"秦人恐惧，不敢窥兵于关中，天下不交兵者二十有九年"（《战国策》）。张仪拜会秦王，提出"连横破纵"之策。秦国随之采取远交近攻、各个击破的策略，灭六国，统一天下。

【典故】绝缨之宴

《格言别录》云"事不可做尽，言不可道尽"。楚庄王就有一个"得理而饶人"的典故。有一次，酒宴之上，风把蜡烛全吹熄了。黑暗之中，有个下属拉了楚庄王妃子的衣服。这个妃子马上向楚庄王告状，有个臣子对我无礼，我已经把他的帽带扯掉了，把灯都点亮，马上就能知道是谁干的。楚庄王却对群臣讲，"今天不喝个痛快，不把帽带扯下来就谁都不要回去了！"所有人赶紧把帽带都扯断，再把蜡烛点起来。后来，有个士兵几番舍命救楚庄王。询问得知，原来他就是当年宴会之上扯妃子衣服的人。为报恩德，舍命相救。

【延伸】春秋五霸、战国七雄

春秋五霸第一位是齐桓公，晋文公后来也成为霸主之一。孔子对二位的评

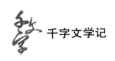

价是："晋文公谲而不正，齐桓公正而不谲"（《论语·宪问》）①。"晋楚更霸"
这里指晋文公和楚庄王，不言其他，省文也，指代"春秋五霸"。"赵魏困横"
言赵国、魏国困于连横之策。因秦远交近攻，而六国之中赵魏最近，故说"赵
魏困横"。言赵魏而不言六国，言连横而不言秦，省文也。指代"战国七雄"。

第七十三句　假途灭虢　践土会盟

【句义】晋国向虞国借道灭虢国。晋文公在践土召诸侯歃血会盟。

【字义】

字	今注	古注〔（清）孙枝秀《千字文注》〕
假	借用	借也。
途	道路	路也。
灭	消灭	亡也。
虢	虢国	国名。今陕州。
践	地名。当时衡雍附近。今河南省境内	地名。
土		
会	会合、会见	合诸侯也。
盟	盟誓、盟约	誓约也。歃血以结信也。

【引经】

1. 假途灭虢

《左传·僖公五年》："晋侯复假道于虞以伐虢。"②

2. 践土会盟

《春秋》："僖公二十八年（前632），公会晋侯、齐侯、宋公、蔡侯、郑
伯、卫子、莒子，盟于践土。"

【典故】践土会盟

历史上"践土会盟"发生于"假途灭虢"之前。僖公二十八年（前632）

---

① 《周易》，中华书局，2014，第168页。
② 郭丹译注《左传》，中华书局，2016，第45页。

晋国打败楚国，周襄王亲自到践土慰劳晋军。晋文公也在践土召集诸侯会盟。在今日河南省荥阳市西北有一个践土，即当年践土会盟遗址。

【典故】唇亡齿寒

虞国与虢国领土接壤，在今天的山西省平陆县。晋献公向虞国借道消灭虢国。虞国大夫宫之奇看出其中阴谋，力谏虞公：虞虢两家是唇亡齿寒的关系①，晋侯的野心不得不防。虞公不听劝谏，认为晋侯乃同姓同宗，不会害己。宫之奇又说：晋虞虢三家都姓姬。晋忍心灭虢，就不忍灭虞吗？虞侯不听劝，宫之奇率族人离开了虞国。同年十二月，晋国灭掉了虢国，回兵的路上把虞国也给灭了。

【延伸】此句承接上文，言"五霸六国，用诈谋以胜人也"②。春秋之五霸有谋臣，战国之七雄有策士，以示群英荟萃。

第七十四句　何遵约法　韩弊烦刑

【句义】萧何遵奉汉高祖之约法，韩非死于自己主张的苛法严刑之下。

【字义】

字	今注	古注〔（清）孙枝秀《千字文注》〕
何	萧何。汉高祖丞相	萧何也。
遵	遵守	奉也。
约	简约	要约也。
法	刑法	即刑也。
韩	韩非	韩姓，名非。
弊	作法自毙	困也。
烦	烦苛	苛也。
刑	刑律	劲也。

---

① 《左传·僖公五年》："宫之奇谏曰：虢，虞之表也；虢亡，虞必从之。晋不可启，寇不可玩。……谚所谓辅车相依，唇亡齿寒者，其虞虢之谓也。"（郭丹译注《左传》，中华书局，2017，第45页）

② （清）孙枝秀辑《千字文注》，清康熙二十四年刊本，第30页。

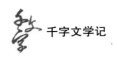

【典故】刘邦约法三章　萧何作律九章①

刘邦废秦苛法，与父老乡亲"约法三章"，甚得民心。汉朝建立后，萧何负责制定法律。因三章不足以御奸，萧何遵照从简之约，取宜于时者，轻刑简法，制定汉律九章。萧何②是汉初三杰之一，曾与张良、韩信等人一起辅佐刘邦战胜楚霸王项羽，建立汉朝。公元前207年，刘邦进军霸上，秦王子婴带着玉玺到霸上投降。《史记·高祖本纪》载③，刘邦还军霸上，与父老豪杰约法三章"杀人者死，伤人及盗抵罪"。秦严苛法律一概废除，受百姓拥戴。汉朝建立以后，萧何负责制定法律。本应约法三章，然而四夷未附，兵革未息，三章之法不足以御奸，于是相国萧何捃摭秦，"取其宜于时者，作律九章"④。

【典故】韩弊烦刑

"韩弊烦刑"指的是战国时期法家代表人物韩非子最终死在自己制定的烦苛的刑法之下，作法自毙。《史记·老庄申韩列传》说李斯、姚贾毁谤韩非，劝秦始皇"以过法诛之"。过法即苛刻的刑法。韩非和李斯都是荀子的学生，李斯自认为学识比不上韩非⑤。韩非本是韩国的贵族子弟，不善讲话，擅长于著书立说。其著作传到秦国，秦始皇如获至宝，立即攻打韩国，为的就是要韩非。韩非到秦国后，秦朝诸多政策很大程度上是根据韩非子理论制定的。但还没等秦始皇重用韩非，李斯、姚贾等人因嫉妒而毁谤之。最终韩非死在自己制定的烦苛的刑法之下。

---

① 孙注原文："汉高祖初入关定秦，与父老约法三章，曰：杀人者死，伤人及盗抵罪，馀悉除秦苛法。后以为不足御奸，又令萧何摭秦法，作律九章。言萧何之制汉律，奉高祖之约法而为之也。"（清）孙枝秀辑《千字文注》，清康熙二十四年刊本，第30页。

② 《史记·萧相国世家》和《汉书·萧何传》都有记述萧何的事迹。司马迁评价他："以文无害""奉法顺流"。

③ 原话："父老苦秦苛法久矣，诽谤者族，偶语者弃市。吾与诸约，先入关者王之，吾当王关中。与父老约法三章耳：杀人者死，伤人及盗抵罪。馀悉除去秦法。"〔（东汉）司马迁：《史记》，中华书局，2009，第75页〕

④ 见《汉书·刑法志》〔（东汉）班固：《汉书》，中华书局，2011，第152页〕。

⑤ 《史记·老子韩非列传》载"韩非者，韩之诸公子也。喜刑名法术之学，而其归本于黄老。非为人口吃，不能道说，而善著书。与李斯俱事荀卿，斯自以为不如非。非见韩之削弱，数以书谏韩王，韩王不能用。于是韩非疾治国不务修明其法制，执势以御其臣下，富国强兵而以求人任贤，反举浮淫之蠹而加之于功实之上。以为儒者用文乱法，而侠者以武犯禁。宽则宠名誉之人，急则用介胄之士。今者所养非所用，所用非所养。悲廉直不容于邪枉之臣，观往者得失之变，故作孤愤、五蠹、内外储、说林、说难十余万言。然韩非知说之难，为说难书甚具，终死于秦，不能自脱"。（王晨编《史记精解》，中国华侨出版社，2015，第186页）

第七十五句 起翦颇牧 用军最精

【句义】白起、王翦、廉颇、李牧，用兵作战最为精到。

【字义】

字	今注	古注〔（清）孙枝秀《千字文注》〕	
起	白起	白起也。	皆秦良将。
翦	王翦	王翦也。	
颇	廉颇	廉颇也。	皆赵良将。
牧	李牧	李牧也。	
用	使用	操纵、事权曰用。（绘图）	可施行也。（说文）
军	军队、军事	兵也。万二百五十人为军。	四千人为军。（说文）
最	最为	极也。	
精	精通	善也。	

【典故】负荆请罪

蔺相如代表赵国出使秦国，完璧归赵，当了丞相。老将廉颇驰骋沙场一辈子，功绩卓著，对蔺相如被封上卿之事，心里不服气。不但言语相冲，路上每每遇见，蔺相如也主动给他让路。有人问起此事，蔺相如说：我并非怕他，而是怕将相不合，给外寇以可乘之机，个人颜面事小，应以国家大局为重。廉颇听到后很惭愧，脱掉上衣，亲自到蔺府负荆请罪。自此之后，蔺相如跟廉颇老将军成为刎颈之交。

【延伸】

（一）白起：战神之称

白起与廉颇、李牧、王翦并称为战国四大名将。白起有战神之称，秦国眉县（今陕西眉县东）人。16 岁从军，历经 70 余战，从无败绩，后受封武安君。六国之兵闻白起之名而胆寒。

（二）王翦：灭燕赵楚

王翦是关中频阳县（今陕西富平县）人，曾率军破赵国都城邯郸，灭燕、赵等国。最后又以秦国的优势兵力灭了楚国，助秦始皇灭六国。

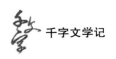

（三）李牧：戍边保民

李牧是赵国守边抗击匈奴的名将，曾奉命常年驻守在雁门，防备匈奴。"习射骑，谨烽火，多间谍"，使匈奴数年一无所得。又曾巧设奇阵，诱敌深入。大破匈奴十余万骑。其后十余年，匈奴不敢寇赵。后人在雁门关建"靖边寺"，纪念他戍边保民的战功。

第七十六句　宣威沙漠　驰誉丹青

【句义】他们的声威远播到漠北的边塞之地，他们的光辉形象永垂青史，流芳百世。

【字义】

字	今注	古注〔（清）孙枝秀《千字文注》〕	
宣	传播、散布	布也。	布威于北方沙漠之地。
威	声威	兵威也。	
沙	漠北边塞	说文云，水散石也。	
漠		广大也。	
驰	奔驰	马疾行也。 左传杜注云：马曰驰，步曰走。	言其声名驰于图画之间，如汉宣画功臣于麒麟阁，汉明画功臣于云台之类。
誉			
丹	声誉	声名也。	
青	红与青的颜料，代指绘画	皆彩色。 图画之所用也。	

【延伸】

（一）汉宣帝：麒麟阁十一功臣

甘露三年（前51），汉宣帝因匈奴归降大汉，忆往昔功臣，乃令人画功臣霍光、赵充国、丙吉、苏武等十一人画像挂于麒麟阁，以示彰明。故有后世"功成画麟阁""谁家麟阁上"等诗句流传。麒麟阁在未央宫中，因汉武帝元狩年间打猎获得麒麟而得名。

（二）汉明帝：云台二十八将

东汉明帝永平三年（60），汉明帝刘庄在洛阳南宫云台阁命人画了邓禹、马成、吴汉、王梁等二十八位大将画像，其为汉光武帝刘秀麾下助其一统天下、重兴汉室江山的二十八员前世功臣，上应二十八星宿。

（三）唐太宗：凌烟阁二十四功臣

唐朝贞观十七年（643），唐太宗李世民为纪念当初一同打天下的功臣，命阎立本在凌烟阁内描绘了二十四位功臣的画像，如开国功勋长孙无忌、杜如晦、魏征、尉迟敬德等二十四位文臣武将。据说画像由李世民亲自撰文，褚遂良题写，阎立本描画。

第七十七句　九州禹迹　百郡秦并

【句义】九州遍布大禹治水的足迹，秦始皇统一天下，才有了后世数以百计的郡县。

【字义】

字	今注	古注〔（清）孙枝秀《千字文注》〕	
九	传说上古行政规划	兖、冀、青、徐、扬、荆、豫、梁、雍也。	说文云：昔尧遭洪水，民居水中高土，或曰九州。
州			
禹	大禹	夏王。	
迹	足迹	足迹也。	说文云。步处也。
百	数目	说文云：十十也。	至秦始皇时，灭六国，并天下为一。于是罢封建，分天下为三十六郡。至汉时，又分为百郡。言汉之百郡，乃秦所并也。
郡	上古郡比县小。秦汉后，郡比县大	周制：天子地方千里，分为百县，县有四郡。（说文）	
秦	秦国	国名。今陕西皆其地。	
并	合并	并者，合为一也。	

【典故】大禹治水，三过家门而不入

大禹受命于舜帝，平水患，定九州。婚后第四天便出门治理洪水了。

— 181 —

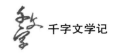

治水居外 13 年，三过家门而不入，妻子分娩、孩儿新生，就连在门口听到儿子的哭声了，都没工夫入门一见。"一馈十起身，慰劳人间事，出外见罪人，下车而问泣。"舍小家，为大家。躬亲劳苦，栉风沐雨，大公无私，感人至深。大禹治水精神，传颂千古流芳。《论语·泰伯篇》中，孔子赞禹，认为禹是无可挑剔的一位贤人："禹，吾无间然矣！菲饮食，而致孝乎鬼神；恶衣服，而致美乎黻冕；卑宫室，而尽力乎沟洫。禹，吾无间然矣！"①

【延伸】

（一）九州

"九州"最早见于《禹贡》，相传古代大禹治水时，把"天下"分为九州。又一说认为，帝喾高辛氏始建九州，舜帝时增至十二州，大禹治水以后并铸九鼎，以永定九州。据《尚书·禹贡》的记载，九州顺序分别是：冀州、兖州、青州、徐州、扬州、荆州、豫州、梁州和雍州②。自战国以后"九州"即成为古代中国的代称。

（二）禹臣以脚步丈量天下

"九州禹迹"除了"九州遍布大禹治水的足迹"之意，另有一层意思：相传大禹治平水患之后，派使臣丈量中国的土地。用脚步测量：禹臣太章，步量极东至极西共计二亿三万三千五百里七十五步③；禹臣竖亥，步量极北至极南共计二亿三万三千五百里七十五步。④

（三）秦三六郡　汉分百郡

秦始皇统一中国后，将天下分为三十六郡。汉朝又将天下分为一百零三

---

① 《周易》，中华书局，2014，第 92 页。

② 吴玉贵、华飞主编《四库全书精品文存》，团结出版社，1997，第 73～75 页。

③ 古时以十万为亿。

④ 《淮南子·墬形训》："禹乃使太章步自东极至于西极，二亿三万三千五百里七十五步；使竖亥步自北极至于南极，二亿三万三千五百里七十五步。"（何宁撰《淮南子集释》，中华书局，1998，第 321 页）

郡，称百郡。汉朝百郡是在秦灭六国、并土地的基础上而来的，所以叫作"百郡秦并"①。

第七十八句　岳宗恒岱　禅主云亭

【句义】五岳以泰山为首。帝王在泰山下的云云山、亭亭山封禅。

【字义】

字	今注	古注〔(清)孙枝秀《千字文注》〕	
岳	五岳	岳，五岳。东岳太山、西岳华山、南岳衡山、北岳恒山、中岳嵩山也。	
宗	以……为宗	宗，尊也。	
恒	恒山，指代五岳	孙注，写作"泰岱"即太山。五岳太山为尊。	
岱	泰山又称岱宗、岱岳		
禅	封禅	封禅也。于太山上筑土为坛，以祭天，谓之封。于太山之下小山上除地为墠，以祭地，谓之禅。	
主	以……为主	主，依也。	
云	山名。云云山	山名。云云山，在今泰安州东南。	皆太山之下小山也。言封太山者，其墠，则依于云、亭两山也。
亭	山名。亭亭山	山名。亭亭山，在今泰安州南。	

【引经】《书·舜典》云："至于岱宗。"

【典故】岳父泰山②

唐玄宗封禅泰山时，张说任"封禅使"，全权负责封禅大典的筹备。张说

---

① 百郡：京兆、左冯翊、右扶风、弘农、河东、河内、河南、颍川、汝南、沛、梁、鲁、魏、巨鹿、常山、清河、赵、广平、真定、中山、信都、河间、东、陈留、山阳、济阴、太山、城阳、淮阳、东平、琅琊、东海、临淮、楚、泗水、广陵、六安、平原、千乘、济南、齐、北海、东莱、淄川、胶东、高密、南阳、南、江夏、桂阳、武陵、零陵、长沙、庐江、九江、会稽、丹阳、豫章、汉中、广汉、蜀、犍为、越巂、益州、牂柯、巴、武都、陇西、金城、天水、武威、张掖、酒泉、敦煌、安定、北地、太原、上党、上、西河、五原、云中、定襄、雁门、朔方、涿、渤海、代、上谷、渔阳、右北平、辽西、辽东、玄菟、乐浪、广阳、南海、郁林、苍梧、交趾、合浦、九真、日南，凡百有三。言百郡者，举大数也。
② 据唐段成式《酉阳杂俎》前集卷十二记载。

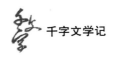

大权在手，乘机将女婿郑镒的官位，从九品一下子升到五品。玄宗问郑镒怎么回事。郑镒支支吾吾，旁边的人说："此泰山之力也。"玄宗不解，那人就指了指张说。玄宗心照不宣。因泰山为五岳之首，为"岳"之父。后世"岳父"就成为老丈人的代称了。

【延伸】祭天为封　祭地为禅

古代帝王封禅，祭天为"封"，多在五岳之首泰山之上；祭地为"禅"，多在泰山之下的小山上，亦即"云亭"。"云亭"是两座不同的小山，分别为云云山及亭亭山。据《史记》记载，黄帝"禅"于"亭亭"，而尧舜等"禅"于"云云"。《史记·封禅书》："昔无怀氏封太山，禅云云。虙（fú）羲氏封太山，禅云云。神农氏封太山，禅云云。炎帝封太山，禅云云。黄帝封太山，禅亭亭。颛顼封太山，禅云云。帝喾封太山，禅云云。尧封太山，禅云云。舜封太山，禅云云。汤封太山，禅云云。"①

第七十九句　雁门紫塞　鸡田赤城

【句义】名关有北疆雁门，要塞有万里长城，驿站有边地鸡田，奇山有天台赤城。

【字义】

字	今注	古注〔（清）孙枝秀《千字文注》〕
雁	雁门关	关名。
门		
紫	长城	即长城也。秦始皇筑长城，其长万里，土色皆紫，故称紫塞。
塞		
鸡	古代西北塞外的地名	驿名。
田		
赤	山名，在浙江省天台县北，为天台山南门	古蚩尤所居之处。
城		

---

① （东汉）司马迁：《史记》，中华书局，2009，第165页。

【引经】

1. 雁门紫塞

《山海经》："雁门，飞雁出于其门。"

《吕氏春秋》："天下九塞，雁门为首。"

（晋）崔豹《古今注·都邑》："秦筑长城，土色皆紫，汉塞亦然，故称紫塞焉。"

2. 赤城

孙绰《天台山赋》："赤城霞举而建标。"

【延伸】

（一）雁阵过关

"天下九塞，雁门为首。"北疆雁门关得名于《山海经》"雁门，飞雁出于其门"之说，位于山西忻州代县北境，属北岳恒山山脉。由于雁门山群峰海拔峻险，环以群山，唯过雁峰两旁有两道低矮山口。大雁从其他地方飞不过去，只能从低矮山口而过。而雁门关正好坐落在山口之上。相传每年春至，南雁衔芦，雁过穿云，会雁门关，吐叶盘旋，故有"雁阵过关"之奇景。汉元帝时，王昭君就是从雁门关出塞和亲的。

（二）紫塞

我曾考证"紫塞"的出典，只知长城之下土尽紫。一说长城之下有紫色花。我国各地土色不同，有黄土地、红土地、黑土地等。长达万里的长城下，土尽紫。为什么呢？筑长城的老百姓有生还的吗？一批批全都死在城下了。"尸骨相支拄"，不全都烂在城下了？老百姓血肉之躯掺和了泥土，恰是紫色。这种泥土里花开紫色，真是血泪之花了。好大喜功的帝皇奴役人民，创建了人间文明的奇迹。

——摘自杨绛先生《走到人生边上》①

---

① 杨绛：《走到人生边上》，商务印书馆，2008，第78页。

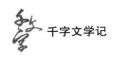

第八十句　昆池碣石　钜野洞庭

【句义】赏池赴昆明滇池，观海临河北碣石，看泽去山东钜野，望湖上湖南洞庭。

【字义】

字	今注	古注〔（清）孙枝秀《千字文注》〕
昆 池	即昆明滇池	即滇池。在今云南府城南。 一名昆明池。
碣 石	古代山名，河北乐亭县东，今沉入渤海	山名。
钜 野	古湖泽名，在今山东省巨野县北五里	泽名。今已涸。
洞 庭	洞庭湖	湖名。

【延伸】

（一）水如颠倒　而名滇池

昆池即滇池，据晋常璩《华阳国志·南中志》说：滇池因"下流浅狭，如倒流，故曰滇池"。北魏郦道元的《水经注》说："上源深广，下流浅狭，但如倒流，故曰滇池。"

（二）东临碣石　以观沧海

河北碣石山，主峰为仙台顶，上有古刹水岩寺，峭壁上有古人镌刻的"碣石"二字。此处曾出土文物"草云纹瓦当"，经鉴定是秦汉时期观海建筑的遗址。相传秦始皇曾在此入海求仙。汉武帝曾"行自泰山，复东巡海上，至碣石"。曹操曾书《观沧海》，诗曰："东临碣石，以观沧海，水何澹澹，山岛竦峙。"

（三）钜野：唐泽宋涸

唐代的钜野泽，水面南北长三百里，东西宽百余里，号称大野泽。宋代时，钜野泽南部干涸为平地，北部成为梁山泊的一部分，其中水草丛生，鱼虫很多。山东是古代齐鲁之地，古时有很多这样的水泽、港汊、沼泽之地。今天山东钜野却旱得很，不用说泽水，连吃水都很困难。这里说的"钜野泽"早已干涸，成为历史典故了。

——刘宏毅《千字文讲记》①

（四）八百里洞庭

洞庭湖古代曾号称"八百里洞庭"。范仲淹将其描述为"衔远山、吞长江，浩浩汤汤，横无际涯，朝晖夕阴，气象万千"。《湘妃庙记略》称："洞庭盖神仙洞府之一也，以其为洞庭之庭，故曰洞庭。后世以其汪洋一片，洪水滔天，无得而称，遂指洞庭之山以名湖曰洞庭湖。"湖中有岛名洞庭山，因舜帝的二妃娥皇、女瑛在此泣血染竹，故又名君山。

第八十一句　旷远绵邈　岩岫杳冥

【句义】中国的土地辽阔遥远，无有穷极，名山奇谷，幽深秀丽。

【字义】

字	今注	古注〔（清）孙枝秀《千字文注》〕
旷	辽阔	阔也。
远	遥远	不近曰远。（绘图）
绵	连绵	远貌。
邈	遥远	
岩	岩石,代表高山	石窟曰岩。
岫	岩洞,代表山谷	山穴曰岫。
杳	幽深	深也。
冥	昏暗	昏暗也。

【延伸】

前言帝王将相，后言江山秀美。何以见江山美？以"雁门紫塞，鸡田赤

① 刘宏毅：《千字文讲记》，海南出版社，2007，第130页。

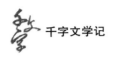

城"而概天下之土，以"昆池碣石，钜野洞庭"而概天下之水。千里江山，以此二句概说如此，而后则以"旷远绵邈，岩岫杳冥"作结。言祖国辽阔的疆域、壮丽的山河、秀美的景观。

第八十二句　治本于农　务兹稼穑

【句义】治国之本在于发展农业，一定要重视播种与收割。

【字义】

字	今注	古注〔（清）孙枝秀《千字文注》〕
治	治理	治生也。
本	根本	根本也。
于	在于	语辞。
农	农业	治田也。
务	从事，致力于	事力也。
兹	代词，代替此	此也。
稼	耕种	种五谷曰稼。
穑	收割	敛五谷曰穑。

【典故】范纯仁放粮救饥

范仲淹之子范纯仁一生讲求道义，无有世间利欲沾染，甚至可以舍生取义。有一次范纯仁当官之地遭旱灾，人民缺粮食。他向朝廷汇报，但是按照规定要等朝廷下旨，方可开仓。范纯仁忧恐，待到那时不知道已死多少人，所以宁可违法，宁可被降罪，也要救饥荒，于是擅自把仓库打开，让百姓先吃上饭。后有些心术不正的官员借题发挥：你看，没听朝廷的话，这么大胆就开仓了。结果就派官员去查。这个消息传开之后，老百姓赶紧又把那个米仓给填满了。得民心，"爱人者，人恒爱之"。

第八十三句　俶载南亩　我艺黍稷

【句义】耕种季节到了，要在平整向阳的土地上亲自种植五谷。

【字义】

字	今注	古注〔（清）孙枝秀《千字文注》〕
俶	开始	始也。
载	从事	事也。
南	向阳的方向	方名。
亩	土地	六尺为步，步百为亩。 秦制以二百四十步为亩。
我	指代自己	自己也。
艺	种植	种植也。
黍 稷	指代五谷	皆谷名。谷有五，稻黍稷麦菽也。

【引经】南亩

《诗经·豳风·七月》："七月流火，九月授衣。同我妇子，馌彼南亩。"①

【典故】后稷教民稼穑

周始祖后稷，姬姓，名弃。父帝喾，母姜嫄。教民稼穑，树艺五谷，农耕始祖，被誉为五谷之神。尧舜之相，司农之神。《孟子》云："禹思天下有溺者，犹己溺之也；稷思天下有饥者，犹己饥之也。"② 大禹治水，只要有人被水淹了，大禹就觉得是自己害他被淹的，用这种心境救民于水火。后稷只要听到有人挨饿，就会觉得是自己害的，赶紧想方设法去帮助他。这是圣人"万方有罪，罪在朕躬"的胸怀。正如至圣先师孔子所讲："诗书之不讲，礼乐之不习，丘之罪也。"世间人没有受到圣贤的教化，是自己没有尽到责任。所以历代圣人常受天下之责备，而没有责备人的心。

【延伸】

（一）商周百步为亩

古今之"亩"的测量概念不同。现代一亩为六十平方丈，合约 667 平方米。上古时期以"宽一步、长百步"为一亩。商周时期，耕地管理实行"井

---

① 程俊英、蒋见元：《诗经注析》，中华书局，2018，第 316 页。
② 《孟子》，上海大学出版社，2012，第 121 页。

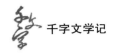

田制"，约百亩为一井，平分九块，形如井字，为八户人家所有。井字中间的一块为公田，属诸侯所有；其余的八块为私田，每户各一。务农之时，先务公、后务私。秦国商鞅变法废井田，改二百四十步为一亩。

（二）五谷

"黍"为黄米/黏米，"稷"是小米，"黍稷"在此代表五谷。一说"五谷"不含"稻"：《周礼·天官·疾医》："以五味、五谷、五药养其病。"郑玄注："五谷，麻、黍、稷、麦、豆也。"因水稻产于南方，早期北方无稻，故五谷无"稻"，后由南方引进才有。一说五谷无"麻"。《孟子·滕文公上》："树艺五谷，五谷熟而民人育。"① 赵岐注："五谷谓稻、黍、稷、麦、菽也。"中国浙江省余姚市的河姆渡遗址出土五谷种子，经测定，这些种子距今已有7000年左右。

第八十四句　税熟贡新　劝赏黜陟

【句义】国家向百姓征税熟谷，百姓向国家贡献新谷。农丞官员巡行乡里、劝课农桑、褒赐农户。据农绩，官吏被予以罢免或升迁。

【字义】

字	今注	古注〔（清）孙枝秀《千字文注》〕
税	纳税	自上取下曰税。
熟	成熟的谷物	谷之成也。
贡	进贡、贡奉	自下献上曰贡。
新	新收获的谷物	初成曰新。
劝	勉励	勉也。盖劝农也。
赏	奖赏	褒而赐之。
黜	贬职、罢免	退之也。
陟	晋升、奖励	进之也。

---

① 《孟子》，上海大学出版社，2012，第74页。

【典故】焚券市义①

《冯谖客孟尝君》选自《战国策·齐策》。冯谖生活有难,寄食在孟尝君门下。后来孟尝君遇到困难,冯谖亦知恩图报。其中就包括"焚券市义"的典故。孟尝君管辖薛邑,却不体恤百姓,给这一方的百姓很重的赋税负担,很多百姓欠钱。孟尝君请人帮他讨债,把百姓欠的赋税收回来。冯谖主动请愿,问,收回来的钱要买什么?孟尝君说,家里缺什么就买什么。结果,冯谖假托孟尝君之令,把百姓的款都还了回去,并且把契约、借条全部一把火烧掉。百姓欢呼雀跃。归来之后,孟尝君问起,冯谖说,孟尝君家里不缺财物,唯独缺"仁义",所以用百姓的债券换取了"仁义"。孟尝君起初不高兴,说"先生休矣"。后来孟尝君受猜疑退隐薛城,在封地薛邑受到百姓扶老携幼、夹道而迎。孟尝君这才明白冯谖先生所买的"义"是怎么回事,再恭请冯谖先生为政治外交等事出谋献策。

【延伸】

(一)敛财曰赋　敛谷曰税

"赋"和"税"是两个不同的概念。颜师古注《急就篇》云:"敛财曰赋,敛谷曰税。"②赋字是贝字旁,缴现金的为"纳赋"。税是禾木旁,把新收获的庄稼上交国家叫作纳税。上古人类以贝壳用作流通货币。五贝一串为一系,二系十贝为一朋。汉字中的财、贵、贱、赛等贝字旁的字,皆与钱财有关。"税收"则指征粮。西汉初期"文景之治",由于百姓富足、物阜民丰、国库满溢,赋税田租从秦时三抽二,减至三十抽一。

(二)中国古代农学著作

先秦时期有《吕氏春秋·上农》四篇。汉代则有《氾胜之书》与《四民

---

① 见《战国策·冯谖客孟尝君》:(冯谖)约车治装,载券契而行,辞曰:"责毕收,以何市而反?"孟尝君曰:"视吾家所寡有者。"驱而之薛,使吏召诸民当偿者,悉来合券。券遍合,起,矫命,以责赐诸民。因烧其券。民称万岁。长驱到齐,晨而求见。孟尝君怪其疾也,衣冠而见之,曰:"责毕收乎?来何疾也!"曰:"收毕矣。""以何市而反?"冯谖曰:"君云'视吾家所寡有者'。臣窃计,君宫中积珍宝,狗马实外厩,美人充下陈。君家所寡有者,以义耳!窃以为君市义。"孟尝君曰:"市义奈何?"曰:"今君有区区之薛,不拊爱子其民,因而贾利之。臣窃矫君命,以责赐诸民,因烧其券,民称万岁。乃臣所以为君市义也。"孟尝君不悦,曰:"诺,先生休矣!"

② (汉)史游撰、(唐)颜师古注《急就篇》,明崇祯时期毛氏汲古阁刊本,第111页。

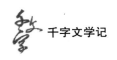

月令》。北魏时期贾思勰著《齐民要术》。南宋陈旉著《农书》。明朝徐光启著《农政全书》。明朝宋应星著《天工开物》。

（三）历朝设"农官"

古代历朝皆有农官，以督课农。秦代国家农官，名为治粟内史。汉初因之。景帝时更名大农令，武帝时为大司农，东汉沿用。秦、汉大司农位列九卿。地方则有农丞官员。《汉书·平帝纪》明确大司农部丞职责，"人部一州，劝课农桑"①，即这里所说之"劝"。

第八十五句　孟轲敦素　史鱼秉直

【句义】孟子崇尚质朴的本色，史鱼坚持正直的品德。

【字义】

字	今注	古注〔（清）孙枝秀《千字文注》〕
孟	孟子	孟姓。
轲		轲名。
敦	推崇、崇尚	尚也。
素	白色生丝引申为质朴、纯真	质朴也。
史	春秋时卫国大夫。名佗，字子鱼，也称史鳅	官名。
鱼		卫大夫名鳅。字子鱼。
秉	秉持、秉承	执也。
直	公正、正直	无邪曲也。

【典故】史鱼尸谏②

史鱼，春秋时卫国大夫，字子鱼，也称史鳅，以正直敢谏而闻名于史。当

---

① （东汉）班固：《汉书》，中华书局，2011，第90页。

② 《大戴礼记》第四十八篇《保傅》载：卫灵公之时，蘧伯玉贤而不用，弥子瑕不肖而任事。史鳅患之，数言蘧伯玉贤而不听。史鳅病且死，谓其子曰："我即死，治丧于北堂。吾生不能进蘧伯玉而退弥子瑕，是不能正君者，死不当成礼而置尸于北堂，于我足矣。"灵公往吊问其故？其子以父言对灵公。灵公蹴然易容，曰："吾失矣。"立召蘧伯玉而贵之，进之为卿，召弥子瑕而退之。徙丧于堂，成礼而后去，卫国以治。史鳅之力也（《四库全书》经部，第128册《大戴礼记》卷三，上海古籍出版社，432页）。

时卫国有位贤人蘧伯玉，德才兼备而不受卫灵公重用；弥子瑕作风不正派，卫灵公反而委以重任。史鱼屡次劝谏，卫灵公不听。后来史鱼得了重病，不久人世，嘱咐儿子说："我此生唯一遗憾的事，就是不能举荐蘧伯玉，而劝退弥子瑕。生前无法匡正君主，死了也没有资格举办葬礼。将我的尸体放至偏房北堂即可。"卫灵公见葬礼不成体统，询问而得知实情。感慨道："老先生在世时就向我举荐贤士、罢黜邪佞，死了以后还用尸体劝谏我，可谓忠啊"！从此提拔蘧伯玉，辞退弥子瑕。后来"卫国以治"。这就是历史上著名的"尸谏"，可谓忠则尽命。《史鰌尸谏》谓："夫生进贤而退不肖，死且未止，又以尸谏，可谓忠不衰矣。"孔子赞曰："直哉史鱼，邦有道，如矢；邦无道，如矢。"①《论语·卫灵公》亦赞蘧伯玉曰，"君子哉蘧伯玉！邦有道，则仕；邦无道，则可卷而怀之"。② 孔子周游列国 14 年，有 9 年居于卫国蘧伯玉家。蘧伯玉的外孙，即孔子的弟子子贡。

【延伸】

（一）素位而行　不怨不尤

此处"孟轲敦素"之"素"有两层含义：一者，素朴本色；二者，素位而行。所谓素位，即恪守本分，上不怨天，下不尤人。《中庸》云："君子素其位而行，不愿乎其外。素富贵行乎富贵，素贫贱行乎贫贱，素夷狄行乎夷狄，素患难行乎患难。君子无入而不自得焉。"③

（二）方志敏清贫坚毅的一生

方志敏（1899~1935），原名远镇，江西上饶人，中国共产党党员，革命家、政治家、军事家，杰出的农民运动领袖，土地革命战争时期闽浙赣革命根据地和红十军团的缔造者。

1935 年 1 月 29 日，方志敏在江西省玉山县怀玉山区被俘，囚于南昌国民党驻赣绥靖公署军法处看守所，严词拒绝了国民党的劝降，实践了自己"努

---

① 程树德撰《论语集释》，中华书局，2015，第 1225 页。
② 程树德撰《论语集释》，中华书局，2015，第 1225 页。
③ 《中庸》，中华书局，2014，第 90 页。

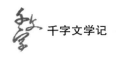

力到死，奋斗到死"的誓言。8月6日，方志敏同志以身殉国，被秘密杀害于
江西省南昌市下沙窝，时年36岁。

　　方志敏在狱中惨遭迫害，酷刑折磨不但丝毫没有动摇他坚定的革命意
志，还在生命最后的日子里，以顽强的毅力每天工作十六个小时，留下的十
六篇共计十四万字的文稿，包括《清贫》《可爱的中国》等文章。其中《清
贫》一文被纳入沪教版初中六年级下的语文课本中，文中写道："我从事革
命斗争，已经十余年了。在这长期的奋斗中，我一向是过着朴素的生活，从
没有奢侈过。""清贫，洁白朴素的生活，正是我们革命者能够战胜许多困难
的地方！"

第八十六句　庶幾中庸　劳谦谨敕

【句义】（除了敦素、秉直）做人还需勤勉、谦逊、谨慎、检点，才近乎
"中庸"的标准。

【字义】

字	今注	古注〔（清）孙枝秀《千字文注》〕
庶	几乎、几近	近辞。
幾		
中	不偏不倚、中庸之道	不偏之谓中。
庸		不易之谓庸。
劳	勤劳、勤勉	勤也。
谦	谦虚、谦逊	恭逊也。
谨	严谨、小心	慎也。
敕	检点、不随便	戒也。

【引经】

1. 庶幾中庸

《中庸》："仲尼曰：君子中庸，小人反中庸。"①

――――――――

① 《中庸》，中华书局，2014，第63页。

2. 劳谦谨敕

《易经·谦卦·九三爻辞》："劳谦，君子有终，吉。"①

【延伸】行有不得　反求诸己

儒家有句心法"行有不得，反求诸己"，即典出《中庸》。在《中庸》里，孔子提到"射有似乎君子"②，射箭就如同君子之道。弓箭没有射中目标，叫"失诸正鹄"。怪谁？"反求诸其身"，只能怪自己技术不精。如果怨天尤人，就如同射箭不准，却在责问弓箭质量。没有反求诸己，没有看到问题症结之根本所在。

第八十七句　聆音察理　鉴貌辨色

【句义】听人言谈，应懂得审察其言之外的是非曲直；观人相貌，要懂得鉴辨其貌之下的善恶邪正。

【字义】

字	今注	古注〔（清）孙枝秀《千字文注》〕
聆	聆听	听也。
音	声音	人之声，谓言也。
察	审查、考察	审之也。
理	道理	道也。
鉴	观察、鉴别	观也。
貌	容貌、言谈举止等	容貌也。
辨	辨别	别也。
色	黑白、善恶	颜色也。

【延伸】

（一）假语存　真事隐

《论语·季氏篇》云，"君子有九思：视思明，听思聪，色思温，貌思恭，

---

① 《周易》，中华书局，2014，第 320 页。
② 《中庸》，中华书局，2014，第 90 页。

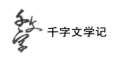

言思忠，事思敬，疑思问，忿思难，见得思义"①。其中"听思聪"即"聆音察理"之意。尤其弦外之音。古文的魅力时而体现于以少言多，常有"假语存"而"真事隐"的情况。话外有话，天外有天。

（二）大相为道　小相为术

"鉴貌辨色"是说"有诸内，必行诸外"，由此发展出"相学"，又名"风鉴学"。据《后汉书》记载：东汉时连皇宫挑选嫔妃、采女都须经相士过目。《汉书·艺文志》载有《相人》二十四卷。古代相学名流如春秋时期的姑布子卿，战国晚期的唐举，汉代许负，唐代袁天罡、李淳风，宋初麻衣道者、陈抟，明代袁忠微，清代陈钊等，皆负盛名。相学著作亦多不胜数，如《麻衣神相》《柳庄相法》《神相全编》《水镜集》《相理衡真》等。曾国藩著有《冰鉴》，书其一生识人、相人的学问。

（三）陈抟《心相篇》

北宋著名道教学者"希夷先生"，号扶摇子，即"陈抟老祖"，著留《心相篇》。原文摘录如下："心者貌之根，审心而善恶自见；行者心之发，观行而祸福可知""出纳不公平，难得儿孙长育；语言多反复，应知心腹无依""心和气平，可卜孙荣兼子贵；才偏性执，不遭大祸必奇穷""小富小贵易盈，刑灾准有；大富大贵不动，厚福无疆""处大事不辞劳怨，堪为桥梁之材；遇小故辄避嫌疑，岂是腹心之寄""愚鲁人，说话尖酸刻薄，既贫穷，必损寿元；聪明子，语言木讷优容，享安康，且膺封诰""好矜己善，弗再望乎功名；乐摘人非，最足伤乎性命"。

第八十八句　贻厥嘉猷　勉其祗植

【句义】祖先要将自己的经验、忠告、家训遗留给子孙后代，勉励他们恭敬立身、谨慎处世。

---

① 程树德撰《论语集释》，中华书局，2015，第201页。

【字义】

字	今注	古注〔(清)孙枝秀《千字文注》〕
贻	遗留	遗也。
厥	指示代词:其	及也。(绘图)
嘉	美好	善也。
猷	计划、谋划	谋也。
勉	勉励	自勉者、自迫也。勉人者、迫人也。(段注)
其	代词:指代子孙后代	代词也。(绘图)
祗	恭敬	敬也。
植	树立	立也。

【引经】贻厥嘉猷

《尚书·夏书·五子之歌》："明明我祖,万邦之君,有典有则,贻厥子孙。"①

【延伸】

先贤家语

历代先贤多有珍贵家语流芳后世,如《了凡四训》《周公戒子书》《诸葛亮戒子书》《曾国藩家书》等。

第八十九句　省躬讥诫　宠增抗极

【句义】听到讥讽劝诫,应好好反省自己,不要让荣宠过了头。

【字义】

字	今注	古注〔(清)孙枝秀《千字文注》〕	
省	反省	即察也。	
躬	自身	身也。	言人当以讥诮儆戒之事,以自省察其身。
讥	讥讽	讥诮也。	
诫	告诫	儆戒也。	

---

① 吴玉贵、华飞主编《四库全书精品文存》,团结出版社,1997,第92页。

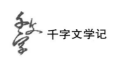

续表

字	今注	古注〔(清)孙枝秀《千字文注》〕	
宠	荣宠	尊荣也。	而可诮可戒者,莫甚于尊荣之
增	增加	益也。	过。以上抗于至极,盖位高身
抗	通"亢",指过度、极、很	并于上也。	危,必至贬斥削逐。
极	极度	至也。	

【典故】师经劝诫魏文侯①

战国时代魏文侯,有一日随乐起兴,唱道:愿我说的话,所有臣子都听取而无有违逆。魏文侯的乐师师经听到此语,立即抱起古琴,撞向魏文侯。魏文侯没被撞倒,但是他的冕旒被撞掉了。文侯生气地问道:"冲撞君王该当何罪?"臣子答:"罪当烹煮(刑罚)。"师经被抓了起来,镇定说道:"可否容我说句话再受刑?"文侯说,可以。于是师经说:"尧舜当君王之时,唯恐自己的话无人反对。而桀纣为君王之时,唯恐自己的话被人违逆。所以比干进谏,而被挖心。刚才听到那句话,我以为桀纣出现了。我想撞的是夏桀和商纣,而不是君王您。"魏文侯听罢,把师经释放了,马上自省道:"他说得对,是我的过错。"魏文侯以此为戒,命人将古琴悬于城墙上,被撞坏的冕旒也不修,每天戴着此冕,以"省躬讥诫"。

【延伸】承上启下

此段主旨是"治平天下",说完江山秀丽、宫殿恢宏、群英荟萃、以农治国,最后部分,言"为臣应当如何立身处世"以归结。为人臣,应有如孟轲之"敦素"的德行,应有如史鱼之"秉直"的品质;内在具备了"素"与"直",对外,与人交往之中,还需懂得"聆音察理、鉴貌辨色"之术,方可无过;内外兼修之后,而传以"贻厥嘉猷,勉其祗植",如袁了凡、曾国藩等,可著书立训、流芳后世、利益后人。所谓"祗植",即以恭敬立身处世。那么,具体应如何"恭敬"?从何处入手?从鞠躬行礼入手吗?非也。从内在

① 《说苑·君道篇》载:师经鼓琴,魏文侯起舞,赋曰:"使我言而无见违!"经援琴而撞文侯,不中,中旒溃之。文侯谓左右曰:"为人臣而撞其君,其罪如何?"左右曰:"罪当烹。"提师经下堂一等。师经曰:"臣可一言而死乎?"文侯曰:"可。"师经曰:"昔尧、舜之为君也,惟恐言而人不违。桀、纣之为君也,惟恐言而人违之。臣撞桀、纣,非撞吾君也。"文侯曰:"释之!是寡人之过也。悬琴于城门,以为寡人符;不补旒以为寡人戒。"

入手、从自身入手、从自省入手。此处写，从"省躬"入手。这是承上文。

《论语·卫灵公》云："子曰。躬自厚。而薄责于人。则远怨矣。"[①]《论语·尧曰篇》："朕躬有罪，无以万方；万方有罪，罪在朕躬"[②]。皆"省躬"之意也。尤其听到逆耳忠言之时，甚至讥讽嘲笑之时，要能够心平气和地"省躬"，有则改之，无则加勉。此非易事。高明者，听闻"讥诫"，不仅不怒，不饰非，反而欢喜感恩。身负治平天下之大任，当有如此雅量，方能厚德载物。

除了"省躬讥诫"，还应警惕"宠增抗极"。前者是注意莫要"失意忘形"，后者是注意莫要"得意忘形"。前者是处逆境要能不恼，后者是处顺境而能不贪。老子道："宠辱若惊，贵大患若身"，宠与辱都不是好东西，哪个来了都让人"惊"，得之也惊，失之也惊，就跟身体这个"大患"一样麻烦。明白此理，就不要"宠增抗极"。宠和辱是一体两面，有宠就有辱，所谓宠辱与共。得意若是忘形，荣宠"增"到了"极"，那就物极必反。所以后文"殆辱近耻"。这是启下文。讲为臣之道，除了要有宠辱不惊之慧，还要有见机行事之智，进退有时。正如"两疏见机"，隐于"林皋"方能"幸即"而免灾。

第九十句　殆辱近耻　林皋幸即

【句义】如果预测到发生受辱的危险，赶快退隐山林或可幸免。

【字义】

字	今注	古注〔(清)孙枝秀《千字文注》〕	
殆	几乎、将要	即近也。	(宠增抗极之后)耻辱之事将及矣。
辱	羞辱	即耻也。羞愧之意。	
近	接近	附也。(说文)	
耻	耻辱	羞愧之意。	
林	山林	尔雅云：野外谓之林皋。	及此时而退就林皋，则可以幸免于祸。
皋	水边	贾山传注云：水边地也。	
幸	庆幸、侥幸	侥幸也。	
即	接近、靠近	就也。	

---

① 洪镇涛主编《论语》，上海大学出版社，2012，第165页。
② 洪镇涛主编《论语》，上海大学出版社，2012，第209页。

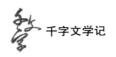

【引经】林皋幸即

庄子《知北游》："山林欤！皋壤欤！使我欣欣然而乐欤！"①

【典故】范蠡泛湖②

范蠡，春秋越国大夫。尽心为越王勾践谋划二十余年，终于灭吴国、雪前耻。灭吴雪耻之后，范蠡知勾践为人"可与同患，难与处安"，只可共患难，不能同富贵。于是范蠡不受封赏，弃官私隐，改易姓名，泛舟五湖，经商致富。原姓名也隐弃，人称陶朱公。功成身退，明哲之举。与范蠡同时的另一位大臣文种，则被勾践诛戮。

【延伸】知足不辱，知止不殆

古时伴君如伴虎，事事如履薄冰。若"殆辱近耻"，见势头不对，就要赶紧辞官退隐，退归林泉。否则，一人受辱事小，还可能牵连家族、师长尊亲。此乃进退之道，正如《梁书·止足传》所云："易曰：亢之为言也，知进而不知退，知存而不知亡。知进退存亡而不失其正者，其惟圣人乎？《传》曰：知足不辱，知止不殆。然则不知夫进退，不达乎止足，殆辱之累，期月而至矣。"

第九十一句　两疏见机　解组谁逼

【句义】汉代疏广、疏受叔侄两人就是见机归隐，有谁逼迫他们解除组绶官绶、辞去官职呢？

【字义】

字	今注	古注〔(清)孙枝秀《千字文注》〕
两	疏广、疏受	疏广、疏受也。
疏		汉太子太傅疏广。太子少傅疏受。 以年少辞位而归。人皆高之。

---

① （清）郭庆藩撰《庄子集释》，中华书局，1982，第765页。

② 见《史记·越王勾践世家》："范蠡事越王勾践，既苦身戮力，与勾践深谋二十余年，竟灭吴，报会稽之耻……且勾践为人，可与同患，难与处安……自与其私徒属乘舟浮海以行，终不反。……天下称陶朱公。"（王晨编《史记精解》，中国华侨出版社，2015，第108、109页）

续表

字	今注	古注〔（清）孙枝秀《千字文注》〕
见	看见、发现	目有所睹曰见。
机	机兆、先兆	几古通用。微也。
解	解除	解，脱也。
组	组绶。官印上的绦带，窄的叫组，宽的叫绶	绶类。印绶也。
谁	何人	何也。
逼	逼迫	迫之也。

【引经】两疏见机

《周易·系辞下》："几者动之微，吉之先见者也，君子见几而作，不俟终日。"①

【典故】二疏还乡

"二疏"指汉宣帝时的疏广、疏受叔侄二人。疏广，字仲翁，汉宣帝征他为博士，授以太子太傅的官职。他的侄子疏受也被聘为太子少傅。太傅与少傅皆为太子之师，地位相当高。《汉书·疏广传》载："在位五岁，广谓受曰：'知足不辱，知止不殆。功遂身退，天之道也'。……即上书乞骸骨"，皆许之②。两人仅在位五年，就请辞告老还乡。宣帝厚赐一笔钱财，让二人荣归故里。疏广回乡后，将这些钱财都分赠予亲朋故友。有人劝他留点给子孙，他摇摇头："我的子孙如果有才德，钱财只能损其志气；如果愚昧昏庸，钱财只会掩其过失。"这便是"二疏"功成身先退、散金不自居的典故。

【延伸】

（一）解组谁逼

"谁逼"此处反问，无疑而问，表"无人逼"之意。孙注云："君子当鉴

---

① 陈德述：《周易正本通释》，巴蜀书社，2014，第 310 页。

② 原文：在位五岁，皇太子年十二，通论语、孝经。广谓受曰："吾闻'知足不辱，知止不殆'，'功遂身退，天之道也'。今仕官至二千石，宦成名立，如此不去，惧有后悔，岂如父子相随出关，归老故乡，以寿命终，不亦善乎？"受叩头曰："从大人议。"即日父子俱移病，满三月赐告，广遂称笃，即上书乞骸骨〔（东汉）班固：《汉书》，中华书局，2011，第 710 页〕。

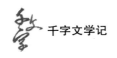

于止足之分，以远耻辱也。此亦无道则隐之意。"知足不辱，知止不殆。这是"止足之分"。所以"解组"，将组绶解下来，辞官不做。"谁逼"？有谁逼吗？没有。是自己见机归隐，辞官不做。

（二）历代文人　咏叹二疏

历代文人对"二疏"甚是敬重。北宋沈括，为瞻仰二疏遗迹，特意到二疏城考察一番①。乾隆帝因久仰兰陵"二疏"散金之德，亦于南巡之时特意绕经沂州府且留墨："荒城名尚二疏存，置酒捐金广主恩。"文人骚客对二疏的咏赞更是不绝于书。陶渊明作《咏二疏》诗以讴歌他们立功不居、有金不私的贤达。白居易诗赞："贤哉汉二疏，彼独是何人？寂寞东门路，无人继尘去。"李白《拟古》诗之五，赞曰："达士遗天地，东门有二疏。"唐代贺知章、宋代吴则礼、秦观等亦有赞誉二疏之诗词传世。

（三）承启后文

此句为"治平天下"段落之末句，下文则转韵，启新段落。两个段落之间，以"二疏"之辞官归隐为衔接，承启衔接处理得颇为艺术且自然。"两疏见机"上承官事，"解组谁逼"下启隐居生活之美。上段既已"治平天下"，下段自可见一派"安居乐道"之景象。刘宏毅称赞末段前几句为"《千字文》里文学意境最高的几句话"②。

小结　治平天下

第三段讲述治国平天下诸事。

上承第二段："修身齐家。"第二段言"循五常而修身、依五伦而齐家"。正心修身齐家，而后治国平天下。下启第四段："安居乐道。"天下既已治平，百姓一派安居景象。逻辑分明，试梳理如下。

---

① 《梦溪笔谈》中载："东四十里自有疏广墓，其东又二里有疏受墓。"
② 刘宏毅：《千字文讲记》，海南出版社，2007，第148页。

（一）言"治于何地"

自"都邑华夏"至"路侠槐卿"。王者所在，政治中心。长安洛阳，东西二京。宏观镜头，泾渭分明。镜头拉近，宫殿外观。壮哉伟哉，楼观飞惊。镜头特写，内部华丽。画彩满壁、甲帐瑰丽、筵席之上、歌舞升平。群贤毕至，冠如繁星。广内殿中，三坟五典、漆书壁经。承明殿内，文相武将，聚集群英。呈以概貌，顺启下段，将相群英。

（二）言"治者何人"

自"户封八县"至"驰誉丹青"。群臣之首，尊以公卿。位列公卿，有何待遇？户封八县，家给千兵。现有高冠，后有世禄。是何原因，而能得此？策功茂实，勒碑刻铭。于是列举，文相武将。

文相者，如：太公辅文王、伊尹辅商汤、周公治曲阜、管仲辅齐桓、四皓辅汉惠、傅说辅武丁。武将者，如：春秋五霸，战国七雄，萧何韩非，起翦颇牧。

（三）言"治下何景"

自"九州禹迹"至"岩岫杳冥"。放眼江山，如此多娇。九州百郡，山有五岳，封禅云亭。路有九塞，长城雁门。水有昆池，钜野洞庭。山水绵邈，旷远盛景。

（四）言"治用何法"

自"治本于农"至"解组谁逼"。天下之大，如何治平。治国之策，以农为本。为臣之道，则分内外。内修中庸，敦素秉直。外有相术，察言观色。修而有得，贻厥子孙。伴君如虎，如履薄冰。反躬自省，宠辱不惊。知足不辱，知止不殆。功成身退，辞隐山林。

此则治平天下也。

统治中心？东西二京，宫殿盘郁。

何人治之？公卿俊乂，文相武将。

治下何景？九州百郡，江山治平。

治之方略？治本于农，道术兼用。

第四段　安居乐道

第九十二句　索居闲处　沉默寂寥

【句义】离群独居，悠闲度日，不问是非，何等清静。

【字义】

字	今注	古注〔(清)孙枝秀《千字文注》〕
索	独自	萧索。独处也。
居	居住	即处也。
闲	悠闲、闲适	有余暇也。
处	处所、地方	所住之地曰处。(绘图)
沉	沉静	晦也。
默	静默	静也。
寂	寂静、恬静	空虚之貌。
寥	清虚、淡泊	

【引经】索居闲处

《礼记·檀弓》云："离群而索居。"①

【延伸】鸿福与清福

世人多求鸿福。高朋满座，家财万贯，车水马龙，儿孙绕膝，所谓"洪福齐天"。然而，嗜欲伤神，财多累身。真正的福是清福。远离尘嚣，清静悠闲，无有杂念，宁静淡泊。结庐在人境，而无车马喧。求鸿福，乃"心动神疲""逐物意移"。安于清福，是"性静情逸""守真志满"。故而，鸿福好

---

① 吴玉贵、华飞主编《四库全书精品文存》，团结出版社，1997，第484页。

享，清福不好享。此人需有一定的修养与定力，心中无荣亦无辱、无得亦无失，有道是"学问深时意气平"，适才真正懂得享受"沉默寂寥"之妙乐。

第九十三句　求古寻论　散虑逍遥

【句义】探求古人古事，读圣贤书，以古圣先贤为榜样，从至理名言中得到启迪和教诲。排除杂念，自在逍遥。

【字义】

字	今注	古注〔（清）孙枝秀《千字文注》〕
求	探求、寻求	觅也。
古	古人、古事	往世也。
寻	寻找、寻觅	即求也。
论	学问、学说	辩议也。
散	排解、驱散	解也。
虑	忧虑、思虑	思也。
逍	自由自在	游息也。
遥		

【引经】散虑逍遥

《诗经·小雅》云："于焉逍遥。"[1]

【延伸】求古寻论，为何能散虑逍遥？因为"鸟随鸾凤飞腾远，人伴贤良品自高"；因为"德能养性，理能养心"；因为圣贤之言涤净性灵。如何才是真逍遥呢？一如庄子《逍遥游》所云，"至人无己，神人无功，圣人无名"[2]。如此，方能逍遥于六合之外，游戏乎太虚之间。

第九十四句　欣奏累遣　感谢欢招

【句义】观照此心：常生喜悦，遣除挂念。谢绝悲忧，常召喜乐。

---

[1] 程俊英、蒋见元：《诗经注析》，中华书局，2018，第410页。
[2] 《庄子》，中华书局，2010，第9页。

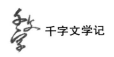

【字义】

字	今注	古注〔(清)孙枝秀《千字文注》〕	
欣	欢欣、喜悦	息也。	说文云:笑喜也。
奏	发生、取得	进也。	说文云:奏进也。
累	心中的牵挂	罣系也。	
遣	排遣、排除	驱之使去也。	
慼	悲戚、忧伤	忧也。	
谢	谢绝、消弭	绝之也。	说文云:辞去也。
欢	欢乐、欣喜	亦喜也。	说文云:喜乐也。
招	招致	召之使来也。	说文云:手呼也。

【延伸】王凤仪《化性谈》

王凤仪（1864～1937），蒙古族，中国近代著名民间教育家。他未曾读书，因笃行忠孝，自诚而明，语似俚俗，意境深远。人们亲切地称他为"王善人"。其《化性谈》旨在教人尽忠孝之道而化性立命。当中多有嘉言体现"欣奏累遣"之道。如："认不是胜服清凉散，找好处胜用暖心丸。"若一个人能做到"不怨人、认不是、找好处"，心中还有何恼？自然能够时时常住"慼谢欢招"之境。

第九十五句　渠荷的历　园莽抽条

【句义】一池荷花盛颜开，香美如画；园林草木抽新枝，翠嫩茂密。

【字义】

字	今注	古注〔(清)孙枝秀《千字文注》〕
渠	池塘	沟也。
荷	荷花	芙蕖也。尔雅云:其茎茄,其叶蕸,其本蔤,其华菡萏,其实莲,其根藕,其中菂,菂中薏。
的	光亮、鲜明之貌	光彩烂灼之貌。
历		
园	园林、园圃	说文云:树果曰园。
莽	草木莽苍、密生	茂草也。
抽	抽芽、生长	拔也。
条	枝条	枝也。

【引经】渠荷的历

吴苏彦《芙蕖赋》云："映的历于朱霞。"

【延伸】

（一）爱莲说

"渠荷的历。"《说文解字》云："渠，水所居。"① 水停之处为渠，此处指水塘。一池莲盛开。儒家崇莲之"处污不染"的品德。宋儒周敦颐《爱莲说》赞莲为"花之君子者也""予独爱莲之出淤泥而不染，濯清涟而不妖，中通外直，不蔓不枝，香远益清，亭亭净植，可远观而不可亵玩焉"。

（二）拔节抽条

"园莽抽条。"木本植物春天会抽条长叶，草本植物会拔节。庄稼有拔节孕穗期，会有"咔咔"的拔节响声。竹子拔节也有响声，竹笋更是猛然间破土而出。有些农家老人不让小孩去竹林里玩，尤其是不许在竹林里"出恭"，便是担心破土而出的尖笋刺伤孩子的屁股。

第九十六句　枇杷晚翠　梧桐早凋

【句义】枇杷树到了冬天，叶子依旧苍翠欲滴；而梧桐树到了秋天，叶子就已早早凋谢。

【字义】

字	今注	古注〔（清）孙枝秀《千字文注》〕
枇	水果名	果名。其叶四时不凋。
杷		
晚	迟、久	岁暮也。
翠	翠绿	鸟名。其羽青，故以青色为翠。

---

① （东汉）许慎：《说文解字》，中华书局，2013，第232页。

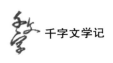

续表

字	今注	古注〔(清)孙枝秀《千字文注》〕	
梧	梧桐树	木名。	梧桐应秋之候,立秋节至,一叶先坠,故云早凋。
桐			
早	早先	晨也。(说文) 引申为凡争先之称。(段注)	
凋	凋谢	叶落也。	

【延伸】四季之景

此句连同前句,描绘了四季景象。春日三月园莽抽条,夏日六月渠荷的历,秋日可观梧桐早凋,冬天犹见枇杷晚翠。

第九十七句　陈根委翳　落叶飘飖

【句义】老树根枯萎盘伏,落叶随风飘荡。

【字义】

字	今注	古注〔(清)孙枝秀《千字文注》〕
陈	陈旧	故也。
根	树根	草木之本也。
委	通"萎"	弃也。
翳	遮蔽、暗昧	自毙者也。
落	衰落	衰谢也。
叶	树叶	艸木之叶也。(说文)
飘	随风飘动摇摆	风动物也。
飖		

【引经】陈根委翳

《诗经·大雅·皇矣》云:"其菑其翳。"①

【延伸】随文入观

身临语境,随文入观:时而在书房里"求古寻论""欣奏累遣",时而出来欣赏四季风光。低头,见"陈根萎翳",抬头,见"落叶飘飖"。再仰而望

---

① 程俊英、蒋见元:《诗经注析》,中华书局,2018,第591页。

天，"游鹍独运，凌摩绛霄"。此处以"陈根萎翳，落叶飘飖"暗喻：生命衰老乃自然规律，正如陈根终有萎翳之时、绿叶终有枯落之日，平常心视之，顺其自然即可。

第九十八句　遊鹍独运　凌摩绛霄

【句义】远遊的鹍鸟在空中独自翱翔，直冲九霄。

【字义】

字	今注	古注〔(清)孙枝秀《千字文注》〕
遊	遨遊、飞行	出遊、嬉遊。(段注)
鹍	鹍鸡 古代传说像鹤的一种鸟	鸟名。
独	独自	无群曰独。(绘图)
运	翱翔	转动也。
凌	凌空、上升	出其上也。
摩	接近	迫也。
绛	绛红色	赤色。
霄	云霄	尔雅云，近天气也。

【延伸】

（一）以鹍比君

《广韵》释"鹍"："鹍鸡。"《玉篇》"似鸡而大也"。《韵会》"阳沟巨鹍，古之鸡名"。现代汉语词典释"鹍鸡"为"鸟名，似鹤"。此处喻指君子两个方面的德行：其一，性情孤洁、处世不染。鹍似鹤，性情孤傲，不喜群居。鹤喜欢独居。呼应前文"索居闲处，沉默寂寥"之寂乐。孙注："其草木禽鸟之美如此，见索居闲处之乐也。"[1] 衬托君子之性情孤洁、和而不同、处污不染的操守。其二，才能卓异、志向高远。"鹍"独自翱翔，"凌摩绛霄"，此番气魄，绝非庸俗之辈。古有"金鹍车"，专指帝王所乘饰有金鹍的车子。晋代葛洪《抱朴子·守塉》云："鹍鹏戾赤霄以高翔，鹍鸧傲蓬林以鼓翼。"

---

[1] （清）孙枝秀辑《千字文注》，清康熙二十四年刊本，第36页。

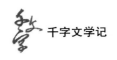

唐代孟郊《立德新居》诗之三:"仰笑鹍鹏辈,委身拂天波。"故而,君子如鹍,既有孤洁不群之守,又有高远卓异之志。

(二)九霄

明代杨慎《绛河》云:"《道书》:天有九霄,赤霄、碧霄、青霄、玄霄、绛霄、黅霄、紫霄、练霄、缙霄也。"据此说,绛霄乃第五重霄。又一说,九霄为"神霄、青霄、碧霄、丹霄、景霄、玉霄、琅霄、紫霄、太霄",认为绛霄即第八重霄"紫霄"。或五或八,此处指代九霄。"九"亦虚数,喻高远之极,九霄壮志。道家谓为仙人居处。

第九十九句 耽读玩市 寓目囊箱

【句义】东汉王充在闹市之中潜心读书,眼中除了书,别无旁骛。

【字义】

字	今注	古注〔(清)孙枝秀《千字文注》〕
耽	沉溺	溺也。
读	读书	习其文也。
玩	游玩	熟观之也。
市	集市	说文云:买卖之地也。
寓	过目	寄托也。
目		人眼。(说文)
囊	书袋	说文云:橐也。
		有底曰囊,无底曰橐。
箱	书箱	竹器。

【典故】东汉王充 市肆博览①

东汉著名学者王充,字仲任,会稽上虞(今浙江上虞)人。早年曾入太

---

① 《后汉书·卷四十九·王充王符仲长统列传第三十九》:王充,字仲任,会稽上虞人也,其先自魏郡元城徙焉。充少孤,乡里称孝。后到京师,受业太学,师事扶风班彪。好博览而不守章句。家贫无书,常游洛阳市肆,阅所卖书,一见辄能诵忆,遂博通众流百家之言。后归乡里,屏居教授。仕郡为功曹,以数谏争不合去〔(南朝宋)范晔撰《后汉书·王充王符仲长统列传第三十九》,中华书局,1999,第 1099 页〕。

学受业，师事班彪。年轻时游学洛阳，因家境不富，买不起书，便经常带上干粮，整日到洛阳街道的书店里读书，过目成诵，博通百家。曾做官，但不久就辞官回乡教书。他以毕生心血写下《讥俗》《政务》《养生》《论衡》四部著作，流传下来的只有《论衡》。写书之时，他在"户牖墙壁各置刀笔"[①]，哪里都有笔。《论衡》八十五篇花了三十年心血而成，被称为奇书。公元189年蔡邕于浙江遇《论衡》一书，如获至宝，密藏而归。友人发现他自浙江回来后，学问突进，猜想他可能得了奇书，便去寻找。果然在他帐间隐蔽处发现了《论衡》一书，抢了几卷就走。友人读后亦称，真乃奇书也。

第一〇〇句　易輶攸畏　属耳垣墙

【句义】不要疏忽看似简单的小事；例如人言可畏，隔墙有耳。

【字义】

字	今注	古注〔（清）孙枝秀《千字文注》〕	
易	轻慢、轻视	忽之也。	言勿以言语为轻忽，此正所当畏者。
輶	古代一种轻便的车	轻也。	
攸	所	所也。	
畏	畏惧	惧也。	
属	连接	进也。	虽隔垣墙，而听之者连属于其所矣。出我之口，即入人之耳，可不畏哉。
耳	耳朵	主听也。（说文）	
垣	墙	即墙也。	
墙	墙壁	垣蔽也。（说文）	

【引经】易輶攸畏　属耳垣墙
《诗经·大雅·丞民》云："德輶如毛，民鲜克举之。"[②]
《诗经·小雅·节南山之什·小弁》云："君子无易由言，耳属于垣。"[③]

---

① 引自《后汉书·卷四十九·王充王符仲长统列传第三十九》。
② 程俊英、蒋见元：《诗经注析》，中华书局，2018，第676页。
③ 程俊英、蒋见元：《诗经注析》，中华书局，2018，第464页。

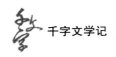

【延伸】

（一）解说"轾"字

"轾"本意是古代一种轻巧的车。《文选·左思〈吴都赋〉》："轾轩蓼扰，毂骑炜煌。"李周翰注："轾轩，轻车也。"引申出"轻巧、轻率、轻慢"等意。如《诗经》中的"德轾如毛"，意思是，德轻得像羽毛一样，施行仁德并不难，关键在于有志向。又如"轾渎"，意即"轻慢亵渎"；"轾仪"，意即"薄礼"。

（二）吉人寡语　贵人语迟

"易轾攸畏，属耳垣墙"讲的是：君子不轻率行事，也不轻慢言辞。言多必失，祸从口出。《易经》有道："吉人之辞寡，躁人之辞多。"① 贵人语迟，敏于事而慎于言。君子话简而实，小人话杂而虚。有道是，话多不如话少，话少不如话好。良言一句三冬暖，恶语伤人六月寒。君子修净，始于不道人恶；君子修定，始于不论是非。一言修定慧，一言毁福德，岂可不慎也。

第一〇一句　具膳餐饭　适口充肠

【句义】备办饭菜，能合口味、能吃得饱，就行。

【字义】

字	今注	古注〔（清）孙枝秀《千字文注》〕	
具	准备、备办	办也。	言办膳以为食者。
膳	膳食	食也。	
餐	吃	吞也。	
饭	饭菜	熟谷而蕾之为饭。	
适	适合	便也。	唯欲适于口、以满其腹而已。
口	口味	人所以言食也。（说文）	
充	充满	满也。	
肠	肠胃	大小肠也。（说文）	

---

① 陈德述：《周易正本通释》，巴蜀书社，2014，第 321 页。

【延伸】食过三寸成何物，馋什么？

"具膳餐饭"，"餐"为动词，如"餐风饮露"，有"食用"之意。"膳"与"饭"是两个不同概念，前者为肉食，后者为五谷素餐、家常便饭，合为饮食之统称。饮食要讲究什么呢？此处既不写"八珍玉食""珍馐美馔"，也不写"尺颊生香""秀色可餐"，而只是平平常常的"适口充肠"。语气非常朴素。吃饭呢，能合口味，能饱腹，就可以了。杭州灵隐寺大殿前挂有《济公圣训》，其中有语："食过三寸成何物，馋什么？"此处用"适口充肠"亦暗寓此意。何谓"适口"？从量上看：不贪多、不奢侈、不浪费、不过度贪欲逐色，凡事适度即可。从质上看：不求"美味"，而求"适口"。能适于身体、水土、季节、四性，五色养五脏、五味应五行，天人合一的健康饮食，才是中国人的"适口"饮食观。

第一〇二句　饱饫烹宰　饥厌糟糠

【句义】饱时，即便鱼肉珍馐也生厌；饿时，即便粗糠野菜也满足。

【字义】

字	今注	古注〔（清）孙枝秀《千字文注》〕	
饱	满足食量	食多也。	故饱则虽有肥甘，亦厌饫而不能食。
饫	饱食	即厌也。	
烹	水煮	煮也。以物调和食味也。	
宰	宰杀	屠杀也。	
饥	饥饿	饿也。	饥则虽糟糠之粗，亦自以为足。
厌	满足	足也。	
糟	酒渣	糟者酒之滓。	
糠	谷子的外壳	糠者米之皮。	

【典故】糟糠之妻不下堂[①]

东汉光武帝刘秀的姐姐湖阳公主守寡，相中宋弘。公主说："宋弘的威仪

[①] 《后汉书·宋弘传》：时帝姊湖阳公主新寡，帝与共论朝臣，微观其意。主曰："宋公威容德器，群臣莫及。"帝曰："方且图之。"后弘被引见，帝令主坐屏风后，因谓弘曰："谚言贵易交，富易妻，人情乎？"弘曰："臣闻贫贱之交不可忘，糟糠之妻不下堂。"帝顾谓主曰："事不谐矣。"〔（南朝宋）范晔撰《后汉书·宋弘传》，中华书局，1999，第605页〕

相貌堂堂、品德气度不凡，朝中之臣无人能及。"于是光武帝召见宋弘，问他对"贵易交，富易妻"的看法，试探其心意。能成为皇亲国戚，谁人不羡？不料宋弘却答道："贫贱之交不可忘，糟糠之妻不下堂。""糟糠之妻"，与自己胼手胝足、同甘共苦走过来的原配夫人。宋弘落难之时，身负重伤，曾有一户郑姓人家收留并悉心照料他。后来的结发妻子，便是郑家之女。宋弘此番情义，为千古立正伦之榜样。

【延伸】心安茅屋稳　性定菜根香

《汉书·食货志上》上记载："庶人之富者累钜万，而贫者食糟糠。"① 糟糠指粗劣的食物，贫者食之。此处讲"饥厌糟糠"，乃承接上文而言。食物何求？只要能"适口充肠"即可。"饱饫烹宰"，饱足起来，山珍海味也无滋味；而"饥厌糟糠"，莫道糟糠粗劣，也能"适口充肠"。

两种人"饥厌糟糠"：饥不择食者"厌"之；安贫乐道者亦"厌"之。"厌"即满足。如"学而不厌"的"厌"，同是此意。前者因家贫如洗，或适逢饥荒，条件所限，没得选了，能有糟糠充饥就不错了，知足了。后者，则是虽富贵而能躬修俭节的高尚品德。范仲淹年少贫寒之时"划粥割齑"，但直至做到参知政事，相当于副宰相之位，俸禄厚实，仍居富贵而不易糟糠，"推其俸以食四方游士"②，将俸禄用来资助贫寒读书人、用来买千亩义田救济族人，几乎倾尽所有去行善助人，真正做到"先天下之忧而忧"。自己家中节俭到什么程度？"诸子至于易衣而出"，四个儿子只有一件衣服穿，谁出门谁穿。自己离世之时，家中连买棺材的钱都没有。范文正公有天下为公、大公无私的道义和胸襟，所以，虽富贵而不愿一家独贵，虽非贫寒，也安于糟糠。正如《明心宝鉴》所云："心安茅屋稳，性定菜根香。"

第一〇三句　亲戚故旧　老少异粮

【句义】盛情款待亲戚朋友，待客之道要注意因人而异、老少有别。

---

① （东汉）班固：《汉书》，中华书局，2011，第159页。

② 见《宋史·范仲淹传》：仲淹泛通《六经》，长于《易》，学者多从质问，为执经讲解，亡所倦。尝推其俸以食四方游士，其诸子至，易衣而出，仲淹晏如也。

【字义】

字	今注	古注〔（清）孙枝秀《千字文注》〕	
亲戚	内亲外戚	姻眷也。	
故旧	故友	昔所知识之人也。	
老	年岁大	年长者。	老者少者，当分别其食。不可以无节也。
少	年纪轻	年幼者。	
异	差异、不同	分别之也。	
粮	粮食	食也。	

【延伸】内亲外戚

"亲戚"在现代汉语中重叠使用，但古文中"亲"和"戚"含义有区别，所谓"内亲外戚"。父亲一脉同姓的为"亲"，母亲、妻子一脉不同姓的为"戚"，血缘关系不同。两汉历史常有外戚和宦官把持朝纲的记述，即皇帝年幼登基，国事由母后一系的人协助治理。

第一〇四句　妾御绩纺　侍巾帷房

【句义】妻妾婢女在家纺纱织布，在内室侍奉丈夫的日常起居。

【字义】

字	今注	古注〔（清）孙枝秀《千字文注》〕
妾	妻子以外的娶的女子	次于妻者。 六书正讹云：从立从女。侍侧之义。
御	治理、管理	即侍也。
绩	纺纱织布	辑麻也。
纺		说文云：网丝也。
侍	服侍、侍奉	承也。（说文）
巾	配巾、头巾、手巾等，此处泛指衣冠	蒙首之衣。 释名云：二十成人，士冠庶人巾。
帷	帷幔	说文云：在旁曰帷。在上曰幕。 释名云：围也。以自障围也。
房	房间	室也。

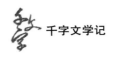

【延伸】

（一）"妻"与"妾"

《礼记·内则》云："聘则为妻，奔则为妾。"① 古时妻妾有别，明媒正娶的结发妻为正室，私奔的只能为妾，称"侧室"，地位较之低下。《说文》释"妾"："有辠女子，给事之得接于君者。从辛从女。"② 段玉裁注为"有罪女子"③。《周礼注》云，"臣妾，男女贫贱之称"。《尚书传》云，"役人贱者，男曰臣，女曰妾"。可见，"臣妾"二字是泛指贫贱者。《旧唐书·后妃传》载，长孙皇后曾对唐太宗说，"妾以妇人，岂敢豫闻政事？"贵为正宫皇后，不是"妾"却自称"妾"，这是自称为罪身、贱身，自谦之辞也。

（二）"黔首"与"巾"

"侍巾帷房"。巾是古人拢发包头的布，此处指代衣冠。妾为夫君整理衣冠。先秦时男子 18～20 岁行冠礼，以示成年。秦朝以后，有官职禄位之人方可戴冠。平民百姓只能以巾裹头。秦朝百姓用黑巾包头，故称为"黔首"，后来以之为"平民百姓"的代称。前文"爱育黎首"之"黎首"，即"黑头"的意思，一说因为头发皆黑，一说因头巾皆黑。

（三）"帷"与"幕"

常言道"拉开帷幕"。古汉语中"帷"与"幕"是两个不同概念。《说文》云："在旁曰帷。在上曰幕。"④ 《释名》："帷，围也。所以自障围也。"即四周以布帛相围为帷，上方以布帛相覆为幕。用以防尘遮光、保护隐私。古代的房中都有帷幕，女子房中设有床帷、窗帷、门帷等。以布帛为帷称"帷房"，以竹帘为帷称"帷簿"。故女眷如果淫乱无忌，则会被讥以"帷房不整""帷簿不修"⑤。

---

① 吴玉贵、华飞主编《四库全书精品文存》，团结出版社，1997，第 553 页。

② （东汉）许慎：《说文解字》，中华书局，2013，第 53 页。

③ （清）段玉裁：《说文解字注》，上海古籍出版社，2006，第 120 页。

④ （东汉）许慎：《说文解字》，中华书局，2013，第 156 页。

⑤ 何立庆：《漫谈古代帷幕的象征意义》，《文史杂志》2000 年第 3 期，引自贾谊《新书·阶级》《孔子家语·五刑解》等。

第一〇五句　纨扇圆洁　银烛炜煌

【句义】圆圆的绢扇洁白素雅，白白的蜡烛明亮辉煌。

【字义】

字	今注	古注〔（清）孙枝秀《千字文注》〕
纨	团扇	齐地之绢曰纨。
扇		招风之物。 方言曰。自关而东谓之箑（shà），自关而西谓之扇。
圆	圆形	言其形。
洁	洁白、洁净	净也。
银	银白	尔雅云：白金谓之银。
烛	烛光	蜡炬也。
炜	光明	火光炫耀之貌。
煌	明亮	

【延伸】

1. 苇扇、羽扇、平扇、折扇

扇，古称箑（shà）。《说文》：“箑，扇也。”[1] 古代箑扇并称，《方言·杂释》云：“扇自关而东谓之箑，自关而西谓之扇，今江东亦通名扇为箑。”有人认为扇子起源于虞舜时代，晋人崔豹《古今注》记舜“广开视听，求贤人以自辅，故作五明扇”。

《尔雅》载“以木曰扉，以苇曰扇”，由此可推古早时期扇子可能是方形的苇编物。到了殷代，扇子以鸡尾羽制成，故“扇”字里有个“羽”字。早期羽扇作为帝王礼仪之具、遮阳挡风之用，称“障扇”。西汉以后，羽扇才因其出风缓软、不入腠理而开始被用以扇风取凉。

东汉时，改用以丝、绢、绫罗之类织品制，为“平扇”。平扇之中，有长圆、葵花、梅花、六角、匾圆等形，其中月形的扇子称为“纨扇”或“团扇”，也称作“合欢扇”。如西汉班婕妤《怨歌行》诗云：“新裂齐纨素，鲜洁

---

[1] （东汉）许慎：《说文解字》，中华书局，2013，第92页。

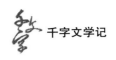

如霜雪。裁成合欢扇，团团似明月。"宋代出现折扇，又称"聚骨扇""撒扇""折叠扇"等。宋人邓椿在《画继》中赞折扇"展之广尺三四，合之止两指许"。

2. 自唐以前　烛为火炬

《穆天子传》云："天子之宝，璿珠烛银。"郭璞曰："银有精光如烛也。""烛银"是指像烛光一样闪耀的银子。"银烛炜煌"之"银烛"，是指像银般闪耀的烛光。银烛互喻。

有人认为"蜡"在唐朝以后才出现，如石蜡、蜂蜡、蜜蜡等。故而唐朝之前的"烛"不同于今日"蜡烛"的概念。《说文》云："庭燎，火燭也。"① 段玉裁注："宵则庶子执烛于阼阶上。司宫执烛于西阶上。甸人执大烛于庭。……执之曰烛。在地曰燎。"② 须以人手举"烛"，此时"烛"应为类似火炬之物。

第一○六句　昼眠夕寐　蓝笋象床

【句义】白日小憩于青篾编成的竹席上，晚上就寝于象牙雕屏的床榻上。

【字义】

字	今注	古注〔（清）孙枝秀《千字文注》〕
昼	白天	日中也。 说文云。日之出入，与夜为界。
眠	睡觉	卧也。
夕	日落、晚上	暮也。 说文云。莫也。从月半见。
寐	睡觉	昧也。目闭而神藏也。 说文云。卧也。
蓝	植物蓼蓝,可用作染料。 泛指古代用来染青色的草	染青之草。

---

① （东汉）许慎：《说文解字》，中华书局，2013，第208页。
② （清）段玉裁：《说文解字注》，上海古籍出版社，2006，第483页。

续表

字	今注	古注〔(清)孙枝秀《千字文注》〕
笋	嫩竹青皮,这里指笋席	竹萌也。 书顾命云。敷重笋席。 盖以嫩竹为席也。
象	象牙	兽名。其牙可以饰器。
床	床榻	说文云。身之安也。 释名云。人所坐卧曰床。

【延伸】文意承袭

"安居乐道"的生活状态,如何呢?先讲精神世界,有"索居闲处"之净,"求古寻论"之修,欣奏累遣之乐。再讲天地环境,有四季美景,俯首见"落叶飘飖",寄以感悟;仰观见"凌摩绛霄",寄以壮志。再讲物质世界,衣食住行。前文讲饮食、起居,此处讲睡眠,下文讲聚会之事。皆呈现"治平天下"之后人民起居生活之安乐貌状。

第一〇七句 弦歌酒宴 接杯举觞

【句义】筵宴之上,依琴瑟而咏歌,高擎酒杯,歌舞升平。

【字义】

字	今注	古注〔(清)孙枝秀《千字文注》〕
弦	弦乐器	丝乐也。琴瑟之属。
歌	歌咏	唱也。
酒	美酒	古者仪狄作酒醪,禹尝之而美,遂疏仪狄。杜康作秫酒。(说文)
宴	宴会	置酒以会客也。
接	托起	受也。
杯	酒杯	酒器。
举	举起	动也。
觞	古代盛酒的器皿	酒器。

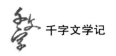

【引经】弦歌酒宴

《论语》云："闻弦歌之声。"①

【典故】绝旨酒　疏仪狄②

相传夏禹时期仪狄发明了酿酒。公元前 2 世纪史书《吕氏春秋》云："仪狄作酒。"后世以仪狄为制酒之始祖。汉代《战国策》则记载了大禹"疏仪狄而绝旨酒"。仪狄作酒，进贡于禹，远见卓识的夏禹饮毕而警示说："后世必然有人以酒亡国。"于是即刻下旨禁酒，并疏远仪狄。古籍记述亡国之君多沉溺于酒色，便是大禹预言的生动应验。

【延伸】"爵"之二柱　警示克制

《朱子家训》云："自奉必须简约，宴客切勿流连。"意即，招待客人或参加宴会，不要流连忘返，切莫吃到三更半夜伤身，甚至喝得烂醉如泥。先秦时期酒杯设计得颇有寓意。清代段玉裁《说文解字注》释"爵"字："爵形即象雀形也。……前有流，喙也。脑与项也。胡也。后有柄、尾也。容酒之量。其口左右侈出者，翅也。近前二柱，从翅将飞皃也。其量，腹也。"③ 考古可证"爵"上有"二柱"。如商代王室墓葬妇好墓出土的妇好爵以及安居羊子山 1 号墓出土的西周戈父辛铜爵皆有两柱。这两条细柱用来做什么的呢？段注写"古经立之容不能昂其首也，不昂首而实尽。取节于两柱之柱眉"④，喝酒不能仰头喝，那么，一喝，两边的细柱就会接近眼睛。只能抿一小口，不能一饮而尽。

第一〇八句　矫手顿足　悦豫且康

【句义】随着音乐的旋律手舞足蹈，身心愉悦康泰。

---

① 洪镇涛编《论语》，上海大学出版社，2012，第 182 页。

② 汉代《战国策》云：昔者，帝女令仪狄作酒而美，进之禹。禹饮而甘之，遂疏仪狄而绝旨酒。曰："后世必有以酒而亡其国者。"

③ （清）段玉裁：《说文解字注》，上海古籍出版社，2006，第 217、218 页。

④ （清）段玉裁：《说文解字注》，上海古籍出版社，2006，第 218 页。

【字义】

字	今注	古注〔(清)孙枝秀《千字文注》〕
矫	举起手臂	高举之貌。
手		
顿	以脚跺地	以足着地曰顿。
足		
悦	喜悦	喜也。
豫	安适	喜也。
且	连词，并且	语辞。
康	康泰	安乐也。

【延伸】

前文弦歌，此句则舞。人们手舞足蹈，愉悦安康。"矫"在此处是高举之意。陶渊明《归去来兮辞》中有"策扶老以流憩，时矫首而遐观。云无心以出岫，鸟倦飞而知还"的诗句。"矫首"即举头之意。"矫手顿足"之"矫手"即高抬双臂舞动。

第一〇九句　嫡后嗣续　祭祀蒸尝

【句义】子孙一代一代传续，四时祭祀不能懈怠。

【字义】

字	今注	古注〔(清)孙枝秀《千字文注》〕
嫡	正妻所生为嫡子 非正妻所生为庶子	妻所生之子也。
后	后代	承祖父之宗者也。
嗣	继承	继也。
续	延续	接也。
祭	祭祖仪式	以饮食享其先人曰祭祀。
祀		
蒸	冬天祭祀	皆祭祀之名。
尝	秋天祭祀	

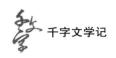

【引经】祭祀蒸尝

《礼记·王制》云："天子诸侯宗庙之祭，春曰礿（yuè），夏曰禘（dì），秋曰尝，冬曰烝。"[1]《诗经·小雅·天宝》"礿祠烝尝，于公先王。君曰卜尔，万寿无疆"[2]。《周礼·春官·司尊彝》："秋尝冬烝。"

【延伸】礿禘尝烝　四时之祭

礿禘尝烝，为"春分、秋分、夏至、冬至"四时之祭。"烝尝"本指秋冬二祭，后泛指四时祭祀，也泛指族人聚餐。用"蒸尝"二字表祭祀，含有"祭祀上供以食"的意思。

第一一〇句　稽颡再拜　悚惧恐惶

【句义】虔诚稽首，恭肃跪拜；敬畏恭谨，严肃矜庄。

【字义】

字	今注	古注〔（清）孙枝秀《千字文注》〕
稽	古代跪拜礼	颡，额也。
颡	额头	稽颡，以额至地也。
再	再次	重也。
拜	下拜	以手伏地也。
悚	敬畏恭谨	皆畏怖之意。甚言其敬之至也。
惧		
恐	诚惶诚恐	
惶		

【引经】稽颡再拜

《仪礼·觐礼》："再拜稽首。"《礼记·檀弓》云："拜而后稽颡，颓乎其顺也；稽颡而后拜，颀乎其至也。"[3]

---

① 《礼记》，中华书局，2014，第81页。
② 程俊英、蒋见元：《诗经注析》，中华书局，2018，第355页。
③ 吴玉贵、华飞主编《四库全书精品文存》，团结出版社，1997，第418、480页。

【延伸】古代"九拜"

"九拜"即古时的九种礼拜方式。《周礼》谓"九拜"："一曰稽首，二曰顿首，三曰空首，四曰振动，五曰吉拜，六曰凶拜，七曰奇拜，八曰褒拜，九曰肃拜。"

一曰稽首：九拜之中最隆重的跪拜礼，多用于拜君父师等。《白虎通义》谓"敬之至也"。额头至地久留，动作缓慢，毕恭毕敬。旧时给尊长写信，开头常用"稽首"字样。

二曰顿首：又称"叩颡"，与"稽首"同为跪拜叩头，但稍顿即起，为拜礼中次重者。"稽颡"即"顿首"[①]，多用于凶丧非常之事或请罪之拜。

三曰空首：又称"拜手"，东汉郑玄注"拜头至手，所谓拜首也"。此为古代上级对下级致谢的礼节，或为君王祭天。

四曰振动：丧礼之中，以击手、身体战栗表悲痛至极之礼。郑玄注："动，读为董，书抑或为董。振董，以两手相击也。……振动，战栗变动之拜。"

五曰吉拜：即正拜，男尚左，女尚右。先拜手，后稽颡。

六曰凶拜：丧礼或居丧期间答拜宾客的礼节。男尚右，女尚左。先稽颡，后拜手。《千字文》此处"稽颡再拜"即属于"凶拜"。

七曰奇拜：拜一次为"奇拜"。

八曰褒拜：拜两次或两次以上为"褒拜"。郑玄注："褒读为报，报拜，再拜是也。"

九曰肃拜：女子跪拜礼的一种。跪双膝，手垂地，再拱手，再低头至手。书信用语"谨肃"、妇女行礼称"端肃"，皆源于此。

第一一一句　笺牒简要　顾答审详

【句义】给人的书信要简明扼要，回答别人的问题时要审慎周详。

---

① 颜春峰：《稽首、顿首、稽颡考辨》，《杭州师范学院学报》（人文社会科学版）2001 年第 2 期。

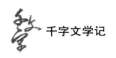

【字义】

字	今注	古注〔(清)孙枝秀《千字文注》〕	
笺	信笺、书信	说文云:表职书。	言与人酬接者,以笔札对人,则撮其要略,使览者不烦。
牒	古代书写用的木牒、竹牒,后引申为文书、证件	书版曰牒。 说文云:札也。	
简	简明	略也。	
要	扼要	约也。	
顾	回顾	回视也。	以言语对人,则熟察其理而备言之,使听者周知也。
答	回答	对也。	
审	详细周密	熟察也。	
详	细密完备	备也。	

【延伸】 小曰牒　大曰册　薄曰牒　厚曰牍

"牒"是简札,用来书写简短文字的木片或竹片,其形状如树叶小而薄。一般来说,小简曰牒,大简曰册,薄者曰牒,厚者曰牍。《说文·片部》:"牒,札也。"① 现代社会的护照、身份证、证明信、介绍信、授权函、政府公文等,在古时皆相当于"牒"。如"通关文牒"。

"笺牒简要"是文书简洁,为了"使览者不烦"。"顾答审详"是回答问题时,要谨慎且周详,为提问者释疑。或简或详,存心皆是出于为对方着想。

第一一二句　骸垢想浴　执热愿凉

【句义】 身上脏了就想洗个澡,感到热不可耐了就渴望得到清凉。

---

① (东汉)许慎:《说文解字》,中华书局,2013,第140页。

【字义】

字	今注	古注〔(清)孙枝秀《千字文注》〕	
骸	身体	身体也。庄子云:百骸九窍六藏。	言身之污秽者,则思澡洗以洁之。
垢	污垢	污秽也。	
想	希望、打算	思也。	
浴	洗澡	澡身也。	
执	拿着	持也。	执持热物者,则欲寒气以解之。皆人情之所同然也。
热	灼热	释名云:热也。如火所烧热也。	
愿	希望	欲也。	
凉	降温	寒气也。	

【引经】执热愿凉

《诗经·大雅·桑柔》云:"谁能执热,逝不以濯?"①

《孟子·离娄上》:"今也欲无敌于天下,而不以仁,是犹执热而不以濯也。"朱熹集注:"言谁能执热物而不以水自濯其手乎?"②

【延伸】"执热"三说

一说,释为"手执灼热之物"。如《诗·大雅·桑柔》:"谁能执热,逝不以濯。"毛传:"濯所以救热也。"郑玄笺:"当如手执热物之用濯。"朱熹集注:"言谁能执热物而不以水自濯其手乎?"如同手上拿着烫鸡蛋,就想用冷水冲凉一些,人之常情也。清代孙枝秀《千字文注》以及刘宏毅《千字文讲记》均采用此说,无有引申及旁解。

二说,"手执热物"是后世错解。有学者认为"执"在此处不是"拿"的意思,如《礼记·曲礼上》中的"执友"之"执",应为"固持、牢不可破"之意,"执热"则是"热不可耐"的意思。因为这个"热"执持不断、难以消解,故称"执热"。如此,前后文意也更合理顺承:"骸垢想浴,执热愿凉",

---

① 程俊英、蒋见元:《诗经注析》,中华书局,2018,第657页。

② 《孟子》,上海大学出版社,2012,第143页。

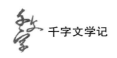

身上脏了想洗净之，身上热了想冲凉之。钱锺书先生对此做了考究，列出黄生、胡承珙、王鸣盛三人的考据，认为"拿热物"是误注，"热不可耐"才是正解：

> 按黄生《义府》卷上驳郑笺及《孟子·离娄》章赵注之误，谓"执"如"执友"之"执"，言"固持"，乃"热不可解"之意，并引《千字文》、杜甫诗为例。王鸣盛《蛾术编》卷八二与之不谋而合，舍《千字文》外，举《墨子》、韩愈文、陆龟蒙诗，而引杜诗尤详。胡承珙《毛诗后笺》卷二五似未睹黄、王二氏书，仅据杨慎所引杜诗、韩文、段玉裁所引杜诗等，而补以《墨子》及杜诗一例。《唐诗归》卷一九杜甫《课伐木》："尔曹轻执热"，钟惺评云："考亭解《诗》'谁能执热，逝不以濯'，'执'字作'执持'之'执'。今人以水濯手，岂便能执持热物乎？盖热曰'执热'，犹云'热不可解'，此古文用字奥处。'濯'即洗濯之'濯'，浴可解热也。"
>
> ——钱锺书《管锥编·毛诗正义》第五十九则

三说，谓苦热。段玉裁曰："执热，言触热、苦热。濯，谓浴也……此诗谓谁能苦热，而不澡浴以洁其体，以求凉快者乎？"[①] 身上感觉苦热能不洗澡吗？此说法与第二种观点不谋而合。韩愈《答张籍书》："洒然若执热者之濯清风也。"应为"就像感到炎热的人沐浴于清风当中一样感到解脱舒爽"。故，此处"执热"若释为手执热物，于语境不通。

综上，对《千字文》"执热"的词义注释遵照历代古注，句义注释采用后两者的新解，以通文意。

第一一三句　驴骡犊特　骇跃超骧

【句义】驴子、骡子、小牛、公牛等牲口，其性易惊喜跃、追赶奔腾。

---

① 见《〈诗〉"执热"解》。

【字义】

字	今注	古注〔(清)孙枝秀《千字文注》〕
驴	驴子	说文云：似马长耳。
骡	马骡	说文云：驴父马母也。
犊	小牛	说文云：牛子也。
特	公牛	豕子也。 尔雅云：豕生三豵二师一特。
骇	受惊	惊也。
跃	跳跃	跳也。
超	跃过	越而过也。
骧	腾跃	腾跃也。

【延伸】句解

孙注："此言畜产之蕃。《曲礼》云：问庶人之富，数畜以对。此言四畜，惊骇跳跃，其材可用，居家者所不可无也。"[1] 讲述家中牲畜之多，隐喻百姓家产富足之状。

第一一四句　诛斩贼盗　捕获叛亡

【句义】官府诛杀盗贼，捕获叛乱分子和亡命之徒。
【字义】

字	今注	古注〔(清)孙枝秀《千字文注》〕	
诛	杀戮	戮也。	言御患者，于攻劫窃盗，则必诛戮斩杀之。
斩	斩首、腰斩	杀也。	
贼	危害人民的人	春秋左传云：杀人不忌为贼。	
盗	偷窃者	春秋左传云：窃贿为盗。	
捕	抓捕	擒也。	有背叛而逃亡者，则必追擒而得之。 然后可无患也。
获	捕获	得也。	
叛	叛乱的人	背也。	
亡	逃亡的人	逃也。	

---

[1] （清）孙枝秀辑《千字文注》，清康熙二十四年刊本，第39页。

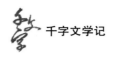

【延伸】"斩"与"诛"

两字皆为会意字。"斩"侧重于"斩身","诛"侧重于"诛心"。《说文》云:"斩。从车从斤。斩法车裂也。"① "斩"左边为"车",源于古时车裂之刑罚;右边为"斤",段注"斫木之斧,则谓之斤"②,所以"斤"有"砍"的意思。合而会意为斩杀之刑。

《说文》云:"诛,讨也。"③ "诛"有"口诛笔伐"之说,本意有声讨、揭发恶行之意。用"诛"字表"杀"意之时,不仅表"杀身之祸",且含毁坏声誉之辱。如"诛九族",使其"千夫所指"而诛灭。

"木"字之上加指事符号为"末",表枝末;"木"字之下加指事符号为"本",表树根;"木"字中间加指事符号为"朱",表树干。"朱"引申为红色之意后,本意"树干"被转注字"株"所代替。

"朱"如何衍生"杀"意?《说文》云,"赤心木。松柏属。从木,一在其中"。④ 因为"朱"为红心木,从中间砍断之后为朱红之色,故有《庄子》之"紫衣而朱冠"⑤、杜甫之"朱门酒肉臭,路有冻死骨"、《墨子》之"朱衣冠,执朱弓,挟朱矢"。此中之"朱"皆为"朱红色"之意。古人在刑簿上用朱墨之笔书写罪人姓名,或用朱红之笔划掉罪人之名,寓意判其死刑。加之造字之初,用红笔一横划于树木中央,有"居木中断"的意思,从中间砍断。所以,"诛"中之"朱"不仅是声旁,也是义旁。

第一一五句　布射僚丸　嵇琴阮啸

【句义】吕布善于射箭,宜僚善玩弹丸,嵇康善于弹琴,阮籍善于撮口长啸。

① (东汉)许慎:《说文解字》,中华书局,2013,第305页。
② (清)段玉裁:《说文解字注》,上海古籍出版社,2006,第716页。
③ (东汉)许慎:《说文解字》,中华书局,2013,第51页。
④ (东汉)许慎:《说文解字》,中华书局,2013,第114页。
⑤ (清)郭庆藩撰《庄子集释》,中华书局,2006,第654页。

【字义】

字	今注	古注〔(清)孙枝秀《千字文注》〕	
布	吕布	吕布也。	吕布辕门射戟。
射	射箭	发矢也。	
僚	宜僚	熊宜僚也。	宜僚善弄丸。八者常在空中，一者在手。
丸	弹丸	弹也。	
嵇	嵇康	嵇姓。名康。本姓奚。以避怨。移家于谯国铚县嵇山之侧因以为姓。	嵇康善弹琴。尝游洛西遇异人授以广陵散。声调绝伦。
琴	古琴	乐器。	
阮	阮籍	阮姓。名籍。	阮籍善啸。陈留有阮公啸台。
啸	撮口长啸	蹙口出声也。	

【典故一】 辕门射戟

典出《三国志·吕布传》①。三国时吕布曾用"辕门射戟"的方法替刘备解围，以其射艺精湛，巧妙平息了一场战争。袁术使纪灵带兵来伐刘备，刘备不敌，求助于吕布。吕布命门侯在远方营门中竖起一支戟，说："诸位看我射戟上的小支，如一发射中，诸君当立即停止进攻，如射不中，那你们就留下决战。"话毕发箭，正中戟支。纪灵只好退兵。

【典故二】 宜僚弄丸②

春秋时楚国勇士，熊宜僚，善于弄丸为戏，可敌五百人。类似马戏团小丑扔瓶子、抛火把一类的杂耍。熊宜僚手艺高超，可八球在空中，一球在手里，单手轮抛。楚国白公胜欲谋反，请宜僚助之。宜僚只是弄丸，不为威逼利诱所屈。后楚庄王包围宋国都城，久攻不下。千钧一发之际，熊宜僚来了，在阵前抛丸，宋军停战观看，看傻了。突然楚军掩杀过来，宋军不战而败。

---

① 术遣将纪灵等步骑三万攻备，备求救于布。……布令门侯于营门中举一只戟，布言："诸君观布射戟小支，一发中者诸君当解去，不中可留决斗。"布举弓射戟，正中小支。诸将皆惊，言"将军天威也"！明日复欢会，然后各罢。

② 《左传·哀公十六年》载：楚之勇士宜僚，力可敌五百人，居市南，号曰市南子。楚白公胜谋作乱，将杀令尹子西。遣使招宜僚，宜僚正上下弄丸，不为利诱，亦不为威惕，卒不从命。白公不得宜僚，其谋遂寝，白公、子西两家之难因此得解。后因以"宜僚弄丸"谓保持中立，排难解纷。《庄子·徐无鬼》："市南宜僚弄丸，而两家之难解。"《丸经·序》："昔者，楚庄王僵兵宋都，得市南勇士熊宜僚者，工于丸，士众称之。"

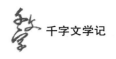

【典故三】嵇康绝响①

西晋名士嵇康，竹林七贤之一，通晓音律，擅长弹琴。相传他创作了《风入松》《孤馆遇神》《长清》《短清》《长侧》《短侧》等琴曲，著《琴赋》。善奏《广陵散》，相传为神人所授，声调绝伦，玄妙无比。嵇康不肯出仕，最终被司马氏杀害，在刑场上奏《广陵散》，成为千古绝响。

【典故四】苏门长啸②

阮籍，魏晋时竹林七贤之一。相传曾在苏门山向得道隐士孙登学得"啸法"，引吭高啸，声震山谷。

第一一六句　恬笔伦纸　钧巧任钓

【句义】蒙恬制造了毛笔，蔡伦发明了造纸，马钧发明了水车，任公子善于钓鱼。

【字义】

字	今注	古注〔（清）孙枝秀《千字文注》〕	
恬	蒙恬	蒙恬也。	博物志云:蒙恬造笔。
笔	毛笔	释名云:述也。 述事而书之也。	
伦	蔡伦	蔡伦也。	汉和帝时,常侍蔡伦作纸。
纸	造纸	释名云:砥也。 平滑如砥石也。	

---

① 《晋书·嵇康传》载：常修养性服食之事，弹琴咏诗，自足于怀。……康将刑东市，太学生三千人请以为师，弗许。康顾视日影，索琴弹之，曰："昔袁孝尼尝从吾学《广陵散》，吾每靳固之，《广陵散》于今绝矣！"时年四十。海内之士，莫不痛之。……夜分，忽有客诣之，称是古人，与康共谈音律，辞致清辨，因索琴弹之，而为《广陵散》，声调绝伦，遂以授康，仍誓不传人，亦不言其姓字。

② 《世说新语·栖逸》：阮步兵（阮籍曾任步兵校尉）啸闻数百步。苏门山中，忽有真人，樵伐者咸共传说。阮籍往观，见其人拥膝岩侧，籍登岭就之，箕踞相对。籍商略终古，上陈黄、农玄寂之道，下考三代盛德之美，以问之，仡然不应。复叙有为之教、栖神导气之术以观之，彼犹如前，凝瞩不转。籍因对之长啸。良久，乃笑曰："可更作。"籍复啸。意尽，退还半岭许，闻上然有声，如数部鼓吹，林谷传响，顾看，乃向人啸也。

续表

字	今注	古注〔(清)孙枝秀《千字文注》〕	
钧	马钧	马钧也。	扶风马钧性巧,造指南车,又作木人,能跳舞,与人无异。
巧	巧妙	技也。(说文)	
任	任姓	姓。	任公为大钓。以十五犗(jiè)为饵,投于东海,得大鱼而腊之。
钓	垂钓	以饵取鱼曰钓。	

【典故一】蒙恬造笔①

千余年来,流传秦将蒙恬发明毛笔之说。《古今注》云"自蒙恬始造,即秦笔耳,以枯木为管,鹿毛为柱,羊毛为被"。也有学者认为,蒙恬不是毛笔的发明者,而是改良者。清代赵翼《陔余丛考》:"笔不始于蒙恬明矣。或恬所造,精于前人,遂独擅其名耳。"1954年,在湖南长沙左家公山战国时期的墓葬中,出土了一支竹竿毛笔。在距今六七千年新石器时期西安半坡遗址出土的彩陶器上以及商代出土的甲骨和陶器上,其人面纹、鱼纹、波折纹、未加锲刻的符号等,笔触线条流畅,具有方、圆、肥、瘦的变化。有人认为,皆是毛笔所绘。

【典故二】蔡伦造纸②

东汉蔡伦发明了纸,人称"蔡侯纸"。古时书信或写在竹简上,或写在锦帛上,前者重而不便,后者又造价昂贵。其时民间已有用麻纤维造的纸,但由于成本高、原料受限,不能普及使用。蔡伦经过深入研究,用树皮、麻头、破布、旧渔网为原料来造纸。公元105年造出第一批纸,人称"蔡侯纸",从此天下推而广之。

【典故三】巧手马钧③

马钧,字德衡,三国时魏国的发明家,被誉为天下名巧。曾改进织绫机,

---

① 《太平御览》引《博物志》曰:"蒙恬造笔。"崔豹在《古今注》中也说:"自蒙恬始造,即秦笔耳,以枯木为管,鹿毛为柱,羊毛为被。所谓苍毫,非兔毫竹管也。"

② 出自《东观汉记》及范晔《后汉书》记载。原文:蔡伦,字敬仲,桂阳人也。永丰九年,监作秘剑及诸器械,莫不精工坚密,为后世法。自古书契,多编以竹简,其用缣帛者谓之为纸。缣贵而简重,并不便于人。伦乃造意用树肤、麻头及敝布、渔网以为纸。元兴元年,奏上之。帝善其能,自是莫不从用焉,故天下咸称"蔡侯纸"。

③ 《马钧传》选自裴松之注《三国志·杜夔传》的注文,原文载:"马先生钧,字德衡,天下之名巧也。……为博士,居贫,乃思绫机之变……言及指南车……患无水以溉。先生乃作翻车……至令木人击鼓吹箫;作山岳,使木人跳丸、掷剑、缘垣、倒立,出入自在,百官行署,春磨、斗鸡,变化百端。"

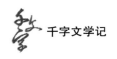

使丝织效率提高五倍；发明由低处向高地引水的龙骨水车，至今仍在使用；复原了已失传的黄帝时期指南车；发明发石机能连续发石，出数百步远；改制诸葛连弩；他制作的木头人能跳舞，木人还能击鼓吹箫、跳丸、掷剑、缘垣、倒立、舂磨、斗鸡等。

【典故四】任公垂钓①

典出《庄子·外物》篇的一则寓言。任公子钓鱼用五十头牛犗做饵，鱼线是粗黑绳。他蹲在会稽山上，投竿东海，整整一年没钓到鱼。终有一天，大鱼吞饵，白浪滔天，震惊千里。此后，浙江以东、苍梧以北的人无不饱餐受益。后世以"犗饵"喻志向远大、厚积薄发。

第一一七句　释纷利俗　並皆佳妙

【句义】有的人以一技之长巧妙消弭纷争，有的人则善于发明创造，利益百姓、造福社会。都高明巧妙，为人称道。

【字义】

字	今注	古注〔（清）孙枝秀《千字文注》〕	
释	解除	解也。	
纷	争执	烦乱也。	
利	便利	便也。	
俗	普通百姓	世俗也。	言此数者，皆可以解烦理乱，而便于世用，佳善而好妙也。
並	副词，表示同时存在	并也。	
皆	全、都	俱也。	
佳	美好	善也。	
妙	美妙	好也。	

---

① 典出《庄子集释》卷九上〈杂篇·外物〉。"任公子为大钩巨缁，五十犗以为饵。蹲乎会稽，投竿东海，旦旦而钓，期年不得鱼。已而大鱼食之，牵巨钩，陷没而下，骛扬而奋鳍，白波若山，海水震荡，声侔鬼神，惮赫千里。任公子得若鱼，离而腊之，自制河以东，苍梧以北，莫不厌若鱼者。"〔（清）郭庆藩撰《庄子集释》，中华书局，2006，第925页〕

第一一八句　毛施淑姿　工颦妍笑

【句义】毛嫱、西施，姿容姣美，即便皱眉，也像笑容一样动人。

【字义】

字	今注	古注〔（清）孙枝秀《千字文注》〕
毛	毛嫱	毛嫱也。
施	西施	西施也。
淑	美丽	美也。
姿	容姿	容也。
工	善于	善也。
颦	皱眉	蹙眉也。
妍	美丽	好也。
笑	笑容	喜而解颜也。

【引经】

1. 毛施淑姿

《慎子·威德》云。"毛嫱、西施。天下之至姣也。"[1]

《管子》云："毛嫱西施，天下之美人也。"[2]

2. 工颦妍笑

《庄子·天运》："西施病心而颦其里，其里之丑人见而美之。"[3]

【典故】沉鱼落雁

毛嫱、西施都是春秋时期的美人。毛嫱相传为越王爱姬，为"沉鱼"之原型。《庄子·齐物论》云："毛嫱丽姬，人之所美也，鱼见之深入，鸟见之高飞，麋鹿见之决骤。"[4] 后世人以"沉鱼落雁"形容女子貌美。西施，越国人，父亲是打柴的樵夫，因家住施家村西头，故名西施。西施有心口疼的毛病，疼则皱眉"颦"，惹人怜爱。故有丑女"东施效颦"之说。西施曾助卧薪

---

① 许富宏撰《慎子集校集注》，中华书局，2013，第7页。
② 《管子》，中华书局，2014，第172页。
③ （清）郭庆藩撰《庄子集释》，中华书局，2006，第515页。
④ （清）郭庆藩撰《庄子集释》，中华书局，2006，第93页。

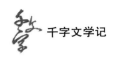
尝胆的越王勾践雪耻灭吴，后与范蠡一起泛舟西子湖，双双归隐。

【延伸】美色宜远

孙注："言此美色之宜远。亦处身之道也。言妇容之美。如古毛嫱西施，而又善自修饰，工于颦而巧于笑，足以迷惑人也。"① 庄子曰"毛嫱丽姬，人之所美也"，虽绝色佳人，但"鱼见之深入，鸟见之高飞"。皮相再美，鱼见了也同样扭头就走，鸟也不为之停留，依旧高飞。寓意人之修身，也应不住色相、不执外相。

第一一九句　年矢每催　曦晖朗曜

【句义】青春易逝，岁月匆匆催人渐老，只有太阳的光辉永远朗照。

【字义】

字	今注	古注〔（清）孙枝秀《千字文注》〕
年	岁月	岁也。
矢	箭	漏矢也。 汉书律历志云：孔壶为漏。浮箭为刻。
每	经常	频也。
催	催促	促也。
曦	早晨的阳光	皆日之光。
晖	太阳周围的光圈	
朗	明朗	明也。
曜	照耀	即照也。

【延伸】行善宜勤

孙注："言善之宜勤。亦处身之道也。"② "年矢每催"是时光催人老之意。"矢"在此处为浮箭，与古时候的滴水计时之器"孔壶"有关。现故宫的后三宫里依旧陈设有孔壶。《后汉书》云："孔壶为漏，浮箭为刻，下漏数刻，以考中星，昏明生焉。"③ 孔壶底部有小孔，以滴水。水滴每落，刻箭就上浮，

---

① （清）孙枝秀辑《千字文注》，清康熙二十四年刊本，第40页。
② （清）孙枝秀辑《千字文注》，清康熙二十四年刊本，第40页。
③ （南朝宋）范晔撰《后汉书·律历志下》，中华书局，1999，第2069页。

所以叫作"每催"，频频催促。而"曦晖朗曜"，年年岁岁日相似，岁岁年年人不同。清代孙枝秀将此句注解为时不待我、行善宜勤、修身精进之意。

第一二〇句　旋玑悬斡　晦魄环照

【句义】高悬的北斗随四季变换转动，明晦往复的月亮，光照人间。

【字义】

字	今注	古注〔（清）孙枝秀《千字文注》〕	
旋	即璇玑 北斗前四星 泛指七星	美珠也。	盖以美珠缀于玑上，以象列宿次舍。而悬空转动，以应天之运行。犹后世之浑天仪也。
玑		机也。	
悬	悬挂	系于空处也。	
斡	旋转	转也。	
晦	农历每月的最后一天	月尽也。	言月至晦则无光而但有体魄，至于来月又复生明。循环相照也。
魄	月亮微光	月体之黑者。	
环	循环	还也。	
照	照射	明也。（说文）	

【引经】旋玑悬斡

《尚书·舜典》："在璇玑玉衡，以齐七政。"①

【延伸】

（一）七星勺柄　四季变换

北斗七星勺柄围绕着北极星而转。《冠子·环流篇》云："斗柄东指，天下皆春；斗柄南指，天下皆夏；斗柄西指，天下皆秋；斗柄北指，天下皆冬。"七星转动，代表四季交替。

（二）招摇之星　众矢之的

"招摇"本指北斗七星之第七星"摇光"，或称"瑶光""招摇"。

---

① 吴玉贵、华飞主编《四库全书精品文存》，团结出版社，1997，第67页。

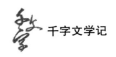

《礼记·曲礼上》："前朱鸟而后玄武，左青龙而右白虎，招摇在上，急缮其怒。"① 郑玄注："招摇星在北斗杓端主指者。"此星最亮，显而易观，在七星勺端指方向。所以后人以"招摇"为贬义，劝人莫"招摇"，以免如天上"招摇星"一样，成为"众矢之的"。

（三）璇玑玉衡　以齐七政

《尚书·舜典》："在璇玑玉衡，以齐七政。"西汉孔安国认为，璇玑玉衡为"正天之器，可运转"。相传舜在继承尧之帝位时，用美玉所做的浑天仪，观察日月五星运行的法则，作为人民稼穑农事的依据。虞舜仁慈爱民，察看天体运行之道以利民生。另一说认为，"璇玑玉衡"即星象，如司马迁《史记·天官书》"北斗七星，所谓'璇、玑、玉衡，以齐七政'"。② 意即舜治国，使政策合于天象规律。

（四）承上启下　劝力行善

孙注云："于年矢，则言于日晖。于璇玑，则言于月魄。亦互文以见义。……言人当力行于善，惟日不足，年岁之去，有漏矢以频催，璇玑之运动者，昼夜相迫。昼则日光朗照，夜则月魄循环。日月逝耳老将至。不可以不修也。"③

此句承上启下，太阳运行故而有了"年"，所以上一句将"日晖"与"年矢"对应；白天有太阳，夜间则有月亮，故此句将"璇玑"七星与"月"对应。两句连起来，皆表示：时间紧迫催人老、及时行善莫蹉跎。承启下句点题：指薪修祜。如此惜时、修福，就能"永绥吉劭"。

第一二一句　指薪修祜　永绥吉劭

【句义】积善之家必有余庆。人的一生只有修福积德，才能像薪尽火传那样长存永久，让子孙后代永远安定、和平、吉祥、幸福。

---

① 吴玉贵、华飞主编《四库全书精品文存》，团结出版社，1997，第474页。
② （东汉）司马迁：《史记》，中华书局，2009，第151页。
③ （清）孙枝秀辑《千字文注》，清康熙二十四年刊本，第40页。

【字义】

字	今注	古注〔(清)孙枝秀《千字文注》〕	
指	通"脂",用于燃烧的膏脂	示也。	因举庄子指薪之喻,言薪虽尽而火则传,唯勤修以获福。
薪	柴樵	柴也。	
修	修身	治也。自治其身也。	
祜	福德、福禄	福也。	
永	永远	长也。	则身长安,不与年而俱尽。其以吉祥之事。自为勉励可也。
绥	安定、平和	安也。	
吉	吉祥	祥也。	
劭	美好	勉也,美也。(绘图)	

【引经】指薪修祜

《庄子·养生主》云:"指穷于为薪。火传也。不知其尽也。"①

【延伸】

烛薪的燃烧是有穷尽的,火却可以一直传下去没有穷尽。譬喻人的肉体会死亡,而人类的生命现象是延续无穷的。"指薪修祜",是针对自己这一代而言的,它是因;这一句"永绥吉劭",是针对子孙后代而言的,是果。

——刘宏毅《千字文讲记》②

第一二二句 矩步引领 俯仰廊庙

【句义】昂首阔步,一举一动都如同在庄严廊庙之中,威仪恭谨。

【字义】

字	今注	古注〔(清)孙枝秀《千字文注》〕	
矩	方	为方之器。	言慎其威仪者,其行步必合于矩。
步	脚步	足蹈也。	

---

① (清)郭庆藩撰《庄子集释》,中华书局,2006,第129页。

② 刘宏毅:《千字文讲记》,海南出版社,2007,第184~185页。

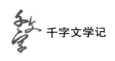

续表

字	今注	古注〔(清)孙枝秀《千字文注》〕	
引	引领	延也。	
领	脖子	颈也。	而举首延颈，一俯一仰之间，如在廊庙之中。
俯	低头	垂首为俯。 承上矩步而言。	
仰	抬头	举首为仰。 承上引领而言。	
廊	古指有顶的通道	庑也。	
庙	古指祭祀祖先的宗祠	栖神之处。	

【引经】矩步引领

《礼记·玉藻篇》云："周还中规，折还中矩。"①

《孟子》："如有不嗜杀人者，则天下之民皆引领而望之矣。"②

【延伸】威仪宜慎

孙注："此言威仪之宜慎。亦处身之道也。"③ "领"本意为脖、后项。《说文》云："领，项也，从页令声。"④"矩步引领"即"昂首阔步"，心胸坦荡无欺、行为正大光明之貌。《礼记》云"周还中规，折还中矩"。故有成语"周规折矩"，表行礼步趋合乎规矩。"俯仰廊庙"指日常举动皆谨慎检点，如同朝廷临朝、祖庙祭祀一样恭谨庄肃，不敢轻忽。

第一二三句　束带矜庄　徘徊瞻眺

【句义】衣冠严整，举止从容。谨慎庄重，高瞻远瞩。

---

① 吴玉贵、华飞主编《四库全书精品文存》，团结出版社，1997，第557页。

② 《孟子》，上海大学出版社，2012，第10页。

③ （清）孙枝秀辑《千字文注》，清康熙二十四年刊本，第41页。

④ （东汉）许慎：《说文解字》，中华书局，2013，第179页。

【字义】

字	今注	古注〔(清)孙枝秀《千字文注》〕	
束	捆绑	系也。	承上"廊庙"：入庙则思敬。束带乃盛服。
带	绅带	说文云：绅也。	
矜	矜持、端庄	持守之严。	
庄	庄严、端正	容貌之端。	
徘	来回走	彷徨不进之貌。	承上"矩步"而言。
徊			
瞻	仰视	仰视也。	承上"引领"而言。
眺	远望	望也。	

【引经】《论语》："君子矜而不争。"①

【典故】曾子易箦②

曾子临死前，奄奄一息之际，有个僮仆讲，夫子躺的席子好华美，是季大夫送的吗？曾子一想，对啊，太华丽不合身份礼法，赶紧让儿子把席子换成朴实的席子。人快断气了，仍然恭谨不敢轻忽，只想着不可以做违礼之事。儿子和乐正子春在旁劝阻，夫子如此病重，身子不便移动，要不明日再换吧。曾子说："你们爱我还不如这个僮仆。君子爱人以德，小人爱人以姑息。我应当守正而终。"君子爱人是时时要成就他的道德，没有见识的人爱人是姑息他，他做错了，也睁一只眼闭一只眼。家人只好换席。还没等身子躺稳，曾子就断气了。

【延伸】

（一）"绅"与"带"

古代士大夫阶层在衣服外面束一条大带，为"绅"，故有"士绅"或"绅

---

① 《周易》，中华书局，2014，第 189 页。

② 《礼记·檀弓》原文：曾子寝疾，病。乐正子春坐于床下，曾元、曾申坐于足，童子隅坐而执烛。童子曰："华而睕，大夫之箦与？"子春曰："止！"曾子闻之，瞿然曰："呼？"曰："华而睕，大夫之箦与？"曰："然，斯季孙之赐也，我未之能易也。元起易箦。"曾元曰："夫子之病革矣，不可以变。幸而至于旦，请敬易之。"曾子曰："尔之爱我也不如彼。君子之爱人也以德，细人之爱人也以姑息。吾何求哉？吾得正而毙焉，斯已矣！"举扶而易之。反席，未安而没（吴玉贵、华飞主编《四库全书精品文存》，团结出版社，1997，第 482 页）。

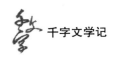

士"之称。按《礼记·玉藻》载，"绅长制士三尺，有司二尺有五寸"①。平民百姓所系则叫"带"。

（二）呼应上文

"徘徊"是欲进又止、小心谨慎的样子。此句与上文相呼应："矩步"对应"徘徊"，"引领"对应"瞻眺"，"束带矜庄"对应"俯仰廊庙"。皆言恭敬谨慎而又光明坦荡之貌。

第一二四句　孤陋寡闻　愚蒙等诮

【句义】学识浅薄，见闻不广，愚昧无知，令人讥笑。

【字义】

字	今注	古注〔（清）孙枝秀《千字文注》〕
孤	寡、少	独也。
陋	浅陋、粗鄙	鄙也。
寡	少	说文云：少也。
闻	见闻、知识	知识也。
愚	愚钝	愚者，无知之人。
蒙	愚昧、无知	昧也。
等	同等、同类	类也。
诮	讥诮	讥也。

第一二五句　谓语助者　焉哉乎也

【句义】谓语助词，"焉""哉""乎""也"。

---

① 吴玉贵、华飞主编《四库全书精品文存》，团结出版社，1997，第556页。

【字义】

字	今注	古注〔(清)孙枝秀《千字文注》〕
谓	谓语	称也。
语	语言、语辞	言也。
助	助词	辅益之也。
者	语助词、指示代词	—
焉	疑问助词/肯定助词	决辞。助语之辞也。
哉	疑问助词/感叹助词	疑辞。助语之辞也。
乎	疑问助词/感叹助词/连词	疑辞。助语之辞也。
也	语助词/副词	决辞。助语之辞也。

【延伸】学宜恭谦

《礼记·学记》："玉不琢，不成器，人不学，不知道。"[1] 末两句讲"为学"。承续上文言"恭谨"：装束要恭谨，举止要恭谨，学问也要下功夫。如果孤陋寡闻，则会被人所讥诮。孙注："言处身治家，其道多端。所当博考而详识之。若孤独鄙陋，少所闻识，则与愚昧无知之人，同类而共讥矣。不可不戒哉。"[2] 末后一句则是说"之乎者也已焉哉，用得文章好秀才"。"焉哉乎也"指代文章。有所学，则可作文以利他人。

另一层解释是，末两句乃自谦之词。周兴嗣自谦"孤陋寡闻，愚蒙等诮"，自认什么都不会，千字下来，无非略知"谓语助者，焉哉乎也"而已。亦指为人、为学，皆不可居高自傲。即便修学有成，也不自矜夸，总觉自己功夫很浅，不如人。所谓"谦谦君子"之德风也。末两句既言"为人应当自谦"，亦言"为学应当恭谨"。全篇于此，结以恭谦。

小结　安居乐道

第四段讲述"百姓安居之景象"以及"君子自处之乐道"。

上承第三段："治平天下"。第三段结以"两疏"辞官还乡，顺启还乡之

---

① 《礼记》，中华书局，2014，第 106 页。
② （清）孙枝秀辑《千字文注》，清康熙二十四年刊本，第 41 页。

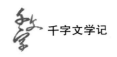

后的田园归隐生活"索居闲处"。天下既已治平,百姓一派安居景象。与此同时,另有"居安思危",亦有"君子安居而不逾矩,抑恶扬善,唯道是务"的境界。逻辑分明,试梳理如下。

(一)言"八乐"

居有何乐?精神世界有四乐,物质世界有四乐。一者,清净之乐。索居闲处,自在逍遥。二者,读书之乐。求古寻论,耽读玩市。三者,观景之乐。春园夏荷,秋桐冬杷。四者,修悟之乐。落叶寄无常,游鹍寄壮志。五者,饮食之乐。具膳餐饭,适口充肠。六者,居室之乐。妾侍帷房,银烛炜煌。七者,安眠之乐。昼眠夕寐,蓝笋象床。八者,歌舞之乐。弦歌酒宴,悦豫且康。

(二)言"三敬"

安居有道,曰三敬。一者,敬天地祖先。祭祀烝尝,悚惧恐惶。二者,敬他人。笺牒简要,顾答审详。时时刻刻,替人着想。三者,敬己。清敬此身,骸垢想浴。清敬性德,抑恶扬善。抑恶者,诛斩贼盗。扬善者,释纷利俗(举八例以言之)。

(三)言"四宜"

文末归结,乐道四宜。即"美色宜远""行善宜勤""威仪宜慎""学宜恭谦"。其一,美色宜远。毛施淑姿,鱼亦沉之。其二,行善宜勤。年矢每催,光阴似箭。勤修福德,永绥吉劭。其三,威仪宜慎。俯仰廊庙,威仪磊落。束带矜庄,恭谨之貌。其四,学宜恭谦。学不自矜,孤陋寡闻。为而无为,焉哉乎也。

此则安居乐道也。

附1 智永《真草千字文》墨迹版

　　都穆《寓意篇》评其字谓："《智永真草千字文》真，气韵飞坮，优入神品，为天下法书第一。"智永《真草千字文》墨迹版本很多，达八百多本，但传世的智永《真草千字文》仅有两本。一为唐代传入日本的墨迹本，二为保存于陕西省西安碑林的北宋薛嗣昌石刻本。

　　智永《真草千字文》在唐代随归化之僧、遣唐之使流传到东邻日本，对日本书道产生深远影响。其余在中国本土者，南宋之后，俱成劫灰。只有保存于西安碑林的北宋大观三年（1109）薛嗣昌石刻本。虽说"颇极精工，无复遗恨"，可称善本，但和墨迹相比较，锋芒、使转含混多了。智永墨迹版被书法界评誉为最佳版本。

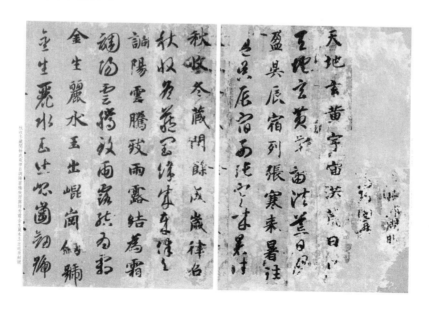

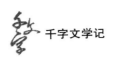

劍號巨闕，珠稱夜光。果珍李柰，
菜重芥薑，海鹹河淡，鱗潛羽翔。
龍師火帝，鳥官人皇。

始制文字，乃服衣裳。推位
讓國，有虞陶唐。吊民伐罪，
周發殷湯。坐朝問道，垂拱
平章。

愛育黎首，臣伏戎羌。
遐邇壹體，率賓歸王。鳴鳳
在樹，白駒食場。化被草木，
賴及萬方。蓋此身髮，四大
五常，恭惟鞠養，豈敢毀傷。
女慕貞絜，男效才良。知過
必改，得能莫忘。罔談彼短，
靡恃己長。

必改得能莫忘，罔談彼短，靡恃己長。信使可覆，器欲難量。墨悲絲染，詩讚羔羊。

景行維賢，克念作聖。德建名立，形端表正。空谷傳聲，虛堂習聽。禍因惡積，福緣

善慶。尺璧非寶，寸陰是競。資父事君，曰嚴與敬。孝當竭力，忠則盡命。臨深履薄，

夙興溫凊。似蘭斯馨，如松之盛。川流不息，淵澄取映。容止若思，言辭安定。篤初誠美，慎終宜令。

誠美慎終宜令榮業所基
籍甚無竟學優登仕攝職
從政存以甘棠去而益詠

樂殊貴賤禮別尊卑上和
下睦夫唱婦隨外受傅訓
入奉母儀諸姑伯叔猶子

比兒孔懷兄弟同氣連枝
交友投分切磨箴規仁慈
隱惻造次弗離節義廉退

顛沛匪虧性靜情逸心動
神疲守真志滿逐物意移
堅持雅操好爵自縻都邑

華夏東西二京背芒面洛
浮渭據涇宮殿盤鬱樓觀
飛驚圖寫禽獸畫綵仙靈
丙舍傍啟甲帳對楹肆筵
設席鼓瑟吹笙升階納陛
弁轉疑星右通廣內左達
承明既集墳典亦聚群英
杜稿鍾隸漆書壁經府羅
將相路俠槐卿戶封八縣
家給千兵高冠陪輦驅轂
振纓世祿侈富車駕肥輕
策功茂實勒碑刻銘磻溪

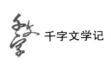
伊尹佐時阿衡 奄宅曲阜
微旦孰營 桓公匡合 濟弱
扶傾 綺迴漢惠 說感武丁

俊乂密勿 多士寔寧 晉楚
更霸趙魏 困橫假途滅虢
踐土會盟 何遵約法 韓弊
誅士……

煩刑 起翦頗牧 用軍最精
宣威沙漠 馳譽丹青 九州
禹跡 百郡秦并 嶽宗恆岱
為此……

禪主云亭 雁門紫塞 雞田
赤城 昆池碣石 鉅野洞庭
曠遠綿邈 巖岫杳冥 治本
嫂去……

治本於農　務茲稼穡　俶載南畝　我藝黍稷　稅熟貢新　勸賞黜陟　孟軻敦素　史魚秉直

庶幾中庸　勞謙謹敕　聆音察理　鑑貌辨色　貽厥嘉猷　勉其祗植　省躬譏誡　寵增抗極

殆辱近恥　林皋幸即　兩疏見機　解組誰逼　索居閒處　沉默寂寥　求古尋論　散慮逍遙

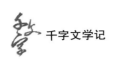

委翳落葉飄颻遊鵾獨運
凌摩絳霄耽讀翫市寓目
囊箱易輶攸畏屬耳垣牆

帷房紈扇圓潔銀燭煒煌
晝眠夕寐藍筍象床弦歌
酒讌接杯舉觴矯手頓足

具膳餐飯適口充腸飽飫
烹宰飢厭糟糠親戚故舊
老少異糧妾御績紡侍巾

悅豫且康嫡後嗣續祭祀
烝嘗稽顙再拜悚懼恐惶
箋牒簡要顧答審詳骸垢
想浴

骸垢想浴，執熱願涼。驢騾犢特，駭躍超驤。誅斬賊盜，捕獲叛亡。布射僚丸，嵇琴阮嘯。

恬筆倫紙，鈞巧任釣。釋紛利俗，並皆佳妙。毛施淑姿，工顰妍笑。年矢每催，曦暉朗曜。

璇璣懸斡，晦魄環照。指薪修祜，永綏吉劭。矩步引領，俯仰廊廟。束帶矜莊，徘徊瞻眺。

孤陋寡聞，愚蒙等誚。謂語助者，焉哉乎也。

附2 《千字文》（四库全书文津阁本）^①

天地玄黄，宇宙洪荒。日月盈昃，辰宿列张。

寒来暑往，秋收冬藏。闰馀成岁，律吕调阳。

雲腾致雨，露结为霜。金生丽水，玉出崑冈。

剑号巨阙，珠称夜光。果珍李奈，菜重芥薑。

海鹹河淡，鳞潜羽翔。龙师火帝，鸟官人皇。

始制文字，乃服衣裳。推位让国，有虞陶唐。

吊民伐罪，周发商^②汤。坐朝问道，垂拱平章。

爱育黎首，臣伏戎羌。遐迩一^③体，率宾归王。

鸣凤在竹，白驹食场。化被草木，赖及万方。

盖此身髪，四大五常。恭惟鞠养，岂敢毁伤。

女慕贞潔，男效才良。知过必改，得能莫忘。

罔谈彼短，靡恃己长。信使可覆，器欲难量。

墨悲丝染，诗赞羔羊。景行维贤，克念作圣。

德建名立，形端表正。空谷传声，虚堂习听。

祸因恶积，福缘善庆。尺璧非宝，寸阴是竞。

资父事君，曰严与敬。孝当竭力，忠则尽命。

临深履薄，夙兴温清^④。似兰斯馨，如松之盛。

川流不息，渊澄取映。容止若思，言辞安定。

---

① 《文津阁四库全书·集部·梁文纪卷十四》，第一四〇三册，商务印书馆，国家图书馆藏，第 1403~407 页。

② 四库全书文渊阁本此处为"殷"。

③ 文渊阁本为"壹"。

④ 文渊阁本为"清"。

笃初诚美，慎终宜令。荣业所基，籍慎①无竟。

学优登仕，摄职从政。存以甘棠，去而益咏。

乐殊贵贱，礼别尊卑。上和下睦，夫唱妇随。

外受傅训，入奉母仪。诸姑伯叔，犹子比儿。

孔怀兄弟，同气连枝。交友投分，切磨箴规。

仁慈隐恻，造次弗离。节义廉退，颠沛匪亏。

性静情逸，心动神疲。守贞②志满，逐物意移。

坚持雅操，好爵自縻。都邑华夏，东西二京。

背邙面洛，浮渭据泾。宫殿盘郁，楼观飞惊。

图写禽兽，画彩仙灵。丙舍旁启，甲帐对楹。

肆筵设席，鼓瑟吹笙。陞阶纳陛，弁转疑星。

右通广内，左达承明。既集坟典，亦聚群英。

杜稾钟隶，漆书壁经。府罗将相，路侠槐卿。

户封八县，家结③千兵。高冠陪辇，驱毂振缨。

世禄侈富，车驾肥轻。策功茂实，勒碑刻铭。

磻溪伊尹，佐时阿衡。奄宅曲阜，微旦孰营。

桓公匡合，济弱扶倾。绮回汉惠，说感武丁。

俊乂密勿，多士寔宁。晋楚更霸，赵魏困横。

假途④灭虢，建⑤土会盟。何遵约法，韩弊烦刑。

起翦颇牧，用军最精。宣威沙漠，驰誉丹青。

九州禹迹，百郡秦并。岳宗恒岱，禅主云亭。

雁门紫塞，鸡田赤城。昆池碣石，钜野洞庭。

旷远绵邈，岩岫杳冥。治本于农，务兹稼穑。

俶载南亩，我艺黍稷。税熟贡新，劝赏黜陟。

孟轲敦素，史鱼秉直。庶幾中庸，劳谦谨敕。

---

① 文渊阁本为“甚”。

② 文渊阁本为“真”。

③ 文渊阁本为“给”。

④ 文渊阁本为“塗”（“涂”的繁体字）。

⑤ 文渊阁本为“践”。

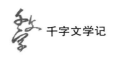

聆音察理，鉴①貌辨色。贻厥嘉猷，勉其祗植。
省躬讥诫，宠增抗极。殆辱近耻，林皋幸即。
两疏见机，解组谁逼。索居闲处，沉默寂寥。
求古寻论，散虑逍遥。欣奏累遣，感谢欢招。
渠荷的历，园莽抽条。枇杷晚翠，梧桐早凋。
陈根委翳，落叶飘飖。遊鲲②独运，凌摩绛霄。
耽读玩市，寓目囊箱。易輶攸畏，属耳垣墙。
具膳湌③饭，适口充肠。饱饫烹宰，饥厌糟糠。
亲戚故旧，老少异粮。妾御绩纺，侍巾帷房。
纨扇圆洁，银烛炜煌。昼眠夕寐，蓝④笋象床。
弦歌酒讌⑤，接杯举觞。矫手顿足，悦豫且康。
嫡后嗣续，祭祀烝⑥尝。稽颡再拜，悚惧恐惶。
笺牒简要，顾答审详。骸垢想浴，执热愿凉。
驴骡犊特，骇跃超骧。诛斩贼盗，捕获叛亡。
布射僚丸，嵇琴阮啸。恬笔伦纸，钧巧任钓。
释纷利俗，并皆佳妙。毛施淑姿，工颦妍笑。
年矢每催，曦晖朗耀。旋玑悬斡，晦魄环照。
指薪修祜，永绥吉劭。矩步引领，俯仰廊庙。
束带矜庄，徘徊瞻眺。孤陋寡闻，愚蒙等诮。
谓语助者，焉哉乎也。

---

① 文渊阁本为"鑑"（为"鉴"的异体字）。
② 文渊阁本为"鸥"。
③ 同"餐"。文渊阁本写作"湌"。
④ 文渊阁本为"篮"。
⑤ "宴"的异体字。
⑥ 文渊阁本为"蒸"。

附 3　校刊

《千字文》（云水阁校订版）经斟酌校订四十五字：

1. 闰馀成岁：略。见《〈千字文〉中不可简化的字》章节。

2. 律吕调阳：白双法著《千字文字句解》① 提出此处为"召"。经查，《隋·智永真草千字文》② 中，"吕"字看起来确有点像"召"。但，考订底本《四库全书》文渊阁本、文津阁本亦皆作"吕"。经查，唐欧阳询③ 及赵孟頫④、宋徽宗⑤、文徵明等诸多书法帖本，由唐至明清皆写作"吕"。能于唐朝"颁行天下"而家喻户晓的千字文，历代书法名家不至于通通错会此字。"律吕"也更符合句义及语境。故考订作"吕"。

3. 雲腾致雨：以别于"云亭"。略。见考重字章节。

4. 玉出崑冈：以别于"昆池"。应为"崑/崐"。《四库全书》文渊阁本写作"崑"。详见考重字章节。

5. 菜重芥薑：区别于姓氏"姜"。略。见"不可简化的字"章节。

6. 海鹹河淡：区别于介词"咸"。略。见"不可简化的字"章节。

7. 周发殷汤：《钦定四库全书》文渊阁本为"殷"，文津阁本为"商"。现代流通版本中，两者皆有。如白双法版作"殷"，而绍南文化编订之《孝弟三百千》⑥ 写作"商"。宋徽宗书法帖本因避讳太祖之父弘殷而改"殷"为"商"，而朝代更早的智永本以及欧阳询、赵孟頫等书法帖本因不避宋讳而皆

---

① 下文简化作"白双法版"。
② 下文简化作"智永本"。
③ 《历代碑帖法书选》编辑组编《唐欧阳询书千字文》，文物出版社，2003。
④ 墨点字帖编《赵孟頫行书集》，湖北美术出版社，2015。
⑤ 《宋徽宗瘦金书千字文》，中华书局，2015。
⑥ 下文简化作"绍南版"。

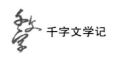

为"殷"。故考订为"殷"。

8. 遐迩壹体：略。见"不可简化的字"章节。文渊阁本写作"壹"。

9. 鸣凤在树：现代流通版本及网络查询多作"竹"，绍南本写作"竹"。《四库全书》文津阁本、文渊阁本为"竹"。经查，宋徽宗帖本为"竹"。其他历代书法帖本多为"树"。智永、赵孟頫、欧阳询、文徵明等，诸多帖本为"树"。白双法版也主张取"树"。结合句意："皎皎白驹，食我场苗。挚之维之，以永今朝"，白驹以况其洁白之贤人，有贤者之意。《论语·微子》：凤兮凤兮，何德之衰也。邢氏疏：知孔子有圣德，故比孔子于凤。"鸣凤"与"白驹"均指贤人。《诗·大雅·卷阿》：凤皇鸣矣，于彼高冈。梧桐生矣，于彼朝阳。凤鸣高冈，鸣凤在林，凤栖梧桐树，非梧不息。凤鸟在何处鸣，文献中只有高冈，梧桐树、屋顶，未见在竹而鸣。"在竹"称鸣凤者，唯箫，箫，竹制，可若凤鸣。乐器笙箫之属中有凤竹。南朝梁简文帝《筝赋》：江南之竹，弄玉有鸣凤之箫焉。洞阴之石，范女有游仙之磬焉。由此可见，鸣凤若指箫，当然是在竹。然而，"鸣凤"在此处并非指乐器。因其后为"白驹食场"，白驹为贤人在野，文义相对，鸣凤也当为贤人。故非梧不栖，当为树才是正理。在竹则失其义也。宋代避讳，不仅避同字，亦有避同音字者。宋英宗名曙，宋徽宗书千字文帖时因避同音"曙"字之"树"而为"竹"字。故考订为"树"。

10. 盖此身髮：重字考，以别于"周发殷汤"。略。

11. 恭惟鞠养：绍南版写作"维"。经查，《四库全书》文渊阁、文津阁本皆作"惟"。书法帖本亦皆为"惟"。考订为"惟"。

12. 女慕贞絜：以别于"纨扇圆洁"。略。见考重字章节。《四库全书》文渊阁本、文津阁本皆作"潔"，与"纨扇圆潔"之"潔"所用同字。另有版本改作"烈"，如清人孙枝秀注本。经查，智永、赵孟頫、宋徽宗等历代书法帖本多写作"絜"，有别于"潔"。考订为"絜"。

13. 墨悲丝染：白双法认为是"淬"，其认为智永本所写为"淬"。然而，编者观之，智永本此字右上角部分确为"九"，不应该是"淬"。应为"染"字，不知因何故下方缺省两笔。后世欧阳询、赵孟頫、宋徽宗、文徵明等诸多法帖皆为"染"。《四库全书》文渊阁本、文津阁本皆作"染"。结合文意，考订为"染"无疑。

14. 景行维贤：绍南版作"惟"。经查《四库全书》文渊阁本、文津阁本以及历代书法帖本，皆作"维"。考订为"维"。

15. 寸阴是竞：书法帖本中，智永、欧阳询本写作"兢"，赵孟頫、宋徽宗本写作"競"。《四库全书》文渊阁本、文津阁本皆为"競"。查"競""兢"二字皆同"竞"。无疑。

16. 夙兴温凊：《四库全书》文津阁本作"凊"，文渊阁本作"清"。历代书法帖本中，智永、赵孟頫等写作"清"，欧阳询、宋徽宗等写作"凊"。二者历来皆有之。《汉语大词典》释"清"为"凊"读作第四声时的被通假字。此处义同"冬则温，夏则凊"之意。考订作"凊"。

17. 籍甚无竟：《四库全书》文津阁本作"慎"、文渊阁本作"甚"。经查，智永本等历代书法帖几乎皆为"甚"。"籍甚"为固定汉语词汇表"盛大"之意，多见于古文。如《汉书·陆贾传》"名声籍甚"、蒲松龄《聊斋志异·仇大娘》"才名籍甚"等。故考订作"甚"。

18. 守真志满：《四库全书》文津阁本作"贞"，文渊阁本作"真"。智永、欧阳询、赵孟頫、宋徽宗等历代书法帖本皆作"真"。考订作"真"。

19. 背邙面洛：智永、赵孟頫本为"芒"。欧阳询、宋徽宗本为"邙"。《四库全书》文津阁本、文渊阁本作"邙"。白双法版、绍南版皆作"邙"。古本所用字"芒"亦通假为"邙"。故考订作"邙"。

20. 画彩仙灵：清朝孙枝秀注本写作"采"。今日流传版本多作"彩"。经查，书法帖本中，智永、欧阳询、赵孟頫、宋徽宗、文徵明本皆写作"綵"，苏轼写作"彩"。实则"彩"为"綵"的异体字。《四库全书》文渊阁本、文津阁本皆作"彩"。故取用之。

21. 丙舍旁启：白双法用"旁"。绍南版写作"傍"。经查，历代书法帖本均写作"傍"。《四库全书》文渊阁本、文津阁本，写作"旁"。古作"傍"，亦通假"旁"字。故遵照《四库全书》为底本，考订作"旁"。

22. 升阶纳陛：《四库全书》文渊阁本、文津阁本写作"陞"。欧阳询等书法帖本写作"陛"。智永、宋徽宗等书法帖本写作"升"。"陞"同"升"。故考订作"升"。

23. 杜稿钟隶：现代流通版本如白双法版及绍南版写作"稿"。《四库全书》文渊阁本、文津阁本写作"槀"。智永、欧阳询、赵孟頫等书法帖本写作

"藁"。宋徽宗书法帖本写作"藳"。《说文》云："藁，木枯也。"①《现代汉语大词典》释"藁"同"槁"。结合句意，此处"藁/槁"通假"稿"字，指杜度的草书文稿。出于"稿"字的现代普及性，考订为"稿"。

24. 家给千兵：《四库全书》文津阁本写作"结"，疑为误笔。《四库全书》文渊阁本作"给"。智永本等历代书法帖本皆写作"给"。用"结"字，句意解释不通。考订为"给"。

25. 策功茂实：智永、赵、欧写作"荣功茂实"。宋徽宗写作"策功茂实"。在书法帖本中，"荣功茂实"与"荣业所基"分别用"榮"与"荣"二字，由于对此二字之古义尚未能考究区别清晰。一者，为避重字，二者，"策功"于语境句意贴切。"策功"有明确词义，即"策勋"之意（《新唐书·苏定方传》："高宗临轩，定方戎服奉贺鲁以献，策功拜左骁卫大将军、邢国公。"）经查《四库全书》文渊阁本、文津阁本亦收录为"策功茂实"。又有一说，策为策马之具，古代作战，因条件所限，指挥者临时记某人战功于马策之上，以为战后表彰之据。故此，考订为"策功茂实"。

26. 磻溪伊尹：略。现代流通版本有的讹误作"盘溪"。

27. 俊乂密勿：略。见考重字章节。现代流通版本有的讹误作"义"。

28. 多士寔宁：略。见考重字章节。

29. 践土会盟：《四库全书》文津阁本写作"建"，疑为笔误。《四库全书》文渊阁本写作"践"。历代书法帖本多作"践"。"践土"为固定词汇，地名。《春秋》："僖公二十八年（前632），公会晋侯、齐侯、宋公、蔡侯、郑伯、卫子、莒子，盟于践土。"故考订作"践"。

30. 鸡田赤城：略。现代流通版本多讹误作"赤诚"。

31. 岳宗恒岱：现代流通版本多作"岳宗泰岱"。白双法版、绍南版写作"岳宗泰岱"。清孙枝秀注本亦作"泰岱"。经查，《四库全书》文渊阁本、文津阁本皆写作"岳宗恒岱"。智永、欧阳询、赵孟頫等书法帖本为"恒"，宋徽宗书法帖本因避讳宋真宗名"恒"而写作"岳宗泰岱"。基于遵《四库全书》为底本以及遵古早书法帖本，考订为"恒"。

32. 钜野洞庭：略。见考重字章节。

① 许慎：《说文解字》，中华书局，2013，第115页。

33. 庶幾中庸：略。见考重字章节。

34. 戚谢欢招：略。见考重字章节。

35. 梧桐早凋：有人写作"蚤"。经查，诸多法帖皆作"早"无疑。

36. 落叶飘飖：今人多写作"飘摇"。有教材写作"飃"。经查，历代法帖皆为"飃"。区别于提手旁的"摇"，"飃"不是用手摇动，而是因风吹而飃动。故考订为"飃"。

37. 遊鹍独运：文津阁本写作"鲲"，文渊阁本写作"鹍"。参考正文注释，此处结合文意，于空中遨游且"凌摩绛霄"的应是"鹍"，而非"鲲"。历代书法帖本亦皆写作"鹍"。考订作"鹍"。

38. 接杯举觞：有作"殇"，应为误笔。经查，《四库全书》文渊阁本、文津阁本皆作"觞"。智永、欧阳询、赵孟頫、宋徽宗等书法帖本为"觞"。"觞"为酒器。考订作"觞"无疑。

39. 具膳餐饭：文津阁本为"湌"，文渊阁本写作"飡"，二字皆同"餐"。

40. 弦歌酒宴：文津阁本、文渊阁本皆写作"讌"，智永本等书法帖本亦写作"讌"。经查，"讌"同"宴"。考订作"宴"。

41. 祭祀蒸尝：白双法书中取"烝"字，网络流传版本多作"烝"，绍南版作"蒸"。经查，智永、宋徽宗、赵孟頫、文徵明等书法帖本皆写作"蒸"。欧阳询写作"烝"、清人孙枝秀辑《千字文注》取"烝"，清末民初《绘图增注千字文》取"蒸"。《四库全书》文渊阁本作"蒸"、文津阁本作"烝"。历来两者皆而有之，盖二字通用。遵古早本及历代多用者，取"蒸"。

42. 嵇琴阮啸：现代流通版本有些将此字讹误作"箫"，以为前"抚琴"、后"吹箫"。经查，《四库全书》文渊阁本、文津阁本皆作"啸"，智永、欧阳询、宋徽宗等历代书法帖本皆作"啸"。现代本如绍南版、白双法版亦皆取"啸"。故考订为"啸"。

43. 並皆佳妙：略。见考重字章节。

44. 曦晖朗曜：《四库全书》文渊阁本、文津阁本写作"耀"。书法帖本如智永、欧阳询、赵孟頫、宋徽宗等皆写作"曜"。绍南版、白双法版等皆取"曜"。综合考订为"曜"。

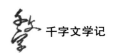

45. 旋玑悬斡：绍南版、白双法版等皆取"璇"字。《四库全书》文渊阁本、文津阁本写作"旋"。书法帖本如智永、欧阳询、赵孟頫、宋徽宗等皆写作"旋"。苏轼书千字文写作"璇玑"。此处"旋玑"或"璇玑"，用意相通。遵底本取字"旋"。

参考文献

［1］ 白双法：《〈千字文〉字句解》，光明日报出版社，2014。

［2］ 贝贵琴、张学涛汇编《汉字频度统计速成识读优选表》，北京电子工业出版社，1988。

［3］ 程俊英、蒋见元：《诗经注析》，中华书局，2018。

［4］ 程树德撰《论语集释》，中华书局，2015。

［5］ 程贞一、闻人军译注《周髀算经译注》，上海古籍出版社，2012。

［6］ 陈德述：《周易正本通释》，巴蜀书社，2014。

［7］ 陈德述：《周易正本解》，巴蜀书社，2012。

［8］ 陈艳华：《我国古代的蒙学教材》，《教育科学》1999 年第 1 期。

［9］ 褚斌杰：《中国古代文体概论》，北京大学出版社，1990。

［10］ 曹胜高：《国学通论》，北京大学出版社，2008。

［11］ 常镜海：《中国私塾蒙童所用课本之研究》，《新东方》1940 年第 1 卷。

［12］ 常爽：《汉代蒙童书法教育摭谈》，《大众文艺》2010 年第 9 期。

［13］ 〔德〕威廉·冯·洪堡特：《论人类语言结构的差异及其对人类精神发展的影响》，姚小平译，商务印书馆，1999。

［14］ 董路谊、时善刚：《试论朱熹大书〈千字文〉的书法艺术》，《徐州师范学院学报》1994 年第 1 期。

［15］ 邓宝剑：《〈群玉堂帖〉大字草书〈千字文〉浅说》，《山西大同大学学报》2005 年第 4 期。

［16］ 方勇译注《庄子》，中华书局，2010。

［17］ 符力：《关于〈千字文〉的制作、别本以及对〈千字文〉传入日本一事的浅见》，《四川外语学院学报》1989 年第 3 期。

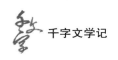

[18] 何宁撰《淮南子集释》，中华书局，1998。

[19] 胡朴安：《中国文字学史》，中国书店，1983。

[20] 胡紫桂主编《隋智永真草千字文》，湖南美术出版社，2015。

[21] 洪丕谟：《唐僧释高闲草书〈千字文〉残本》，《法音》1988 年第 5 期。

[22] 刘宏毅：《千字文讲记》，海南出版社，2007。

[23] 刘俞君、任晓霏：《中国古代蒙学典籍的海外传播及其影响——〈千字文〉在韩国》，《文教资料》2019 年第 7 期。

[24] 刘海燕：《〈千字文〉在日本汉语教学历史上的教材价值》，《日本问题研究》2016 年第 2 期。

[25] 刘艳卉：《我国古代蒙学识字教材的历史沿革》，《安阳师范学院学报》2002 年第 4 期。

[26] 吕雯慧：《浅析〈三〉〈百〉〈千〉的编写特点》，《中国教师》2005 年第 10 期。

[27] 李远、王惠敏：《蒙学类古籍浅谈》，《图书馆论坛》2001 年第 5 期。

[28] 陆文洁：《我国早期蒙学读物〈千字文〉的问世及其对后世的影响》，《新世纪图书馆》2007 年第 5 期。

[29] 南怀瑾：《廿一世纪初的前言后语》，东方出版社，2013。

[30] 南怀瑾：《论语别裁》，复旦大学出版社，2005。

[31] 启功：《说〈千字文〉》，《文物》1988 年第 7 期。

[32] 〔日〕高楠顺次郎、渡边海旭编辑《大正新修大藏经》，东京大正一切经刊会，1934。

[33] 〔日〕羽田亨编《敦煌遗书影印本第一集四种》，东亚考究会，1926。

[34] 容庚编《丛帖目》，中华书局，1980。

[35] 史湘萍：《〈千字文〉研究》，东北师范大学硕士学位论文，2012。

[36] 施维：《浅谈〈千字文〉的押韵》，《现代语文（语言研究）》2013 年第 9 期。

[37] 孙宝文编《历代千字文墨宝》，吉林美术出版社，1991。

[38] 邰惠莉：《敦煌本〈六字千文〉初探》，《敦煌研究》1997 年第 1 期。

[39] 唐松波：《〈千字文〉和〈百家姓〉中不能简化的字》，《汉字文化》1997 年第 2 期。

［40］谭书旺：《汉字启蒙教育的典范——〈千字文〉的史料价值与现代可用性评述》，《辽宁师专学报》（社会科学版）2000 年第 1 期。

［41］田代华整理《黄帝内经》，人民卫生出版社，2005。

［42］田正平、肖朗主编《中国教育经典解读》，上海教育出版社，2005。

［43］王力主编《古代汉语》，中华书局，1999。

［44］王璐：《敦煌写本〈千字文〉考辨》，《唐都学刊》2005 年第 2 期。

［45］王晓平：《上野本〈注千字文〉与敦煌本〈注千字文〉》，《敦煌研究》2007 年第 3 期。

［46］王晨编《史记精解》，中国华侨出版社，2015。

［47］王晓平：《域外"异系千字文"举隅》，《中国文化研究》2005 年第 4 期。

［48］王晓平：《亚洲汉文学史中的〈千字文〉》，《中国比较文学》2006 年第 2 期。

［49］王宏：《欧阳询〈草书千字文〉（残卷）赏析》，《文艺生活·艺术生活》2009 年第 10 期。

［50］吴玉贵、华飞主编《四库全书精品文存》，团结出版社，1997。

［51］吴洪成、李文慧：《清代前期蒙学教材研究》，《广州大学学报》2007 年第 9 期。

［52］魏爱婷：《古代蒙学书中的汉字教学思想》，湖北大学硕士学位论文，2007。

［53］徐梓：《〈千字文〉的流传及其影响》，《中国典籍与文化》1998 年第 2 期。

［54］徐梓：《〈千字文〉的续作及其改编》，《中国典籍与文化》1998 年第 3 期。

［55］徐梓、王雪梅：《蒙学便读》，山西教育出版社，1991。

［56］徐梓、王雪梅：《蒙学要义》，山西教育出版社，1991。

［57］徐梓：《蒙学读物的历史透视》，湖北教育出版社，1996。

［58］徐梓：《传统蒙学与传统文化》，《寻根》2007 年第 2 期。

［59］辛志凤：《蒙学教材〈千字文〉的用韵与用典》，《齐齐哈尔大学学报》（哲学社会科学版）2006 年第 4 期。

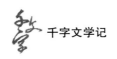

［60］辛志凤：《〈千字文〉对〈诗经〉的承袭》，《经学与文学》2011 年第 8 期。

［61］于必昌：《确认〈千字文〉作者》，《中华读书报》2001 年 3 月 7 日。

［62］杨晓黎：《朝鲜中文教科书〈图像注解千字文〉的功能定位及其启示》，《世界汉语教学》2006 年第 4 期。

［63］姚宏杰：《识字与训诫：从〈急就章〉到〈千字文〉》，《中国德育》2006 年第 11 期。

［64］张志公：《传统语文教育初探》，上海教育出版社，1962。

［65］张娜丽（日本早稻田大学）：《〈敦煌本《六字千文》初探〉析疑——兼述〈千字文〉注本问题》，《敦煌研究》2001 年第 3 期。

［66］张希广：《〈千字文〉与历代书法家》，《文史知识》1983 年第 7 期。

［67］张涌泉主编《敦煌经部文献合集》，中华书局，2008。

［68］张新朋：《吐鲁番出土〈千字文〉残片考》，《文献》2009 年第 4 期。

［69］张隆华、曾仲珊：《中国古代语文教育史》，四川教育出版社，2000。

［70］张剑：《蒙学教材探析》，《牡丹江师范学院学报》（哲学社会科学版）2008 年第 2 期。

［71］张新朋：《敦煌写本〈开蒙要训〉研究》，浙江大学博士学位论文，2008。

［72］周有光：《周有光语文论集》第 2 卷，上海文化出版社，2002。

［73］周鹏鹏译《易经》，北京联合出版社，2015。

［74］赵胜利：《古代名家竞书〈千字文〉的文化现象解读》，《阜阳师范学院学报》（社会科学版）2011 年第 6 期。

［75］《历代碑帖法书选》编辑组编《唐欧阳询书千字文》，文物出版社，2003。

［76］墨点字帖编《赵孟頫行书集》，湖北美术出版社，2015。

［77］中华书局编辑部编《宋徽宗瘦金书千字文》，中华书局，2015。

［78］《庄子》，中华书局，2010。

［79］《尚书》，中华书局，2012。

［80］《周易》，中华书局，2014。

［81］《孝经》，中华书局，2014。

［82］《中庸》，中华书局，2014。

［83］《管子》，中华书局，2014。

［84］《左传》，中华书局，2014。

［85］《礼记》，中华书局，2014。

［86］《孟子》，上海大学出版社，2012。

［87］《荀子》，中华书局，2015。

［88］《尔雅》，中华书局，2015。

［89］华东师范大学古籍整理研究室编《历代书法论文选》，上海书画出版社，1979。

［90］故宫博物院编《故宫博物院藏历代法书选集》，文物出版社，1994。

［91］中国古代书画鉴定组编《中国古代书画目录》，文物出版社，1984。

［92］（战国）孟轲：《孟子》，上海大学出版社，2012。

［93］（战国）吕不韦：《吕氏春秋》，上海古籍出版社，2014。

［94］（西汉）刘安：《淮南子》，中华书局，2009。

［95］（东汉）许慎：《说文解字》，中华书局，2013。

［96］（东汉）司马迁：《史记》，中华书局，2009。

［97］（东汉）班固：《汉书》，中华书局，2011。

［98］（魏）王弼注、楼宇烈校释《老子道德经注》，中华书局，2011。

［99］（南朝梁）任昉：《述异记》，《文津阁四库全书》，商务印书馆，2008。

［100］（唐）张彦远辑《法书要录》，上海书画出版社，1986。

［101］（唐）封演撰《封氏见闻记》丛书集成本，上海商务印书馆，民国25年。

［102］（唐）张鷟撰、赵守俨点校《朝野金载》卷5，中华书局，1979。

［103］（唐）姚思廉：《梁书》，中华书局，1973。

［104］（唐）姚思廉撰《梁书》卷四十九《周兴嗣传》，中华书局，1977。

［105］（五代）王定保撰、阳羡生校点《唐摭言》卷10，上海古籍出版社，1978。

［106］（宋）王著编次《淳化阁帖释文》，丛书集成本，上海商务印书馆，民国26年。

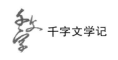

[107]（宋）欧阳修：《集古录跋尾》《历代碑志丛书》第 1 册，江苏古籍出版社，1998。

[108]（宋）李昉、李穆、徐铉编《太平御览·文部十七》，中华书局影印本，1960。

[109]（宋）项安世：《项氏家说》，上海商务印书馆，民国 24 年。

[110]（宋）陆游：《老学庵笔记》，中华书局，1979。

[111]（宋）沈括：《梦溪笔谈》，中华书局，2014。

[112]（宋）陈振孙：《郡斋读书志校正》，上海古籍出版社，1990。

[113]（宋）杨万里：《诚斋集》，吉林出版集团，2007。

[114]（元）李治：《敬斋古今黈》卷 6，影印文渊阁四库全书版，台湾商务印书馆，1986。

[115]（明）赵宧光：《寒山帚谈》，影印文渊阁四库全书版，台湾商务印书馆，1986。

[116]（明）张岱撰、刘耀林校注《夜航船》，浙江古籍出版社，1987。

[117]（明）都穆撰、陆采编次《都公谭纂》卷下，上海商务印书馆，民国 26 年。

[118]（明）黄虞稷：《千顷堂书目》，上海古籍出版社，1990。

[119]（明）娄芳注《千字文释义》，明娄国安刻本。

[120]（明）李时珍：《本草纲目》，人民卫生出版社，1982。

[121]（清）段玉裁：《说文解字注》，上海古籍出版社，2006。

[122]（清）王昶：《金石萃编》卷 4，《历代碑志丛书》，江苏古籍出版社，1998。

[123]（清）吴其贞：《书画记》，上海人民美术出版社，1963。

[124]（清）顾炎武：《顾炎武文选》，苏州大学出版社，2001。

[125]（清）章太炎：《章太炎全集》第七本，上海人民出版社，2014。

[126]（清）杨守敬撰、张雷校点《日本访书志》卷 11，辽宁教育出版社，2003。

[127]（清）顾炎武：《吕氏千字文序》，《亭林文集》，中华书局，1959。

[128]（清）史洁珵：《德育古鉴》，中国水利水电出版社，2011。

[129]（清）王先谦撰《荀子集解》，中华书局，1997。

［130］（清）徐松：《宋会要辑稿》，中华书局影印本，1957。

［131］（清）永瑢等：《四库全书总目提要》，中华书局，1983。

［132］（清）马国翰：《玉函山房辑佚书》，上海古籍出版社，1989。

［133］（清）顾炎武、陈桓校注《日知录校注》，安徽大学出版社，2007。

［134］（清）伍崇曜辑《粤雅堂丛书》，清咸丰十三年南海伍氏刊行本。

［135］（清）张海鹏辑《借月山房汇钞》，民国 9 年上海博古斋清张氏本
　　　　影印本。

［136］（清）谢启昆：《小学考》，清光绪十五年上海鸿文书局石印本。

［137］（清）林集虚辑《藜照庐丛书》，民国 24 年木活字本。

［138］（清）何桂珍：《训蒙千字文》，清末刻本。

［139］（清）吕世宜：《千字文通释四卷》，清抄本。

［140］（清）汪啸尹辑、孙谦益注《千字文释义》，上海锦章书局民国间
　　　　徐氏三种本。

［141］（清）佚名：《改良女儿经闺训千字文》，上海锦章书局民国间石印本。

［142］（清）高馨山注《新式标点千字文白话注解》，上海中原书局印行本。

［143］（清）吴其贞：《书画记》，上海人民美术出版社，1963。

［144］（清）曹雪芹：《红楼梦》，人民文学出版社，2013。

［145］（清）孙枝秀：《千字文集注》，辑于清康熙二十四年（1685），藏
　　　　书于哈佛大学燕京学社图书馆，1953。

［146］（民国）佚名：《绘图增注千字文》，上海焕文书局木刻本。

［147］（民国）罗振玉：《牖蒙丛编》，南清河王氏所辑书之一。

［148］（民国）章太炎：《国学讲义》，海潮出版社，2007。

后　记

　　2018 年 2 月，珠海市云水阁传统文化研究中心正式成立，业务主管单位是珠海市社会科学界联合会。云水阁成立前两年，杨建宏发起成立国学经典读书会，和一班有志于国学者每周一期逐字逐句对《大学》《论语》《千字文》《诗经》《唐诗三百首》吟诵讲解。在诵读《千字文》过程中，编者被国学经典语句押韵、朗朗上口、文辞优美，涵盖历史人文、礼乐制度、哲学、政治等包罗万象、博大精深而深深吸引，同时也颇感有整理的必要。因时代的变迁，一些用字用语出现了难解之处。中国历代《千字文》书法字帖中，智永真草千字文、欧阳询书千字文、赵孟頫书千字文、宋徽宗瘦金书千字文，也各有不同之字。市面上各种版本《千字文》有用字不同者、有重复字者，与《千字文》没有一个重复字之说相矛盾。近几年央视百家讲坛讲解《易经》《论语》《三字经》《百家姓》等国学经典者众，唯《千字文》尚不多见。编者遂萌生全面考据、校订《千字文》的想法。《千字文学记》从 2017 年开始着手准备至 2021 年初竣稿，历时 4 年之久。

　　《千字文学记》初稿由王一婷梳理编撰，王一婷、林志群、贺久希、邹乐迪做了注释整理，杨建宏审核修改统稿。初稿请本书顾问林湘阅后，提出了修改意见。《千字文学记》编委会工作会议提出按文献整理要求开展校勘，按学术要求进行注解注释，开展二稿编撰工作。其间，编委会成员查阅图书文献、做注释注解，奔走于珠海各大图书馆，倾注了大量心血。王一婷进行了二稿和三稿的编撰整理，增写了文献综述、用字用典等内容。杨建宏在三稿基础上，增写了部分内容形成四稿。林湘对四稿的字句解释部分进行了部分修订，增写了"序二"等内容形成五稿。总之，从初稿至五稿，是编委会反复修改、校对的结果，也是集体智慧的结晶。

　　在此，要特别感谢珠海市社科联对本书的资助出版，感谢社会科学文献出版社编辑的不辞辛劳，感谢珠海市社科联蔡新华主席、曹诗友副主席对本书的热情支持。

　　感谢中山大学珠海分校图书馆、珠海市图书馆等给予的查阅借阅图书文献资料的大力支持。本书还借鉴参考了大量的相关研究文献和网络文献，向其作者深表谢意。如本书参考文献中未及恭录者，谨致诚挚的谢意，并致歉意。由于我们经验不足，不周之处难免，诸多不足之处还请专家和读者批评指正。

编　者

2021 年 11 月 28 日

图书在版编目（CIP）数据

千字文学记／杨建宏主编. —— 北京：社会科学文
献出版社，2021.12
　　（珠海社科学者文库）
　　ISBN 978 - 7 - 5201 - 8880 - 7

　　Ⅰ.①千…　Ⅱ.①杨…　Ⅲ.①古汉语 - 启蒙读物
Ⅳ.①H194.1

　　中国版本图书馆 CIP 数据核字（2021）第 163631 号

珠海社科学者文库
千字文学记

主　　编／杨建宏

出 版 人／王利民
责任编辑／陈　颖
责任印制／王京美

出　　版／社会科学文献出版社 · 皮书出版分社 （010）59367127
　　　　　地址：北京市北三环中路甲 29 号院华龙大厦　邮编：100029
　　　　　网址：www. ssap. com. cn
发　　行／市场营销中心 （010）59367081　59367083
印　　装／三河市龙林印务有限公司

规　　格／开　本：787mm × 1092mm　1/16
　　　　　印　张：18.5　字　数：304 千字
版　　次／2021 年 12 月第 1 版　2021 年 12 月第 1 次印刷
书　　号／ISBN 978 - 7 - 5201 - 8880 - 7
定　　价／128.00 元

本书如有印装质量问题，请与读者服务中心（010 - 59367028）联系